Le Rire

(Les bienfaits du rire au quotidien)

POUR LES NULS

Martine Medjber-Leignel
Joëlle Cuvilliez

Préface de Corinne Cosseron

FIRST Editions

Le Rire pour les Nuls

ISBN : 978-2-7540-4688-6
Dépôt légal : mars 2013
Imprimé en Italie par La Tipografica Varese, Via Cherso 2, 21100 Varese

Direction éditoriale : Marie-Anne Jost-Kotik
Édition : Charlène Guinoiseau
Avec la participation de Maëva Saudrais
Correction : Marie Caillaud
Dessins de partie : Marc Chalvin
Mise en page et couverture : Catherine Kédémos
Production : Emmanuelle Clément

Éditions First-Gründ
60, rue Mazarine 75006 Paris – France
Tél. : 01 45 49 60 00
Fax : 01 45 49 60 01
E-mail : firstinfo@efirst.com
Internet : www.pourlesnuls.fr

À propos de Martine Medjber-Leignel

Martine Medjber-Leignel est psychothérapeute, titulaire du certificat européen de psychothérapie (CEP) et superviseure certifiée par l'École parisienne de Gestalt. D'abord comédienne, elle s'intéresse aux émotions et à la globalité des personnes. Son activité de Gestalt praticienne auprès des adultes et des adolescents lui font comprendre qu'être en bonne santé, c'est restaurer le vivant en soi. Une bonne fluidité émotionnelle permet un contact ajusté avec soi-même et avec son environnement, c'est donc tout naturellement que le rire a suscité son enthousiasme. Le docteur Madan Kataria, créateur du yoga du rire, auprès de qui elle se forme, lui rappelle que le rire est excellent pour la santé et qu'il peut apaiser les tensions entre les gens et les peuples. Sa rencontre avec Corinne Cosseron, fondatrice de l'École internationale du rire, lui fait entrevoir que le rire a besoin d'être pratiqué non seulement en famille et entre amis, mais aussi en entreprises pour redonner du lien social et auprès des personnes fragilisées, telles que les personnes âgées ou hospitalisées. Elle décide de se former à l'École internationale du rire et écrit un mémoire intitulé *Choisir la joie*. Après sa certification de « Rigologue Expert », elle intervient comme enseignante pour l'école et forme des animateurs de club de rire ainsi que des « rigologues » avec l'atelier « Toucher ludique et joie de vivre ». Elle intervient dans la région Nord et en Île-de-France lorsque l'école est sollicitée par des entreprises (Adidas, SNCF, Banque Populaire, Teletech Bretagne, ArcetorMittal, Galeries Lafayette, Canal +), et dans les hôpitaux tels le CHU de Denain ou de Beauvais avec un module intitulé : « L'impact du rire sur la santé »).

Elle crée l'association La voie de la joie, anime un atelier de yoga du rire tous les mardis à Vincennes et organise des stages pour les personnes adultes souhaitant faire du rire un allié santé. L'objectif de ces soirées ou journées est de favoriser bien-être et lâcher-prise grâce à des propositions ludiques de jeux et de rire, des exercices de réflexion et de la méditation favorisant la pleine conscience. Dans une atmosphère conviviale et respectueuse, chacun peut y apprivoiser plus de bonne humeur et de joie de vivre. Actuellement, Martine propose aux particuliers à Vincennes et aux groupes du coaching thérapeutique avec ses outils privilégiés : la Gestalt, la psychologie positive et la rigologie.

À propos de Joëlle Cuvilliez

Joëlle Cuvilliez est écrivain et journaliste, spécialiste des relations internationales et du monde arabe, formée à l'Institut national des langues et civilisations orientales en arabe littéral et maghrébin et titulaire d'une maîtrise de linguistique à l'Université de Paris 3.

Elle est – entre autres – l'auteure de :

- *Les Vapeurs d'Antoinette Déralète*, éditions Rhubarbe, 2012,
- *Ma vie, c'est ici !* (DLire, Bayard presse, octobre 2010),
- *La Colère de la montagne au petit matin*, sélectionné pour le prix littéraire des lycéens et apprentis de Bourgogne, éditions Rhubarbe, 2009,
- *Fou rire*, les éditions de l'Atelier IN8, 2007,
- *Ladavann, une orchidée sauvage, journal d'une jeune handicapée sous les Khmers rouges*, coécrit avec Lada Vallantin Dulac (éditions Cheminements, 2007),
- *Cuisine actuelle de l'Afrique Noire*, premier prix 2003 du livre de cuisine étrangère en France (Gourmand World Cookbook Award), co-réalisé avec le chef camerounais Alexandre Bella Ola et le photographe Jean-Luc Tabuteau (éditions First).

En 2010, elle suit une formation auprès de l'École internationale du rire et obtient le certificat d'animatrice d'un club de rire.

Dédicaces

De Martine

Pour mon fils, Jérémy, pour l'être merveilleux que tu es, merci pour tes rires, tes rêves, tes silences et pour ta naturelle joie de vivre.

Pour Co', tu as su redonner un souffle joyeux et du sens à ma vie, merci pour ton soutien et tes audaces. Merci pour ta précieuse et stimulante amitié.

Pour Joëlle, une belle rencontre avec une belle personne, merci pour l'ouverture de ton cœur et de ton esprit. Merci pour ta plume, sans toi ce livre ne serait pas.

De Joëlle

À Mathilde, ma fille au regard aussi profond que la mer, lumineuse, solaire, dont l'humour malicieux illumine chaque jour notre quotidien, quelle que soit la grisaille ambiante.

À Martine, qui m'a formée à la pratique du yoga du rire, sans qui ce livre n'aurait jamais vu le jour et qui, au fil des pages, est devenue une amie précieuse.

Remerciements

Merci au docteur Madan Kataria pour sa vision d'un monde de rire et de paix.

Merci à Corinne Cosseron pour son talent à communiquer le rire, pour son école et le choix de ses enseignants, pour son amicale complicité et ses indéfectibles encouragements.

Merci à Françoise Dorn pour son enseignement et son petit coup de pouce au bon moment.

À Julien Peschot pour sa disponibilité, sa confiance, son goût du jeu et son animation généreuse. À Fred Cosseron pour son humour et son ancrage soutenant auprès de Corinne et dans l'école. À Claudia Sanchez et Ricardo Lopez pour la sophrologie ludique. À Sébastien Perret pour son accompagnement vers le clown en soi. À Olivier Ouzé pour le rire et la bonne humeur en entreprise et pour son aptitude à me faire rire. Merci au docteur Sylvie Deshons pour la transmission de ses connaissances cliniques à propos du rire, à Steve Wilson pour sa bonhomie contagieuse et son travail dans les entreprises. Au docteur Christian Tal Schaller et à sa femme Johanne Razanamahay pour leur contagieuse audace et merci à Albert Nerenberg pour les championnats de rire extrême et pour sa joyeuse compagnie.

Merci aux rigologues experts et amis : Sandra, Suzanne, Annick, Marie-Thé, Brigitte, Serge, Nathalia, Marie-Laure, Line, Roger, Philippe, Véronique, Coco… Merci aux animateurs de club de rire que j'ai formés et à tous ceux qui propagent le rire dans le monde, merci enfin aux rieurs du club de Vincennes avec qui nous entretenons, Joëlle et moi, notre vitalité hebdomadaire en partageant nos rires.

Nous dédions aussi ce livre au premier Festi'Bonheur qui aura lieu à Frontignan du 1er au 5 mai 2013 et qui regroupera toutes les pratiques qui contribuent à plus de bonheur. Enfin nous saluons avec respect tous ceux qui contribuent dans leur quotidien et à leur façon à plus de paix et d'humanitude.

Sommaire

Préface

Enfin un bon gros livre de synthèse sur le rire qui ne soit pas un livre sur l'humour ! Car si nous n'avons pas tous le même humour et que certains, malheureusement, n'en ont pas du tout, nous sommes tous concernés par le rire !

Le rire est une vaste respiration destinée à aérer nos vies. Nous naissons et mourrons dans un souffle et quand tout va bien, entre les deux, nous rigolons un bon coup. En tout cas, nous devrions car n'est-ce pas l'un des meilleurs moyens de supporter notre curieuse condition d'humain qui n'a aucun doute sur sa finitude ?

Programmé dans chacune de nos cellules, le rire est une émotion sociale qui nous lie les uns avec les autres et fait ressortir, lorsqu'il est bienveillant, le meilleur de nous-même. Sans doute grande farce de Dieu, le rire circule entre les hommes comme une énergie spirituelle unificatrice. Accélérateur de relations humaines, facilitateur de communication, dilueur d'anxiété, le rire est vraiment l'une des plus jolies manières de nous aimer.

Quant à moi, le rire m'aide à plonger au fond de mon cœur et de mes émotions et, quand il sonne juste, colore ma vie des indispensables paillettes qui m'aident à lui donner un sens acceptable.

Merci à Martine Medjber-Leignel, rieuse devant l'éternel, rigologue experte, grande amie et complice de longue date de s'être alliée à la joyeuse et rigoureuse Joëlle Cuvilliez pour rédiger cet ouvrage indispensable sur le rire.

En tant que rigologue, c'est-à-dire professionnelle du rire et du bonheur, certaines parties de ce livre me sont familières. Mais cet ouvrage très sérieux sur le rire va aussi aborder le rire et la condition humaine et nous fait alors toucher du doigt à quel point parler du rire, c'est parler de nous dans notre globalité, du plus profond de notre humanité.

Le rire est-il un choix ? Sommes-nous responsables du fait de rire ou non ? Pouvons-nous réellement rire davantage ? Telles sont les nombreuses questions auxquelles cet ouvrage apporte des réponses concrètes, amusantes et faciles à mettre en œuvre.

Le Rire pour les Nuls se déguste par petites touches jouissives comme un bon chocolat ou un alcool mûrement vieilli, seul ou entre amis, et s'offre à tous ceux auxquels on veut du bien !

Corinne Cosseron,
Fondatrice de l'École internationale du rire et du bonheur,
créatrice de la rigologie, la première formation professionnelle au rire
et au bonheur. Elle est notamment l'auteure de *Remettre du rire dans sa vie. La Rigologie, mode d'emploi* paru aux éditions Robert Laffont.

Introduction

Nos sociétés ultramodernes ont généré le développement des nouvelles technologies et des sciences humaines, un plus grand confort, les progrès de la médecine, le mieux-être matériel. Mais elles sont également à l'origine d'une augmentation du stress et d'une décroissance importante de la faculté de rire. Les raisons qui ont fait régresser le rire naturel dans notre civilisation occidentale sont nombreuses. Il est aujourd'hui urgent d'inverser cette tendance, de décélérer et de prendre du recul, faute de quoi nous allons rapidement à la catastrophe sur plusieurs plans : social, économique, écologique... De nombreux contemporains ne savent plus respirer, reconnaître leurs émotions, s'accorder du temps ou créer des contacts solidaires. L'essentiel se mélange au superflu et nombreux sont ceux qui ont du mal à honorer leurs priorités. Dans ce monde où l'on confond se prendre au sérieux et agir consciencieusement, ce livre a pour modeste ambition d'offrir quelques clefs fondamentales pour rire de soi-même et ne plus connaître ni l'ennui ni la morosité. Raymond Devos ne disait-il pas : *Le rire est une chose sérieuse avec laquelle il ne faut pas plaisanter* ?

Depuis l'Antiquité, nous savons que rire dix minutes par jour contribue à notre santé et à notre bien-être général, y compris à notre bien-être relationnel. Pourtant, à moins d'avoir une nature particulièrement rieuse, d'être un adulte entouré de personnes drôlissimes, la plupart d'entre nous perd son aptitude à rire proportionnellement à l'augmentation de son stress et de ses responsabilités. Les journées s'accumulent parfois sans aucune place pour la joie ou l'insouciance : *Considérons comme perdu chaque jour où nous n'avons pas dansé au moins une fois. Et considérons comme fausse chaque vérité qui ne fut pas accompagnée d'un rire*, disait déjà Nietzsche.

Entretenir son rire régulièrement, c'est au fond la même chose qu'entretenir ses abdominaux régulièrement. Et c'est nettement plus drôle ! Cela nécessite tout de même une attention soutenue, idéalement quotidienne, pour ne pas se laisser rattraper par le négativisme ambiant, les critiques systématiques adressées à l'autre, les peurs savamment entretenues par les médias et tous les types de pouvoir en place. Il faut être déterminé pour privilégier la joie, la justesse des sentiments, la parole éclairée, le sourire et la pensée bienveillante à l'égard de tous les autres.

Cultiver l'esprit du rire comme on cultive un jardin est un acte de résistance qui conduit vers la paix. Il a cette singularité de ne pas marquer d'opposition, mais de s'imposer à l'intérieur de soi comme une légitime évidence. Sa contagion se fait dans la douceur. La révolution commence en soi à petits pas, elle irradie son parfum ; alors, quelques personnes sensibles à celui-ci viennent encourager ces premiers pas timides, souvent et immanquablement raillés par les envieux – pour les gens malheureux, la joie de vivre des autres est insupportable, parce qu'elle est trop loin de la leur… Ne jamais se décourager ! Un jour, enfin, un champ positif prendra sa place dans votre esprit, vos proches seront conquis par ce changement définitif dans lequel ils trouveront leur compte et le cercle vertueux de l'abondance sera mis en place. Rire pour le plaisir de rire nécessite seulement de le décider, d'ouvrir son regard sur les gens et les événements qui vont favoriser ce petit frisson de bonheur. Et choisir résolument de voir que le verre est aux trois quarts plein.

Rire n'est pas un phénomène de mode, mais un acte vital naturel que l'on a oublié. Un paradis perdu dont on se languit consciemment ou inconsciemment. Il s'agit de retrouver ce que l'on porte en soi et que l'on ne peut plus libérer, happés que nous sommes par les contraintes et les discours ambiants. En retrouvant le rire, nous retrouvons le bien-être physiologique, émotionnel et relationnel auquel nous avons droit.

Faire un premier pas pour s'inscrire à un club de rire, ce n'est certes pas évident. Trouvez un club de rire près de chez vous ou créez-en un vous-même, après vous être formé durant quelques jours, cela peut vous aider à remettre plus de rire dans votre quotidien – l'envie de rire est un élan vital. Beaucoup de gens sont joyeux, mais stressés. La pratique du rire permet d'équilibrer nos systèmes sympathique et parasympathique, ce qui conduit à une maîtrise du stress. Rire en groupe et régulièrement procure de l'assurance, apporte du réconfort en créant un lien social basé sur l'acceptation et le partage. C'est pourquoi les clubs de rire nous redonnent des autorisations et nous conduisent à plus de liberté. On rit peu dans les pays totalitaires ; dans les pays occidentaux, les barreaux de notre prison sont dans nos corps et dans nos esprits, qui privilégient l'avoir et le faire au détriment de l'être. L'expression consacrée est pourtant « être heureux »… Entretenir son rire et développer l'esprit du rire conduit à plus de bonheur.

Les clubs de rire s'adressent à des gens en bonne santé et qui souhaitent le rester. Mais le yoga du rire peut aussi être proposé à des publics plus spécifiques, comme les personnes âgées, le personnel d'entreprises, le personnel soignant et les malades dans les hôpitaux. Il est nécessaire de se former en rigologie pour intervenir auprès de ces publics qui demandent, en plus de l'enthousiasme, une certaine maestria que nous développerons dans les pages à venir.

Le rôle de l'animateur de club de rire ou du rigologue est de rassurer sur le fait que rire est accessible à tous. Il n'est pas nécessaire d'avoir le sens de l'humour pour s'y inscrire. Les séances sont collectives, basées sur le jeu et le yoga du rire, créé par le docteur indien Madan Kataria. La méditation du rire est un grand fou rire collectif qui permet de brûler toutes les tensions, de lâcher le mental et de retrouver légèreté et insouciance. Enfin, la rigologie, créée par Corinne Cosseron, est la première formation professionnelle au rire et au bonheur. L'École internationale du rire, basée en France à Frontignan, nous rappelle qu'une étude britannique de l'université de Leicester a établi une carte mondiale du bonheur d'après cinq critères : santé, richesse, éducation, identité nationale et beauté des paysages. La France, première destination touristique du monde, n'est qu'en 62e position, devancée par le Costa Rica.

En 1939, les Français riaient 19 minutes par jour malgré le contexte historique. En 1983, le neurologue Henri Rubinstein, lorsqu'il écrit *Psychosomatique du rire. Rire pour guérir*, annonce qu'ils ne rient plus que 6 minutes par jour. Enfin, en septembre 2006, un sondage sur Europe 1 nous annonce que 7 % des Français prétendent ne jamais rire. Pour bien prendre la mesure d'un renversement nécessaire, sachez que 15 % des personnes vivant en France manifestent des signes de dépression et un taux de suicide élevé : 16,2 pour 100 000 personnes alors que la moyenne européenne se situe à 10 pour 100 000. C'est pourquoi un livre qui nous remettrait sur les rails d'un meilleur confort personnel est aujourd'hui indispensable, d'autant que le rire est gratuit, accessible à tous et à toute heure. Ajoutons que même ses effets secondaires sont appréciables puisqu'il agit contre l'anxiété, les insomnies, la constipation et les troubles de l'humeur. Le rire renforce nos défenses immunitaires et notre résistance aux infections. Il donne confiance en soi et améliore les relations sociales, amoureuses et sexuelles. Sachez aussi pour vous mettre tout à fait en appétit que votre rire vous rendra plus positif(ve), plus créatif(ve) et plus séduisant(e)…

À propos de ce livre

L'objet premier de ce livre est de rappeler quels sont les outils, les comportements, les mécanismes, les espaces qui permettent de rendre toute sa place au rire. Ou *tout ce que vous avez toujours voulu savoir sur la manière de remettre du rire dans votre vie sans oser le demander*, comme aurait dit Woody Allen…

Le rire développe notre aptitude à la célébration. Si vous êtes las de la dévitalisation que procure un visage fermé, des pensées critiques qui tournent dans vos têtes comme de vieux disques rayés et las de réprimer vos émotions, ce livre va vous combler. Si vous souhaitez plus de joie dans votre quotidien, il devrait vous séduire. Laissez-vous juste guider pas à pas et pratiquez dans la bonne humeur. Et soyez honnête : à quand remonte votre dernier fou rire ? Quelles en étaient les circonstances ? Si vous faites partie des nombreuses personnes qui ne rient plus assez à leur goût, ce livre, définitivement, est fait pour vous.

Comment utiliser ce livre

Un proverbe vietnamien du XIIIe siècle affirme qu'*un éclat de rire dissipe cent mille doutes*. Ce à quoi Dostoïevski ajoutait : *Si vous voulez comprendre en profondeur l'âme d'un homme, ne cherchez pas à analyser ses paroles, ses idéaux, ou ses larmes : vous aurez de meilleures informations si vous observez comment il rit. S'il rit bien, c'est un homme de bien !*

Rire est l'expression de la joie, mais aussi un formidable vecteur de communication avec l'entourage, une ouverture sur les autres. *Le chemin de la liberté passe par le rire* n'hésite pas à proclamer le psychiatre Éric Berne.

À quoi sert le rire, quels sont ses bienfaits réels, comment retrouver le rire quand on est triste, où rire, avec qui rire, pourquoi rire ? Vous trouverez les réponses à ces questions en allant consulter le sommaire qui vous indiquera le chapitre qui vous intéresse. Vous pourrez ensuite choisir de lire ce livre dans l'ordre ou de picorer ça et là des informations précises.

À noter : si l'une ou l'autre des citations présentées par ce livre vous intéresse plus particulièrement, reportez-vous à la bibliographie en fin d'ouvrage : vous y trouverez les références complètes.

À qui s'adresse ce livre

Ce livre s'adresse à celles et ceux qui aiment rire et qui trouvent naturel de rire souvent, à celles et ceux qui ont la nostalgie de leurs rires et de leurs fous rires d'enfance et d'adolescence. Il s'adresse aussi aux sceptiques, aux grognons, aux colériques, à ceux qui pensent que faire la tête est normal puisque tout va mal, à ceux qui ont peur et qui se protègent en fermant leurs cœurs.

L'antidote de la peur, c'est l'amour. Le rire est un chemin vers l'ouverture, le lâcher prise et le partage. L'esprit du rire pour le plaisir de rire est une voie royale vers le Saint-Graal : le bonheur qu'Aristote définissait comme étant le but ultime.

Comment ce livre est organisé

Nous avons organisé ce livre en six parties et dix-sept chapitres. Que vous cherchiez à devenir un professionnel du rire ou que l'aspect thérapeutique du rire vous intéresse, nous vous proposons de découvrir des lieux, des exercices, des ouvrages, des sites en rapport avec le rire.

Première partie : Le rire et la santé

Consacrée à la définition et aux effets du rire, cette première partie rappelle que rien ne vaut l'allégresse. Il existe plusieurs sortes de rires : des rires drôles, des rires communicatifs et d'autres pas drôles du tout. Ici, nous pointerons les différences entre rire *contre* l'autre, rire *sans* l'autre ou rire *avec* l'autre. Quel est le rôle du diaphragme et quels sont les effets du rire dans notre corps ? Peut-il prévenir les maladies cardio-vasculaires et faire baisser le cholestérol ? Confucius recommandait de s'esclaffer douze fois par jour. Cela aurait-il un impact sur notre santé ? Peut-on déclencher le rire à volonté ? Est-il possible de rire sans raison ?

Depuis 1900, les recherches scientifiques et médicales sur le rire se multiplient. Aujourd'hui, les scientifiques de tous les pays se penchent avec de plus en plus d'acuité sur cette fonction innée et les possibilités qu'elle offre pour maintenir l'organisme en bonne santé ou améliorer celle-ci, le cas échéant.

Deuxième partie : Le rire et la santé psychique

Le rire a des effets bénéfiques sur la santé psychologique et émotive de chacun d'entre nous. Il est un si formidable vecteur de bien-être psychique que certains thérapeutes n'hésitent pas à le proposer à leur patientèle à l'issue de séances émotionnellement chargées. C'est un relaxant pour l'esprit surchauffé, un antistress du tonnerre, une soupape contre la tristesse, un remède naturel qui permet de relativiser les difficultés – on ne voit pas les choses de la même façon après un fou rire –, un baume cicatrisant très puissant quand les douleurs mentales sont très fortes, et c'est aussi le signe d'une guérison : on sait qu'une personne endeuillée a fait son deuil lorsqu'elle éclate de rire.

Le rire partagé, qui redonne du sens et du plaisir, procure une immense détente émotionnelle. Peut-on séduire par le rire ? Quels bienfaits spirituels peut-on tirer en développant l'esprit du rire ? Ou comment pratiquer l'art de profiter du moment présent...

Troisième partie : Le rire et la condition humaine

Rire apporte une ouverture de vues à propos de questionnements qui traversent l'esprit des humains : quel est le sens de la vie et le sens que je donne à ma vie ? Dans quelle mesure peut-on exercer sa volonté et choisir de rire. Pour qui, pour quoi rire ? Est-il absurde de rire ou est-ce un accès vers plus de liberté ? Qu'en disent nos philosophes ?

Rire permet de surmonter le pire et son partage adoucit l'acuité de la solitude. Réhabiliter le plaisir des sens permet à la joie de circuler en soi, avec l'autre et avec les autres. Nous rendrons hommage à l'humour, à l'amour et à la psychologie positive, boosteurs décapants pour une vie réussie.

Quatrième partie : Le rire universel

Partout sur la planète, les hommes rient. Mais ils ne rient pas pour les mêmes raisons : le rire est influencé par la culture environnante et par le politique. Le rire du Pygmée est conditionné par son environnement naturel, tout comme celui du trader à la bourse de Tokyo ! Par ailleurs, un homme, de sa naissance à sa mort, ne rit pas pour les mêmes raisons, ni de la même façon ni sur la même durée journalière. Le rire étant également influencé par l'éducation, les hommes ne sont pas forcément sensibles au même humour que celui des femmes.

Et les animaux ? Que peut-on en penser à l'heure d'aujourd'hui ? Rient-ils ? Ne rient-ils pas ?

Cinquième partie : Faire rire, qui ? Comment ? Pour quoi ? Quand ?

Le rire peut devenir un loisir ponctuel ou régulier. Il a toujours su se faire une place dans la littérature, au cinéma, sur les planches. Aujourd'hui, ceux et celles qui veulent le réhabiliter au quotidien peuvent s'inspirer de la créativité des rieurs professionnels ou amateurs. Ils peuvent aussi s'offrir des cures de rire, vacances ludiques et originales, se former pour devenir animateur de yoga du rire, rigologue ou rigologue expert. Ces nouveaux métiers qui fleurissent par nécessité et par goût trouvent une place royale au sein de la cité, la rue, des hôpitaux, des entreprises, des maisons de retraite….

Sixième partie : La partie des Dix

Nos dix conseils sont apéritifs, ils ouvrent une palette de saveurs, un spectre de possibilités qu'il ne tient qu'à vous d'enrichir. Choisissez les propositions qui vous plaisent et laissez votre intuition et votre bonne humeur vous guider. Le plaisir de la pratique est fondamental : si vous ne faites qu'appliquer le premier décret de la première présidente du rire de France, soit un fou rire par jour, ce sera déjà énorme.

Lao Tseu a dit : *Pour faire mille kilomètres, il faut commencer par un petit pas.* Préférez donc les petits pas aux pas de géant, le grignotage à la boulimie, petit à petit, au fil du temps, vous construirez de nouvelles habitudes qui deviendront heureuses.

Quant aux dix exercices de yoga du rire, trouvez le bon moment et le bon public pour les proposer. Évaluez ce qui fonctionne pour vous et pourquoi certains exercices fonctionnent moins bien. Ne proposez que ce qui vous amuse.

Les icônes utilisées dans ce livre

Une icône pour oser concrètement.

Une icône pour nourrir votre soif d'apprendre.

Une icône pour tout ce qui nous amuse particulièrement.

Une icône pour mettre notre enseignement en pratique.

Première partie

Le rire et la santé physique

Dans cette partie...

Nous sommes programmés génétiquement pour rire. Dès notre arrivée au monde, le rire est là. À l'extérieur comme à l'intérieur de nous. Comme un cadeau de la vie, comme le sang qui pulse dans nos veines, l'air qui circule dans nos poumons, il jaillit, source de vitalité et, pour peu que nous en prenions soin, il nous tient compagnie tout au long de notre existence.

Cependant, comme le ciel au-dessus de nos têtes, le sol sous nos pieds, les cinq doigts à chaque main et chaque pied, le rire est si présent, si évident, qu'on pourrait imaginer qu'il n'y a pas grand-chose à en dire. On s'y accroche parfois, quand un rire contagieux nous entraîne à notre corps défendant dans des hoquets de joie. Puis on n'y pense plus.

Il s'impose à notre esprit, évidemment, lorsqu'on savoure la compagnie d'un ami particulièrement drôle. Et puis, l'on passe à autre chose. Comme s'il n'était pas si important que cela, simple mécanique bien huilée qui se déclenche sans effort.

C'est exactement pour tout cela que nous avons souhaité lui rendre hommage. Parce que le rire est l'un des compagnons les plus précieux qui soit pour traverser les bons et (surtout) les mauvais moments de l'existence, l'un des meilleurs baumes physique et spirituel dont dispose l'homme. L'élixir de jouvence bio, gratuit, et universel par excellence...

Chapitre 1

Le rire : présentation…

Dans ce chapitre :

- Faites le point sur ce que vous savez (ou ignorez) du rire
- Découvrez ses multiples pouvoirs
- Observez combien le rire sain est source d'échanges

Le rire associé à la santé ne date pas d'hier. Le sanctuaire d'Asclépios (dieu grec de la médecine), situé à Épidaure, en témoigne. Durant l'Antiquité, on accourait de toute la Grèce pour s'y faire soigner. Ce lieu abritait des médecins très réputés et était un centre de cures et de soins qui n'excluait pas la gestion des émotions, la visualisation créatrice et le pouvoir de l'imagination positive, avec des techniques telles que le jeûne. Épidaure abritait également un magnifique théâtre, construit au IVe ou IIIe siècle avant J.-C., qui est resté intact. Farces, pièces de théâtre, pantomimes et comédies charmaient les curistes et les aidaient à se libérer de leurs maux.

Ce que dit le dictionnaire

Le rire, *poussière de joie qui fait éternuer le cœur*[1], est inné et ne nécessite pas de raison particulière pour se déclencher. D'après le *Petit Robert*, c'est l'action d'*exprimer la gaieté par l'élargissement de l'ouverture de la bouche, accompagné d'expirations saccadées plus ou moins bruyantes (synonyme : s'esclaffer)*. Le champ lexical du rire est large si l'on en croit les seuls adjectifs qui y sont associés : drôle, hilarant, amusant, risible, comique, drolatique, distrayant…

1 Jacques Hébert.

Le rire est un comportement réflexe exprimant le plus souvent un sentiment de joie. Mais il existe aussi des rires nerveux, jaunes, sardoniques, forcés, inextinguibles... Mourir de rire est une expression, on n'a jamais vu quelqu'un passer de vie à trépas à cause d'un fou rire. En revanche, nombreux sont ceux qui meurent de ne pas avoir assez ri… Quant à pleurer de rire, ce n'est pas une vue de l'esprit et cela fait du bien.

Le rire en chiffres

- 6000 clubs de yoga du rire existent dans 60 pays.
- Quand on rit, 400 muscles sont activés, l'air est expulsé à 120 km/heure, ce qui permet de nettoyer à fond les muqueuses des poumons et nos 40000 pensées quotidiennes sont enfin court-circuitées pendant quelques secondes.
- Selon le docteur Christian Tal Schaller et Kinou le Clown, en 1939, nous riions 19 minutes par jour, 7 minutes en l'an 2000 et nous serions aujourd'hui à moins de 5 minutes par jour. 7 % des Français affirment même ne pas rire du tout.

Un rire, des rires ?

Rire à gorge déployée, à chaudes larmes, jaune, mourir de rire, rire de quelqu'un, rire dans sa barbe... Tant de façons de rire! Tant de types d'humour! Tant d'individus avec leur rire unique et tant de sujets comiques! Il n'existe pas un rire, mais plusieurs sortes de rires, allant du rire de la timidité au rire d'appréciation en passant par le rire explosif (souvent propre aux enfants) et aux fous rires incontrôlables. Le rire témoigne de nos intentions : bienveillance, suffisance, mépris ou hostilité. Il peut même donner des indications sur notre condition sociale (rire snob, rire paillard, rire gouailleur...)

D'après l'historien Georges Minois dans *Histoire du rire et de la dérision*, *nous rions toujours pour nous moquer, pour calmer notre peur, pour manifester notre sympathie, pour renforcer nos liens et pour exclure.* Cette définition, qui a le mérite d'exister, mérite également d'être élargie. Car nous pouvons rire mécaniquement ou spontanément, sans raison particulière. Ainsi, il nous arrive d'être joyeusement chatouillés – au sens propre comme au sens figuré – lorsque nous entendons une bonne blague ou que nous assistons à une scène cocasse.

Comment ne pas voir que le rire est humanité, partage enjoué ? Chacun de nous signe sa présence par un rire spécifique, équivalent d'une empreinte digitale parfaitement unique. Chaque fou rire ou crise de rire renvoie à une singularité du moment, à un éphémère non reproductible à l'identique, à un partage original. Découvrir la multitude de ces rires inédits est une aventure pleine d'émotions.

Les différents rires

Rire qui guérit, qui unit, de partage, de complicité, de communication, rire de résistance, rire gêné, joyeux, formidable, spontané, incontrôlable, forcé, pervers, moqueur, sardonique, satanique, cruel... Cette infinité de nuances, Corinne Cosseron, dans son livre *Comment remettre du rire dans sa vie. La Rigologie, mode d'emploi*, la classe dans trois catégories que l'on pourrait définir comme le rire *avec* l'autre, le rire *sans* l'autre et le rire *contre* l'autre.

Le rire avec l'autre

Le meilleur. Celui à qui ce livre est tout entier consacré. Il relève d'une bonne santé relationnelle et d'une ouverture de cœur. C'est le rire du lien, celui qui nourrit profondément ; le rire du plaisir, sincère, communicatif et contagieux. C'est le rire coquin et complice de la séduction, le rire de soi joyeux et léger et enfin le fou rire, le plus salé, le plus sucré, le plus chouette, le raz-de-marée incontrôlable qui nous saisit à l'improviste et surtout quand il ne faut pas, irrépressible, irremplaçable, délicieux et savoureux. La palme d'or du bonheur...

L'une des illustrations de ce « rire avec » est le jeu de « Coucou ! » qu'adorent tous les très jeunes enfants, quelle que soit leur origine. On se cache derrière un dos, un arbre, ou même ses mains et l'on apparaît devant le petit en disant : « Coucou ! » Joie intense de voir la personne disparue réapparaître, délicieuse peur liée à l'effet de surprise : on peut recommencer le jeu dix, vingt fois... Systématiquement, l'enfant éclate de rire...

Le rire sans l'autre

Peut-on rire seul ? Ou rire en dépit de l'autre ? Le rire sans l'autre peut être joyeux – piquer un fou rire tout seul devant un film comique ou en lisant *Le Rire pour les nuls*. Il arrive à chacun d'entre nous de sourire ou de rire en repensant à quelqu'un ou à une situation drôle. Mais en dehors de ces moments de joyeuses réminiscences, en dehors de la pratique en solo du rire comme exercice de yoga, rire seul(e) peut aussi être la démonstration d'un sentiment de solitude, d'un inconfort personnel et d'une difficulté à identifier ce qui se passe en soi. C'est le rire nerveux, défensif, qui témoigne d'une profonde gêne. Dans cette catégorie entrent les rires amers, grinçants, désabusés qui s'expriment à la place d'une colère, d'une tristesse refoulées ou dont on a honte. Pour faire bonne figure, une personne blessée, vexée ou en colère « rira jaune ». On y trouve également les rires retenus, de contenance : rire pincé, étouffé, sous cape ou tellement intériorisé qu'on ne l'entend plus. Ce dernier témoigne d'une existence de contrôle de soi dans laquelle il est difficile, voire impossible d'exprimer des émotions et où, conséquemment, il convient de rester neutre, quelles que soient les circonstances. Pour ces personnes, réhabiliter le rire équivaut à effectuer une cure de jouvence. Elles découvrent alors des sensations de plaisir, une liberté corporelle et une aisance relationnelle souvent très émouvante.

Une machine pour mesurer le rire

Un professeur japonais a inventé une machine pour mesurer le rire et une nouvelle unité, le « ah », afin d'établir si l'hilarité d'une personne est sincère, cynique ou moqueuse.

Selon ma théorie, dès que le cerveau détecte quelque chose de rigolo, le diaphragme se met en mouvement, affirme Yoji Kimura, professeur en sciences de la communication à la Kansai University à Osaka, port d'attache de nombreux humoristes japonais. Avec ses élèves, il a posé des capteurs sur de nombreux volontaires afin de comptabiliser chaque contraction musculaire du diaphragme et autres muscles de la zone de l'estomac. La machine est suffisamment sensible pour enregistrer en temps normal jusqu'à 3000 oscillations du corps à la seconde. Impressionnante, elle permet de faire le distinguo entre un vrai rire et un rire forcé. Selon Kimura, elle peut même discerner le rire cynique de la dérision. *Plus subtile encore, la machine apprécie le degré de spontanéité des rieurs en mesurant l'écart entre le moment où l'on se dit que l'on pourrait rire et celui où l'on décide de le faire, vraiment ou par courtoisie…*, précise Frédéric Cosseron.

Pour classifier les rires, Yoji Kimura a établi une nouvelle unité de mesure, le « ah », qui n'est pas un son, mais une contraction musculaire. *Nous avons découvert que le rire des enfants est le plus spontané, avec 10 ah par seconde, soit deux fois plus que celui des adultes*, explique-t-il.

Le professeur distingue quatre étapes possibles dans un rire : la détente, la sortie de la norme, le rire de bon cœur et enfin, parfois, l'éclat de rire. Comprendre le mécanisme du rire est la clé d'un secret de l'âme humaine, dit-il. Il ajoute qu'il croit l'humanité *capable de passer, après un siècle de guerre, à un siècle d'humour et de tolérance*, et que *le rire permet à l'homme de repartir du bon pied, comme après le redémarrage pour un ordinateur.*

« Un scientifique invente un analyseur de rire », article du 24 février 2008, `kaelus.blogspace.fr`

SOURIONS

Les Haniwas sont des figurines de terre cuite que les Japonais puissants disposaient sur les tombes il y a 1 500 ans. On pense qu'elles protégeaient les défunts des mauvais esprits. Elles représentaient des guerriers ou des paysans à l'air redoutable ou sardonique et servaient à éloigner les démons et les esprits malfaisants et à effrayer les pillards.

Le rire contre l'autre

Eh oui, hélas, les choses les plus belles peuvent être détournées de leur sens originel à des fins... machiavéliques. Cynisme, moqueries, sarcasmes utilisent le rire de méchanceté contre l'autre. Au milieu d'un groupe de rieurs, la cible, victime désignée s'il en est, pense souvent qu'elle n'a qu'un choix : adhérer à l'hilarité générale dirigée contre elle pour témoigner de son sens de l'humour et de la dérision car se vexer, pleurer, protester ou se mettre en colère reviendrait à passer pour quelqu'un de susceptible. Il va de soi que ces rires cruels, pervers, toxiques et malveillants sont inacceptables car porteurs de violence. Ils relèvent souvent d'habitudes comportementales et culturelles et/ou de souffrances relationnelles. Ce qui ne signifie pas pour autant qu'il faille les excuser. Les comprendre, certes ; les cautionner, non. Et, qu'ils soient conscients ou inconscients, il est nécessaire, pour la personne qui fait l'objet de ces moqueries humiliantes, de réaliser qu'elle a le droit le plus strict, le plus légitime, le plus humain de dire : « Non ! » à cette tyrannie destructrice déguisée en hilarité collective...

Les exemples sont légions de ces fameuses blagues qui n'ont de drôle que le nom, et qui ne sont que l'expression lourdement fardée de racisme, sexisme, xénophobie, homophobie, antisémitisme, le tout enrobé d'humour noir. Il est impératif de refuser, voire de dénoncer ce que d'aucuns aimeraient faire passer pour de joyeux traits d'esprit : les blagues contre l'autre ne sont pas drôles, elles sont juste humiliantes. Il suffit d'en avoir été un jour l'objet pour le savoir...

Témoignage

Arielle aime l'humour noir et l'autodérision, prétend-elle. Au cours des dîners qu'elle organise en famille ou avec des amis, elle s'amuse à se moquer de son fils de 12 ans qui est de petite taille et très complexé de cela. L'enfant a vraiment peur de ne pas grandir. Alors, elle se moque de ses peurs, l'appelle « le nain », rit de son énervement et, lorsque, à bout d'arguments, il fond en larmes ou l'insulte à son tour, elle hausse les épaules en prenant l'assistance à témoin : « Chéri, c'est juste une blague ! Tu es sinistre ! C'est important, le sens de l'humour, dans la vie ! Il faut quand même que tu apprennes à le développer... » Qui, de la mère ou du fils est, à votre avis, à côté de la plaque ? Voilà un triste exemple de rire contre l'autre. Le sens de l'humour n'est évidemment pas présent dès lors qu'il y a de la méchanceté (évidente ou non).

LE SAVIEZ-VOUS ?

Robert Provine, chercheur, a démontré dans son livre *Le Rire, sa vie, son œuvre. Le plus humain des comportements expliqué par la science* que nous avons dans les oreilles un petit capteur dont l'unique fonction est de détecter un rire sincère et de déclencher le nôtre. C'est pourquoi les rires de bébés et ceux des adultes sincères sont irrésistibles.

Que se passe-t-il lorsque nous rions ?

Lorsque nous rions, il se produit une véritable onde de choc. Elle se transmet à tous les muscles du visage qui se contractent, notamment le dilatateur des narines et les zygomatiques. Elle touche le larynx, le diaphragme, la cage thoracique et… les abdominaux (excellent pour la digestion et le transit intestinal) ! Ensuite, une profonde détente envahit tout le corps. Les muscles se relâchent. Le rythme cardiaque augmente. Les artères se dilatent après s'être rétrécies. Le cou libère ses tensions, le dos ses contractures. Les poumons rejettent de grandes quantités d'air et l'oxygène afflue dans le sang.

Vous souhaitez rebondir ? Pratiquez le trampoline, vous rebondirez dans la bonne humeur (le fait de sauter ou de se balancer fait du bien)…

Comment déclenche-t-on le rire ?

Aujourd'hui, les principales causes biologiques du rire sont connues, ce qui n'a pas toujours été le cas : le rire a longtemps été diabolisé, jusqu'à Baudelaire qui, au XIXe voyait dans celui-ci un instrument satanique, symptôme d'une débilité (*De l'essence du rire*).

Le rire, donc, nous le savons désormais, dépend de déterminismes internes (éléments neurologiques, cognitifs et psychoaffectifs) et externes, nommés les *stimuli* des zones dites « gélogènes », c'est-à-dire des zones qui provoquent le rire quand on les stimule – entendez chatouillis des aisselles, des côtes, de la plante des pieds, etc.

Il existe une structure type du rire chez tous les êtres humains qui est universelle (fruit de notre héritage à l'échelle de l'espèce). Ce modèle subit des variations individuelles qui fluctuent en fonction de l'état d'esprit du rieur au moment de la stimulation et des variations culturelles. Ce modèle du rieur universel comprend les paramètres suivants : une mimique faciale, la vocalisation et des postures d'accompagnement qui dépendent des individus et du contexte socioculturel.

Notons d'ailleurs que les vocalisations sont à l'appréciation de chaque individu. Certains rient en « A », d'autres en « O », d'autres encore en « I » et les derniers utilisent chacune de ces voyelles en fonction de la nature du rire. Et vous, en quelle voyelle riez-vous ?

Les étymologies témoignent de l'ambivalence du rire. Si en latin, un seul mot désigne le rire (*risus*), il existe deux termes hébreux dans la Bible : *sâhaq*, « rire joyeux et positif » et *lâhaq*, « rire de moquerie ». De même, chez les Grecs, *gêlan*, qui signifie « rire » et *katagelân*, « se moquer ».

Dans son livre *L'Amie*, Michèle Manceaux raconte deux blagues qui faisaient rire Marguerite Duras. Un Auvergnat arrive en Israël, il entend une femme le saluer : « Shalom ! », il lui répond furieusement : « Chale femme ! ».

Un enfant demande au Père Noël un tampon hygiénique parce qu'il permet de danser, de nager, et de faire du cheval (référence à une publicité, sur la liberté de mouvements lors des lunes féminines).

Chapitre 2

La respiration, la grande alliée du rire

Dans ce chapitre :

- Vous apprendrez comment bien respirer
- Vous verrez que vie émotionnelle et respiration sont intimement liées
- Vous apprendrez à rire, pour mieux respirer

D'après le docteur Rubinstein, on peut, à partir d'une éducation respiratoire et par l'entraînement, retrouver le rythme du rire. L'exercice type comporte une inspiration courte de deux à trois secondes, suivie d'une pause respiratoire de cinq à dix secondes et d'une expiration sur la voyelle « A » comme un début de rire. Répétée plusieurs fois, cette gymnastique déclenche le rire, surtout si l'expiration sur « A » est de plus en plus longue et enjouée. Tout le monde peut la pratiquer, seul et dans n'importe quelles conditions.

Un peu d'étymologie

Le terme « respiration » qui vient du verbe latin *respiratio*, est le fait d'aspirer et de rejeter l'air par les voies respiratoires. Il signifie également un moment de calme, de répit, de soulagement : « Ouf ! On respire ! ». Et dire d'un visage qu'il respire la bonté signifie qu'il l'exprime. Un peu partout dans le monde, la respiration est associée au souffle de vie : *pneuma* en grec, *ka* en égyptien, *prana* en sanscrit, *chi* en chinois, *ki* en Japonais, *yi* ou *hai* chez les Indiens d'Amérique du Nord.

Respirer naturellement pour un psychisme sain

Aujourd'hui, la société moderne nous oblige à évoluer dans un contexte de stress quasi permanent qui empêche de respirer correctement. La respiration naturelle du nourrisson dite « abdominale » se perd au fur et à mesure de la croissance de l'individu. Elle devient thoracique, courte et irrégulière, les poumons ne se remplissant qu'à moitié. Or, la respiration naturelle, celle des nouveau-nés, des peuples qui vivent en harmonie avec la nature, celle du dormeur profond et des animaux vivant en liberté passe par l'abdomen.

La vie psychique influe sur la respiration et la respiration influe sur la vie psychique

Toute perturbation mentale est immédiatement suivie d'une perturbation de notre respiration. Quand nous sommes énervés, en colère, ou sous l'influence d'une émotion forte, nous pouvons constater que notre respiration devient restreinte et irrégulière. Une respiration rythmique et ample est, au contraire, signe d'équanimité et de sérénité. Rire oblige à respirer profondément et, ce faisant, à réguler nos émotions et à replacer notre vie psychique dans un contexte plus holistique qui tient compte à la fois du corps, des sensations et du souffle.

La marche afghane

La marche afghane consiste à synchroniser le pas et le rythme respiratoire. Sur trois pas, vous inspirez, sur trois pas, vous retenez votre respiration, sur trois pas, vous expirez et sur trois pas, vous retenez votre respiration et ainsi de suite.

Cette technique permet de marcher vite, sans se fatiguer. Elle s'inspire de la marche des chameliers afghans nomades qui parcourent jusqu'à 700 km en douze jours, soit 60 kilomètres par jour. Un tel effort sans générer de traumatisme est possible en pratiquant cette façon de marcher. Si en plus, vous souriez en marchant, vous êtes au top !

Les blocages respiratoires

Les blocages respiratoires sont fréquents. D'après Manuel Gastambide, somatothérapeute, ils proviennent de diverses sources, parmi lesquelles, l'excès de stress et, surtout, des blocages intervenus au moment de la construction psychique de l'individu.

Les relations profondes unissant la vie émotionnelle et la respiration font que les problèmes affectifs liés au développement de l'enfant et de l'adolescent s'expriment dans des attitudes corporelles et respiratoires correspondant aux attitudes psychologiques de défense. Ces attitudes justifiées par les circonstances à un certain moment de la croissance personnelle risquent de se cristalliser et de devenir chroniques, alors même que les circonstances qui les justifiaient à l'origine ont disparu. («La respiration. Fondement de la santé, du bien-être, de l'équilibre» sur son site `www.formation-massage-relaxation.info/ecole/respiration.html`)

Mieux respirer pour bien rire

C'est un réflexe... Quand le suspense est à son comble dans le livre que nous lisons, dans le film que nous regardons, nous retenons notre souffle. Idem quand nous désirons passer inaperçus. Comme si le simple fait de bloquer notre respiration avait la vertu de nous protéger. Combien d'entre nous, sans s'en rendre compte, traversent les jours et les années en apnée, en ne prenant que de toutes petites respirations ?

Si notre corps raconte notre histoire, notre respiration en dit long sur la négligence qu'on lui porte. Tout comme il est important de pratiquer une activité physique, il est fondamental de bien respirer pour bien vivre. Bien respirer est l'une des bases de la santé et du bien-être. En effet, si la respiration concerne la zone pulmonaire, elle mobilise le corps tout entier, favorise la digestion et l'élimination, régule l'ensemble du tonus musculaire qui influence, à son tour, notre confiance, notre voix et notre capacité d'action. Elle influence l'équilibre physique et mental, le bien-être psychique, la sensibilité émotionnelle.

On apprend à parler, à marcher, pas à respirer ni à rire, ces deux fonctions étant programmées : le corps et l'esprit savent comment procéder automatiquement. Mais il est nécessaire d'apprendre à déprogrammer nos tensions internes, nos peurs enfouies, ces crispations qui conditionnent notre respiration.

LE SAVIEZ-VOUS ?

Le rire chez les bébés est inné. Tous rient naturellement, y compris les bébés sourds qui gazouillent aussi et rient de bon cœur.

Voici un exercice pour situer le diaphragme :

Installez-vous au sol comme un fœtus : à genoux, front au sol, dos plat, jambes repliées (cette position détend l'abdomen). À l'inspiration, gonflez le ventre sans bouger la poitrine, le diaphragme descend et permet plus de volume d'air dans la cage thoracique. À l'expiration, dégonflez le ventre, le diaphragme remonte.

Qu'est-ce que le diaphragme ?

Le diaphragme est un grand muscle strié qui sépare le thorax de l'abdomen, un muscle clé de la respiration. Divisant le tronc en deux à la hauteur des côtes inférieures, c'est l'un des muscles les plus puissants du corps. Ce muscle s'abaisse à l'inspiration et remonte à l'expiration pour aider à évacuer l'air vicié. Ce mouvement de va-et-vient, comparable à celui d'un piston, effectue un massage constant et profond des organes de l'abdomen et contribue à leur bon fonctionnement. C'est un mouvement comparable à celui d'un parapluie retourné qui s'élève et s'abaisse, en s'appuyant sur trois piliers : la colonne vertébrale, les côtes et le sternum. Le diaphragme est mobilisé lorsque l'on rit, crie, déclame, chante et lorsque l'on pleure (observez le ventre d'un petit enfant qui pleure ou qui rit à gorge déployée, vous verrez que toute la puissance vient de là). Il stimule le foie, la rate, l'estomac et les intestins. C'est le muscle de la toux et du hoquet, chargé de chasser les bulles d'air de l'estomac, le muscle du bâillement, du soupir, des sanglots et du rire.

Voici un exercice pour assouplir le diaphragme :

En position assise, posez le bout des doigts d'une main en contact léger sous la pointe inférieure du sternum. À l'inspiration, le ventre se gonfle et, en se bombant, pousse sur le bout des doigts, c'est la descente du diaphragme. À l'expiration, le ventre se dégonfle lentement, formant un creux sous le sternum, c'est la montée du diaphragme. La respiration haute, sans mobilisation du ventre ni du diaphragme, est source de stress et d'angoisse, c'est pourquoi il est impératif de retrouver une respiration naturelle.

Les effets de la respiration diaphragmatique

Cette respiration relaxante constitue l'un des moteurs les plus actifs de la circulation sanguine. Le diaphragme est un second cœur puisque ses mouvements de piston gonflent la base des poumons, lesquels aspirent ainsi du sang veineux en grande abondance. La circulation veineuse étant accélérée, le cœur est bien alimenté en sang. Il en résulte une amélioration notable de la circulation sanguine dans l'ensemble du corps.

Les mouvements de va-et-vient du piston diaphragmatique produisent un massage efficace, à la fois doux et puissant, des organes abdominaux. Le foie est décongestionné et la vésicule évacue la bile en temps opportun. La stimulation de la vésicule prévient la formation des calculs. La rate, l'estomac, le pancréas, et tout le tube digestif sont massés, tonifiés. Les stases sanguines qui ralentissent le débit veineux sont éliminées. Il arrive souvent d'entendre des gargouillis pendant la pratique de la respiration diaphragmatique, qui révèlent l'activation des mouvements péristaltiques (mouvements de constriction qui font descendre les aliments) du tube digestif. Accueillez-les avec reconnaissance.

Voici un exercice de respiration diaphragmatique :

Pour respirer à partir du diaphragme, d'une façon aisée, ample et naturelle, il est préférable de s'exercer en étant couché sur le dos. Lorsque vous aurez réhabilité cette respiration initialement naturelle, vous pourrez respirer en mobilisant le diaphragme en toutes circonstances, même en marchant ou en courant. Il est souvent utile de placer un coussin sous les genoux pour diminuer la cambrure lombaire. Ne vous allongez pas sur un support trop mou car, bien qu'il soit possible de respirer à partir du diaphragme en étant couché sur un lit, il est préférable de faire l'exercice sur un support ferme, voire sur un tapis posé à même le sol. Fermez les yeux durant l'exercice pour mieux vous concentrer. Expirez à fond plusieurs fois, en poussant quelques soupirs à l'issue desquels vous rentrez un peu le ventre en contractant les abdominaux, pour chasser les derniers restes d'air. Faites le son « OM » qui oblige à expirer lentement. Pendant que vous prononcez le « OOOOMMMM » long et grave en faisant vibrer le « MMMM » dans la boîte crânienne, concentrez votre attention sur la sangle abdominale, prenez conscience des mouvements des divers muscles qui la composent. Après quelques expirations longues, lentes, profondes, une tendance se manifeste à inspirer plus profondément et à partir de l'abdomen. Accentuez cette tendance et poussez-la jusqu'à son maximum. Inspirez par le nez et expirez de même. L'abdomen se soulève doucement comme un ballon qui se gonfle en souplesse. Posez une main sur le ventre, à peu près au niveau du nombril. Vous pourrez ainsi facilement suivre son mouvement de dilatation. Pendant ce temps, le dos doit rester relaxé, sans que les côtes bougent. Pour vous en assurer, vous pouvez appliquer l'autre main latéralement pour vérifier que les côtes restent bien immobiles et que la respiration abdominale est dissociée de la respiration thoracique.

Mieux rire pour bien respirer

Chez les personnes tendues, le rire permet de retrouver une respiration plus ample, souple, relaxée, rythmée. Il oblige à une oxygénation optimale par la nécessité qu'a le rieur de prendre de grandes goulées d'air. C'est exactement la même chose dans la pratique du yoga, du taï chi chuan, du qi gong qui rappellent qu'en Asie la respiration est « une prise d'énergie vitale » ; d'ailleurs, les arts martiaux insistent sur l'importance de la respiration, tandis que dans les sports pratiqués en Occident, on a plutôt tendance à privilégier l'aspect musculaire de la force.

Voici un exercice de respiration consciente :

Allongez-vous et fermez les yeux. Prenez contact avec votre respiration en focalisant votre attention sur elle. Laissez-la simplement aller. N'essayez pas de la contrôler ou de la diriger. Sentez l'air entrer en vous et ressentez par où il passe et comment il passe. Sentez l'air ressortir après avoir circulé en vous. Si des pensées viennent, n'essayez pas de les chasser, laissez-les être là et reportez simplement votre attention sur la respiration. Accueillez tout ce qui vient – picotements, peurs, rires, larmes, joie, bien-être, calme, agitation, impatience, etc. –, observez ce qui se passe en vous, puis reportez votre attention sur la respiration. Ressentez. À chaque inspiration, soyez conscient que vous inspirez. À chaque expiration, soyez conscient que vous expirez. N'imaginez rien, ne visualisez pas. Laissez-vous seulement être un avec la respiration. Faites cela pendant le temps que vous souhaitez et n'oubliez pas qu'il n'y a rien à réussir et aucun but à atteindre.

La respiration, en trois étapes

Dans son ouvrage *Guérir*, le docteur David Servan-Schreiber propose une respiration en trois étapes afin de ralentir le rythme cardiaque et de retrouver calme et sérénité.

Dans un premier temps, prenez deux respirations lentes et profondes. Votre attention doit être en accord avec votre souffle et l'accompagner jusqu'à la fin de l'expiration. Faites ensuite une courte pause juste avant qu'une nouvelle inspiration arrive spontanément.

Dans un deuxième temps, vous respirez toujours lentement et profondément, mais cette fois-ci, vous visualisez les mouvements de votre cœur lors de ce processus. Vous devez vous représenter l'apport d'oxygène à votre cœur et le rejet des déchets.

Dans un dernier temps, concentrez-vous sur la sensation de chaleur qui parcourt votre poitrine et se propage dans votre corps. Aidez-la à vous parcourir entièrement grâce au travail de votre pensée et à votre souffle, toujours profond et lent.

Les « pranayamas » ou respirations contrôlées

Voici une technique de relaxation toute simple, basée sur la respiration, et qui permet de se détendre en quelques minutes. Commencez par deux ou trois minutes et lorsque vous vous serez habitué, vous pourrez prolonger l'exercice pendant cinq, puis dix minutes. Asseyez-vous confortablement, les yeux fermés. Avec le pouce droit, bouchez-vous la narine droite et expirez, puis inspirez par la narine gauche. Bouchez-vous ensuite la narine gauche avec le pouce gauche et expirez, puis inspirez par la narine droite. Recommencez plusieurs fois cette respiration par alternance, sans rien forcer, sans essayer de donner un rythme particulier. De cette façon, la respiration va s'apaiser et la relaxation va envahir le corps tout entier. Cette technique venue de l'Inde fait partie du yoga. Ce sont les « pranayamas », des techniques de souffle qui ont pour but de purifier tous les « nadis » (canaux énergétiques dans lesquels circule le « prana » ou énergie vitale pure) et de permettre ainsi une meilleure circulation de la vie dans le corps énergétique. La narine droite est reliée au nadis « pingala », vaisseau latéral placé à droite de la colonne vertébrale qui représente le rouge, le masculin, la chaleur, le soleil. La narine gauche est reliée au nadis « ida », vaisseau placé à gauche de la colonne vertébrale qui représente le blanc, le froid, la féminité, la lune. Ces deux nadis entourent la « Kundalini » – l'énergie spirituelle et vitale en sanskrit – laquelle réside initialement dans le sacrum, l'os triangulaire à la base de la colonne vertébrale. Les pranayamas se pratiquent juste avant de commencer une méditation.

LE SAVIEZ-VOUS ?

Selon la tradition, les Chinois payent une sorte d'abonnement mensuel à leur médecin pour être maintenu par lui en bonne santé. Ils le payent donc aussi longtemps qu'ils vont bien, mais ils cessent de le payer dès qu'ils tombent malades, puisqu'il a failli à sa tâche, et cela dure tout le temps de la maladie. On dit que la tête que fait le médecin non payé suffit à rendre un commencement de santé à son malade! Le rire, c'est un peu le médecin du Chinois. Quand rien ne va plus, ou quand la vie vous maltraite, le rire, au moins, ne vous coûte rien : c'est un traitement gratuit en attendant que le mal soit passé.

En avant, marche arrière !

Vous souhaitez prendre du recul ? Pas besoin de faire un séminaire de cinq jours pour cela. Quand on a le sentiment d'aller dans le mur à toute vitesse et qu'on s'en rend compte – la déforestation, les massacres irrémédiables d'animaux, la pollution, les prises de tête systématiques avec son conjoint, son adolescent, son collègue (barrez la mention inutile !) – que peut-on faire au lieu de continuer à toute vitesse comme un dératé ? Et bien oui : s'arrêter ! Puis, lentement, marcher en arrière. C'est un exercice très rigolo, sans parler de la métaphore, de l'esprit, de la philosophie du mouvement. Car marcher à l'envers, au fond, comme pratiquer l'aviron, cela signifie qu'on avance en reculant...

Marcher en arrière est en fait une pratique ancestrale qui nous vient de la Chine. Pour s'y adonner en toute sécurité, il suffit de trouver une allée forestière dégagée, une plage de sable, un chemin de campagne, une piste de stade ou même un couloir d'appartement, de dégager les épaules et le regard... et le tour est joué : en avant, marche arrière ! Histoire de vous donner envie d'enfiler vos baskets, 100 pas de marche arrière équivaudraient à 1 000 pas de marche avant... Sans compter que si la marche avant stimule le cerveau gauche, la marche arrière stimule le droit, que l'alternance marche avant marche arrière synchronise les deux cerveaux, que cette dernière développe la vision périphérique et la vision globale, tend à redresser instinctivement la colonne vertébrale, à ouvrir la cage thoracique, à faciliter une respiration plus ample, à améliorer l'équilibre musculaire et à renforcer les muscles du dos. En marchant en arrière, on brûle plus de calories qu'en marchant en avant et, à vitesse égale, le calcul de l'oxygène consommé est de 68 % supérieur, la fréquence cardiaque de 47 % supérieur (156 pulsations en marche arrière contre 106 en marche avant). Cette technique de la marche arrière, certains sports l'ont intégrée dans des mouvements, tels le football et autres jeux de ballons (le tennis, le badminton, le volley-ball, le basket-ball, etc.) ou la nage, avec le dos crawlé...

Chapitre 3

Les bienfaits physiques du rire

Dans ce chapitre :

- Si quelques rares contre-indications existent à la pratique du rire, la règle, c'est que rire est bon pour la santé
- Ce que disent les médecins
- Rire lisse les traits du visage et rend plus beau

Riez…
Pour vous guérir
Vous avez besoin de beaucoup rire…
Sur-le-champ je vais vous le prescrire
Ne prenez pas la vie au sérieux
Cela rend triste et bilieux.

(Docteur Christian Tal Schaller,
Des Histoires drôles pour rire et guérir)

Les bienfaits du rire sont innombrables. Les scientifiques et chercheurs remettent sans cesse leur métier sur l'ouvrage pour que le rire leur livre tous ses secrets et les incidences de son déclenchement au niveau cérébral, cardiaque, respiratoire, hépatique, intestinal, etc. Il semblerait que les guérisseurs égyptiens utilisaient déjà, il y a plus de 4000 ans, des méthodes semblables à celles que l'on utilise aujourd'hui pour intégrer le rire à la guérison. Si le rire a toujours été considéré comme un phénomène de libération, l'hilarité n'a pas toujours fait l'unanimité. En Occident, il a longtemps été perçu comme une expression des bas instincts de l'humanité. Pourtant, rien n'est plus naturel que le rire.

Quoi qu'il en soit de la sociologie et des modes culturelles à travers l'histoire, la science, elle, abonde d'exemples concernant les bienfaits du rire.

À VOUS DE JOUER

Vous connaissez Georges Perec ? Écrivain français contemporain, il a réussi le tour de force d'écrire un roman, *La Disparition*, dans lequel ne figure pas la lettre « E »… Sur les traces du grand romancier, rédigez un poème de six vers sur le thème du rire sans utiliser la lettre « A »…

Avant le rire, le sourire

Lucette a choisi de remettre du sourire dans sa vie. Elle met en pratique cette décision au quotidien par des petites attentions récurrentes : sourire aux commerçants, aux voisins, rendre service quand c'est possible. Les causes produisent toujours des effets et ses efforts commencent à porter leurs fruits : dans le métro, un étranger l'arrête pour lui dire qu'elle est la seule personne qu'il ait jamais vu sourire dans un tel lieu et qu'il se demandait dans quel pays et quelle ville il était tombé. Eh oui, les Parisiens ont la réputation d'être stressés et fermés. La ville lumière illuminera-t-elle aussi, un jour, le cœur et le visage de ses habitants pour que, dans la plus belle ville du monde, on trouve de belles personnes ?

Le philosophe Alain a beaucoup valorisé les vertus du sourire. Selon lui, un sourire coûte peu et apporte beaucoup : *Un sourire nous semble peu de choses et sans effet sur l'humeur; aussi ne l'essayons-nous point. Mais la politesse souvent, en soutirant un sourire et la grâce d'un salut, change tout. Le physiologiste en sait bien la raison; car le sourire descend aussi profond que le bâillement et, de proche en proche, délie la gorge, les poumons et le cœur. Le médecin ne trouverait pas, dans sa boîte à remèdes, de quoi agir si promptement, si harmonieusement.* (Alain, *Propos sur le bonheur)*

Rides et rires

LE SAVIEZ-VOUS ?

Jules Renard a écrit dans son *Journal* : *Rides, des sourires gravés.* On reconnaît en effet le faux sourire au fait que si les commissures des lèvres sont bel et bien étirées, les rides du lion, entre les sourcils, ne sont pas au rendez-vous, pas plus que l'étincelle dans l'œil, et les pommettes ne sont pas relevées. Le sourire « commercial » par excellence…

Rien à voir avec le vrai sourire, dit « de Duchenne ». Là, si les pommettes ne sont pas relevées, les commissures des lèvres sont étirées, les rides du lion au rendez-vous et l'œil pétille. Quant au vrai rire, il implique commissures étirées, lèvres écartées, yeux brillants et pommettes qui remontent. Il vient du cœur, et tout ce qui vient du cœur est irrésistiblement contagieux…

La méditation du sourire intérieur

Dans *Remettre du rire dans sa vie*, Corinne Cosseron propose un exercice de méditation du sourire très facile à réaliser pour aller mieux. Faites comme nous, pratiquez-le régulièrement, vous verrez comme cela fait du bien ! Après, vous vous sentez détendu, positif et à nouveau plein d'énergie.

Pour pouvoir pleinement profiter de cette méditation, commencez par vous mettre à l'aise, et respirez calmement jusqu'à ce que vous ayez l'impression d'être détendu.

Puis choisissez une « image » qui vous apaise, vous met dans état de bien-être. Cela peut être le visage d'une personne aimée et souriante, une odeur qui vous rappelle de bons souvenirs, un paysage apaisant…

Concentrez votre esprit sur cette image tout en inspirant lentement et profondément avec le sourire aux lèvres.

Laissez votre esprit et votre corps ressentir et propagez le bien-être que vous procure cette image. Arrêtez-vous au moment où vous percevez que votre sourire croît.

Mais d'où vient le mot « sourire » ?

Apparu au Moyen Âge, le verbe « sourire » vient du latin populaire *sub-ridere* qui signifie « prendre une expression rieuse ou ironique ». Le mot « sourire » a fait son apparition au XVe siècle. On a écrit un « souris » jusqu'au XIXe siècle. Des siècles avant notre ère, les pitres du Tao chinois pratiquaient et enseignaient la méditation du sourire.

L'homme a cet avantage sur l'animal de penser, semble-t-il. À ce détail près que certaines de ses pensées peuvent être dangereuses. Quand on commence à s'inquiéter de ne pas arriver à dormir, l'inquiétude ne fait rien d'autre qu'encourager l'insomnie – et ce n'est pas en faisant semblant de dormir que l'on peut faire venir le sommeil. Il en va de même pour l'humeur : d'aucuns affirment que la mauvaise humeur a des conséquences sur la santé et que certaines de nos maladies ont pour origine un simple manque de politesse. La mauvaise humeur est la sœur aînée de la tristesse. Pour l'endiguer, esquissons un sourire. C'est un mouvement facile à faire, tout comme s'étirer ou bâiller. Les muscles sollicités entraînent un effet de détente instantanée qui agit immédiatement et efficacement sur l'anxiété, l'impatience ou la mauvaise humeur, pour les neutraliser, les dissoudre comme le sucre dans l'eau. Alors, pourquoi se priver de tant de facilité ?

Témoignage

Lors d'un voyage en Mauritanie, Martine raconte : « nous étions une vingtaine de Français ravis de l'accueil offert par nos hôtes : sourires, nourriture simple et délicieuse et festivité musicale. Pendant plus d'une heure, les musiciens jouèrent pour nous des airs entraînants sur lesquels nous tapions des mains avec joie. Puis, ils posèrent leurs instruments et nous demandèrent de chanter quelque chose. Peu à peu, l'évidence surgit : personne ne connaissait de chanson par cœur, seulement des bribes (les refrains en général). Côté répertoire : Piaf, Brassens, Brel, Nougaro, Ferré, Gréco, Aznavour..., des chansons magnifiques, mais pas particulièrement endiablées au niveau du rythme... Quant aux textes, de *La complainte des infidèles* à *L'hirondelle du faubourg*, nous nous sommes rendu compte qu'ils n'avaient pas été composés par la Brigade du rire ! Au programme : tuberculose, syphilis, pauvres femmes, abus, trahison, faim... Impossible de se réjouir là-dessus ! Enfin, un gamin nous sauva la mise avec *Le petit âne gris* qu'il connaissait par cœur : nous l'avons chantée en tentant de taper des mains et d'oublier la tristesse des paroles. Moralité : quand vous partez à l'étranger, apprenez par cœur des chansons joyeuses, le sirtaki grec, la *Macarena* de Los del Rio ou les pas du madison... Ça vous sera d'une utilité différente, mais tout aussi précieux que votre brosse à dents, pour partager sourires et moments sympathiques lors de vos rencontres et apporter votre contribution à la fête. »

Quelle pourrait être votre épitaphe ?

Valérie aime le mot MIEL. Elle a choisi :

Merci

Infiniment d'

Être

Là.

Et les « Smileys » ?

Humour, joie, tristesse, bouderie... Les « Smileys » peuvent tout exprimer dans les mails ou les sms. De l'anglais *smiley face*, « visage content », ces messagers des émotions ont un ancêtre lointain : le chiffre 73, instauré dans le code Morse en 1857 pour exprimer l'amour et les baisers. Franklin Loufrani, journaliste à *France Soir*, a eu l'idée géniale d'en faire une marque déposée dès 1971. Il aurait dessiné le célèbre visage rond et jaune, symbole de bonne humeur, dans le quotidien pour illustrer une série de bonnes nouvelles.

Cherchez une phrase ou une ritournelle dont vous ne vous lasserez pas et qui vous met en joie et utilisez-la comme mantra pour stopper vos ruminations.

Le mantra de Martine est : « Oh la la la, c'est magnifique ! », phrase tirée d'une chanson de Luis Mariano. Je le répète en boucle et cela me fait du bien. Pour le plaisir, voici le début de la chanson que je vous suggère d'aller écouter sur Internet illico presto pour voir si elle vous fait le même effet qu'à elle :

La vie est là
Qui vous prend par le bras
Oh la la la
C'est magnifique !
Des jours tous bleus
Des baisers lumineux,
bss bss bss bss
C'est magnifique !
[…]

LOL attitude

En 2005, à l'occasion de la « Nuit Blanche », l'image du Christ de Rio de Janeiro a été projetée sur la cathédrale Notre-Dame, l'illuminant dans sa dimension monumentale, en couleur bleu Klein, symbole de paix. En 2008, l'artiste Agnès Winter crée l'événement à New York, en projetant sur la face nord du 30 Rockefeller Center, sur la Ve Avenue, plus de 300 visages de New-Yorkais souriants. Monument au sourire *est l'intervention la plus spectaculaire jamais accomplie sur le sujet*, explique l'artiste à juste titre. Une façon de conjurer l'attentat du 11 septembre en redonnant le sourire à New York !

Agnès Winter a aussi célébré les 60 ans de la Déclaration universelle des droits de l'Homme (2009) en projetant une centaine de sourires de Parisiens sur la façade du Palais de Chaillot à Paris. En octobre 2010, à l'occasion de la « Nuit Blanche » de Toronto, elle a aussi fait sourire les Canadiens.

La Belgique n'est pas en reste avec David Ken, le photographe qui saisit les fous rires de milliers de gens connus et surtout inconnus. Né en 2009 à partir d'une idée originale de David Ken et de William Lafarge (créateur de *Wadé*, la première BD gratuite sur Facebook), le « LOL project » est une initiative qui fait du bien. L'objectif de David capture des crises de rires. Ce qui l'intéresse, c'est le lâcher prise, l'instant fugitif qu'il sait faire advenir et qu'il saisit au vol avec talent. Une séance de prise de vue avec David et son joyeux assistant Toky est un moment de surprise et de jubilation. Le climat positif du lieu fait que l'on se sent rapidement à l'aise et même qu'on se sent vite une star, cheveux au vent … mais attention ! Pas une star qui se prend au sérieux car tous les « trucs » et toutes les astuces qu'utilise David pour nous surprendre créent une connivence ludique. Le rire et le moment du lâcher prise arrivent comme par magie en un temps record. La bienveillance, la générosité et l'humour de David font de ce moment coloré un souvenir émouvant de partage. N'hésitez pas à vous faire immortaliser sous vos plus beaux atours en vous inscrivant sur `www.lolproject.com` ou à contribuer à offrir « un mur LOL » aux hôpitaux, souvenez-vous qu'être généreux rend heureux !

Un « médicament » gratuit

Le rire améliore absolument toutes les fonctions du corps.
Il constitue donc le meilleur médicament du monde,
absolument gratuit et sans aucun effet secondaire.

(Docteur Christian Tal Schaller et Kinou le Clown,
Le Rire, une merveilleuse thérapie)

Rire avec régularité améliore la digestion, régule le sommeil et le système immunitaire. Il atténue les douleurs, fait disparaître certains dérèglements fonctionnels, aide à combattre l'anxiété, améliore l'apparence physique, la capacité de travail, développe l'énergie et la sexualité, diminue la tension artérielle et le stress.

Julie Whitehead, professeur de yoga depuis 1977, pratique le yoga du rire depuis 2002. Elle a créé le premier « club de rire » à Londres. Elle intervient dans les entreprises et aussi auprès de malades du cancer, de diabétiques, de dépressifs et de personnes souffrant d'Alzheimer à qui elle propose, entre autres, une version originale de *Frère Jacques* :

Frère Jacques (HOHO HEHE)
Frère Jacques (HOHO HEHE)
Dormez-vous ? (HUHU HAA) ?
Dormez-vous ? (HUHU AAH) ?
Sonnez les matines (HEHE HU HAHOHO)
Sonnez les matines (HEHE HU HAHOHO)
Ding dang dong (HA HU HEE)
Ding dang dong (HA HU HEE)

L'amélioration physique

Concentré de santé, le rire, parce qu'il prend sa source dans la physiologie, apporte un réconfort physique : en tout premier lieu, il détend les mâchoires. Rire, c'est opérer un véritable massage dans le corps par la contraction du diaphragme. Cela permet de diminuer la douleur et de faire travailler les poumons, les organes abdominaux et le système cardio-vasculaire. Le rire relaxe le visage, le cou, les bras et l'abdomen et permet de mieux irriguer les muscles. On est ainsi en droit de penser que le rire est excellent pour la prévention des maladies cardio-vasculaires, d'autant que rire ralentit le rythme cardiaque et agit sur la circulation sanguine. À l'heure des « régimes détox », n'oubliez pas que rire est un désintoxiquant physique qui restaure la joie de vivre, aide naturellement à lutter contre la fatigue, lisse les traits du visage et fait pétiller le regard. Un visage joyeux et malicieux n'est-il pas mille fois plus agréable à regarder qu'un visage bougon ou fâché ? À ceux ou celles qui avancent le contre-argument des rides qu'il provoque, la réponse est : ce sont des rides joyeuses ! Alors, ne nous privons surtout pas de rire de bon cœur !

LE SAVIEZ-VOUS ?

Lors des Rencontres annuelles zygomatiques, Frédéric Cosseron présente toujours une rubrique « Tronche de rire ». En 2011, pour les dix ans de l'École internationale du rire, il a choisi de parler des rides :

Avec l'âge apparaissent les rides. Bonne nouvelle ! Car on a le choix de ses futures rides... [...] *Chez les « pleurnichards », des rides renfrognées apparaissent sur le nez, d'autres strient verticalement l'espace qui part de la base du nez jusqu'à la lèvre supérieure. Enfin, les rides de la bouche sont comprimées, pincées. Pour les rieurs, par contre, on constate l'apparition de fossettes tandis que les rides partent du coin de l'œil en direction des tempes. Enfin, les rides de la bouche forment de délicates parenthèses autour des lèvres. Par identification, on sourira plus facilement à un visage souriant et l'on se contractera devant un visage triste. Donc, nous avons le choix de notre visage, mais aussi de celui de notre interlocuteur...*

Films vasodilatateurs... ou pas ?

Le docteur Michael Miller a présenté en 2005 une étude qu'il a conduite sur vingt adultes de 33 ans en moyenne, hommes et femmes, en bonne santé et non fumeurs. Chacun visualisait un film drôle pendant trente minutes. Deux jours plus tard, ils visionnaient un film stressant. La réactivité artérielle a été mesurée quatre fois durant chaque phase de rire ou de stress, juste avant le film, puis trois fois après, par échographies et doppler sur les artères des bras : après avoir ri, 19 des 20 participants ont une dilatation des vaisseaux sanguins et une augmentation de 22 % de leur flux sanguin. Après avoir été stressés, 14 des 20 participants ont une vasoconstriction et une réduction de leur flux sanguin de 33 %. Ces changements persistent pendant au moins une demi-heure à trois quarts d'heure après le visionnage des films.

Plus de 300 mesures ont permis de démontrer que le diamètre des vaisseaux sanguins pouvait varier de 30 à 50 %, *une amplitude similaire au bénéfice que l'on peut retirer de l'exercice physique ou de la prise de statines (des médicaments qui baissent le taux de cholestérol dans le sang)*, explique Michael Miller qui estime donc que le fait de rire quotidiennement participe à un mode de vie sain, susceptible de prévenir les maladies cardio-vasculaires.

Cette conclusion est jugée un peu hâtive par certains cardiologues, nuance la journaliste Anne Jeanblanc qui suit la rubrique santé depuis plus d'un quart de siècle pour le magazine *Le Point*, dans un article de ce magazine publié en ligne le 31 août 2011 sous le titre *Rire pour prévenir les maladies cardio-vasculaires ?* Citant le professeur François Schiele de Besançon, elle ajoute : *Il existe beaucoup de situations physiologiques qui ont des répercussions sur le calibre des vaisseaux, comme le froid et le chaud ou encore l'exercice physique. Certes, rire entraîne une vasodilatation, mais cela ne veut pas dire que les personnes qui ne rient pas souvent ont une perte de vasomotricité.* Anne Jeanblanc conclue *que si rire constitue une source évidente de bien-être, il serait hasardeux d'affirmer, dans l'état actuel des connaissances, que l'absence de ce type d'émotion positive nuit à la santé. En revanche, pour le spécialiste français, le rire pourrait être utilisé comme un test permettant d'évaluer les capacités de vasodilatation d'un individu.*

L'amélioration du sommeil

Pour lutter contre les insomnies, rien de tel qu'une bonne pinte de rire! Sélectionnez un programme drôle à la TV, un film comique. Prenez le temps de récapituler en famille, à table, tous les moments comiques de la journée (oui, oui, il y en a eu, prenez donc désormais la peine d'observer vos voisins dans le métro, à la cantine, au bureau, dans la rue, ou dans la file d'attente au supermarché et vous verrez que nous côtoyons le comique et l'humour à longueur de temps! Il suffit d'ouvrir les yeux…) Si vous vivez seul, avant de fermer la lumière le soir, repassez-vous le film de ces micro-événements rigolos de la journée. C'est la meilleure façon de convoquer Morphée pour mieux dormir, éloigner les idées noires, éliminer les inévitables tensions. Insomniaques ? À vos marques… Prêts ? Riez!

Stimulant hormonal

En chatouillant le centre de l'hilarité situé dans le cortex, une petite zone du cerveau où se trouve aussi le siège de nos émotions, nous stimulons de nombreuses hormones, toutes plus essentielles les unes que les autres : les catécholamines, les hormones de l'éveil, qui donnent l'alerte aux anticorps chargés de défendre l'organisme contre les virus et les microbes ; les endorphines, les hormones du plaisir et du bien-être à l'action antalgique. En détournant l'attention, en relâchant les muscles et en stimulant ces hormones, le rire atténue les douleurs, notamment celles liées à la tension musculaire.

Par ailleurs, le rire a aussi un impact positif sur l'appareil digestif car il provoque la production de sucs gastriques et d'enzymes. De plus, il a des effets bénéfiques concernant les troubles du transit.

Rire et cancer

Katy Franco est ce qu'on appelle aux États-Unis, une *survivor*, une rescapée. À ses débuts, elle entame une carrière de comédienne et de productrice avec succès. Elle enchaîne les séries et les apparitions dans les films hollywoodiens. Elle alterne les films et les improvisations scéniques en tant qu'humoriste et devient en parallèle une journaliste spécialisée dans le divertissement et le spectacle. Selon ses propres dires : *J'ai interviewé Brad Pitt, Julia Roberts et Andy Garcia. J'étais en bonne santé, je mangeais de tout, j'étais pleine d'énergie et je me couchais tard.* En mai 2005, on lui diagnostique un cancer du sein. Sa vie se résume alors aux consultations, à la chirurgie, aux chimiothérapies et et aux rayons. Mais Katy Franco est une artiste et une comédienne. Alors, de cette expérience, elle crée tout d'abord un show à Porto Rico – où elle est née – coécrit avec son ami Frankie Carrasquilo, un célèbre humoriste aveugle portoricain. *Sacando Pecho* (qui pourrait se traduire par « toute poitrine dehors ») est un succès immédiat. Une adaptation est prévue en anglais sous le titre *The Breast Day of my Life*. Avec son mari, Ken Phillips, elle imagine l'histoire de Chemorella, parente éloignée de Cendrillon qui affronte sa chimiothérapie avec courage et joie de vivre. Ce conte, illustré par Scott Sackett, paraît en version bilingue anglais espagnol et est distribué, notamment aux enfants hospitalisés. *Chemorella* a reçu le prix du meilleur livre de l'année 2010 par Borders et est devenu un best-seller avec plus de 6000 exemplaires vendus uniquement à Porto Rico.

En usant du rire, du stand up, et de Chemorella*, j'ai touché des femmes avant leur mammographie, des enfants qui allaient courageusement chez leur médecin et des cancéreux qui recevaient leur traitement,* explique Katy Franco. *Je suis venue dans les écoles, les théâtres, les départements d'oncologie, les hôpitaux pour enfants et bien d'autres lieux encore avec mon histoire.*

Une hirondelle ne fait pas le printemps... La vitalité joyeuse de Katy Franco face à la maladie est suffisamment magnifique en soi pour qu'on la cite copieusement ! Mais loin de nous l'idée de déclarer qu'il suffit de rire pour guérir de quelque maladie que ce soit. Dans un contexte thérapeutique lourd, rire est une aide supplémentaire précieuse, certainement pas une fin en soi.

L'art de bâiller

Un bon bâillement est un prélude délicieux à la relaxation. Il favorise énormément l'arrivée du rire. Pour réussir un bon, un vrai, un formidable bâillement, nous vous conseillons de regarder comment s'y prennent les chiens. Ils bâillent lentement, jusqu'à s'en décrocher la mâchoire, puis soupirent et s'affaissent, annonçant que l'heure et venue … de ne plus rien faire.

Car bâiller n'est pas forcément un signe de fatigue. C'est plutôt l'annonce d'un congé qu'on accorde à l'esprit pour mettre momentanément fin à la ronde incessante des pensées et à l'attention soutenue. *Il est remarquable que le mouvement des bras en l'air, signe de capitulation, est aussi le plus utile à délivrer le thorax,* écrit Alain dans son *Propos sur le Bonheur. Mais c'est aussi la position de choix pour bâiller énergiquement.*

Il explique que n'importe quel souci nous serre littéralement le cœur : nous ressentons instantanément que notre thorax se resserre. Surgit alors une sensation d'anxiété, suivie d'impatience et de colère contre soi. Bâiller est le remède à tout cela. Aussi contagieux que le rire – un bon bâilleur en fait bâiller sept – et sans aucun risque pour la santé, il provoque au contraire le bien-être. Rire et pleurer sont des remèdes du même acabit…

AUDACE

Invitez quelques amis et mettez en place un déjeuner à l'envers. Commencez par un bon café pour accompagner le dessert, puis avec beaucoup de grâce et l'air de rien, servez-leur un plateau de fromages variés très alléchant. Poursuivez avec le plat principal (protéines et légumes) puis servez l'entrée comme si c'était ainsi chez vous chaque jour, enfin terminez par l'apéro et les amuse-gueules... si vous allez jusque-là. Puis, courez vite !

Deuxième partie

Le rire et la santé psychique

Dans cette partie...

Le système nerveux contrôle le fonctionnement du cœur, de l'appareil digestif, des poumons, de l'estomac, du cerveau... Il assure aussi notre équilibre émotionnel. Nous vous apprendrons comment vivre harmonieusement vos émotions en quatre étapes. Vous découvrirez aussi que la pratique du rire équilibre nos systèmes sympathique et parasympathique, ce qui conduit à une bonne maîtrise du stress.

Le rire est-il recommandé aux timides ? Certains témoignent que la pratique du rire les a guéris. Qu'en est-il de la dépression ? Le rire peut-il aider à la combattre ? Vous ferez connaissance avec les facilitateurs et les pionniers du rire thérapeutique de 1900 à nos jours.

Qu'est-ce que l'intelligence émotionnelle et comment honorer nos émotions, les accueillir et entendre leurs messages ? Il est important de laisser une grande place à la joie et au partage. Parmi les autres bienfaits, nous expliciterons ceux qui relèvent de la pédagogie et de la spiritualité, comment le rire vient au secours de la justice et comment il contribue à ouvrir le cœur. Nous explorerons la place du rire dans les religions et vous initierons à la pratique de la méditation du rire ou de la méditation tout court avec, entre autres, la contribution en ce domaine d'Osho Rajneesh, fondateur de la *Mystic Rose*.

Chapitre 4

Les bienfaits émotionnels

Dans ce chapitre :

- Des chercheurs, des médecins et des scientifiques nous éclairent sur le rôle et les effets du rire
- Savoir différencier besoins, émotions et sentiments
- La pertinence d'une éducation émotionnelle dès le plus jeune âge

Le rire réduit les tensions et l'agressivité. Il calme le système nerveux, stimule la production d'endorphines (« l'hormone du plaisir », antidépresseur naturellement fabriqué par l'organisme, sorte de morphine bio qui agit contre la douleur). Il provoque la bonne humeur, la joie – voire l'euphorie –, un sentiment immédiat de relaxation et des sensations de plaisir et, curieusement, un sentiment de complicité immédiate quand il est partagé, y compris avec un parfait inconnu. L'adage ne dit-il pas qu'un homme qui fait rire une femme l'a déjà à moitié conquise ?

L'amélioration psychique

Le système nerveux contrôle en pilotage automatique le fonctionnement du cœur, des vaisseaux sanguins, de l'appareil digestif, des poumons, de l'estomac, du cerveau, etc., et assure à chacun d'entre nous notre équilibre émotionnel.

Chacun le sait aujourd'hui : il est néfaste de refouler ses émotions. Ainsi, le neuroscientifique Vladimir Rajwski a montré que rires comme larmes peuvent être utiles, car ils génèrent tous les deux des endorphines, (eh oui, même les larmes !), ces hormones du bonheur. Le faire, c'est s'exposer à l'angoisse, à l'anxiété, voire au développement de certaines maladies. Il est donc *indispensable*, pour gérer ses états d'âme et vivre harmonieusement avec ses émotions, de prendre en compte quatre étapes :

- **Prendre conscience de ses émotions de base** – peur, colère, tristesse, joie – en les ressentant.

- **Reconnaître et discerner ses émotions**, apprendre à ne pas les confondre et entendre ce qu'elles nous disent : la peur est là pour inviter à la vigilance, la tristesse témoigne d'une perte.
- **Identifier le besoin et agir pour soulager la souffrance** : la peur renvoie à un besoin de sécurité (il sera opportun dans certaines situations de demander de l'aide, par exemple), la colère s'élève lorsqu'on se sent victime d'une injustice, le besoin est de réparation (excuses, reconnaissance, procès...). Le chagrin entraîne un besoin de réconfort et la joie soulève le besoin et l'espoir que cela dure.
- **Reconnaître les émotions chez les autres afin de leur répondre de façon adéquate** : derrière la colère qui surgit entre deux personnes, il peut y avoir la peur de perdre l'autre ; en réagissant en miroir par la colère, la pression monte et le vrai besoin de réassurance n'est pas perçu, car la peur n'a pas été identifiée ni par l'émetteur ni par le récepteur.

Rire contre le « mauvais » stress

Le stress est une réaction naturelle de notre organisme qui se produit chaque fois que nous devons nous adapter à une situation nouvelle. La réaction de stress se manifeste sur trois plans :

- **le plan psychologique** (le constat qu'il ne reste plus que quelques minutes avant d'arriver à l'heure à un rendez-vous important) ;
- **le plan physiologique** (les battements de cœur et la respiration s'accélèrent, l'organisme sécrète de l'adrénaline qui augmente notre taux de glycémie afin de mobiliser les muscles pour l'effort à venir) ;
- **le plan comportemental** (nous nous mettons à accélérer).

LE SAVIEZ-VOUS ?

En 2003, le docteur Herbert Benson, de l'université de Harvard, affirmait que 80 % des consultations médicales étaient liées au stress.

Il est intéressant de comparer les symptômes émotionnels générés par le stress et ceux générés par le rire. Ils sont exactement antagonistes : agitation, irritation, inquiétude, anxiété pour le stress ; sérénité intérieure, joie, tranquillité d'esprit pour le rire. De même pour les symptômes physiologiques : si le stress coupe l'appétit, le rire l'ouvre ; le stress fatigue quand le rire relaxe !

La pratique du rire permet d'équilibrer nos systèmes sympathique et parasympathique, ce qui conduit à une maîtrise du stress. Le rire est l'antidote du stress, il ne coûte rien, il est un partenaire santé merveilleux.

Cela risque fort de déplaire à certains vendeurs d'esbroufe. Reconsidérez un moment tout ce que l'on tente de vous vendre pour votre « bien-être » et combien cela vous coûte, pas seulement en euros sonnants et trébuchants, mais aussi en temps. Une réservation de vacances par exemple : recherche Internet, mobilisation physique dans les transports… Une fois sur place, avez-vous la garantie de passer un bon moment ? Pas forcément. Sauf si vous avez l'habitude de cultiver votre joie de vivre et que celle-ci ne dépend pas uniquement des conditions extérieures. Car certains d'entre nous, même dans les meilleures conditions environnementales, ne savent pas apprécier. La nature nous transforme si nous savons la contempler et l'entendre, pas si nous la vivons comme un joli décor de théâtre à photographier en faisant du bruit. Pour que la nature nous touche, il faut faire silence… La beauté est là… Vous êtes là… Et vous êtes beau, vous aussi.

Nos réactions actuelles face à la peur

Avec l'évolution des risques auxquels nous sommes confrontés, et la quasi disparition des risques physiques, nous avons été contraints d'adapter nos mécanismes de défense et notamment notre gestion de la peur. Mais celle-ci est toujours là, capable de susciter inquiétude et stress. Certaines personnes sont paralysées par la peur, d'autres mettent tout en place pour ne jamais connaître ce sentiment, d'autres encore se sentent galvanisées quand elles sont dans un état de grand stress. Ce sont autant de manières de réagir et de mettre en place des stratégies pour gérer cette émotion. Marie-Pierre Glenisson vous en propose une.

Pour vous délivrer des liens dans lesquels votre peur vous immobilise, vous devez écouter le message délivré par votre inconscient, vérifier comment assurer votre sécurité minimale, vous reconnecter à vos talents, à vos capacités de réussite, et à ce que vous aimez, poser les actions nécessaires pour avancer.

De la même façon que la lumière fait disparaître instantanément les ténèbres d'une pièce, l'amour et la joie font disparaître la peur et les doutes.

Marie-Pierre Glenisson,
article publié le 30 avril 2012 sur le site
`www.coaching-harmonique.fr`

Savez-vous pourquoi le paradis, c'est vraiment le paradis ? Parce qu'au paradis, vous êtes accueilli par un Anglais, c'est un Français qui fait la cuisine, un Italien qui met de l'ambiance et un Allemand qui coordonne le tout.

Maintenant, savez-vous pourquoi l'enfer, c'est horrible ? Parce qu'en enfer vous êtes accueilli par un Français, c'est un Anglais qui fait la nourriture, un Allemand qui met l'ambiance et un Italien qui coordonne le tout…

Rire contre la timidité

Le club de rire est par définition le contexte le plus favorable qui soit aux timides car c'est un groupe constitué de personnes bienveillantes, qui ne jugent pas. La personne timide peut y prendre toute sa place, petit à petit, à son rythme, en réapprenant à respirer et à élargir ainsi son espace intérieur. Il est tout de même plus intéressant de s'occuper de soi, de ses propres sensations et de cultiver son plaisir que de se demander ce que les autres pensent de soi ou de perdre un temps précieux à imaginer comment nous sommes perçus afin de s'adapter à ces supputations, très souvent fausses. Si l'avis des autres à votre égard est important, alors demandez-le leur simplement et surtout, écoutez leurs réponses.

Le fait de sortir la voix en jouant, en parlant, en riant vous permettra de trouver une légitimité dans le fait de participer au même titre que les autres. De petites audaces en petites audaces, votre rire deviendra un allié sur lequel vous pourrez compter. Peut-être aussi développerez-vous votre humour, pas nécessairement pour faire l'Olympia, mais pour vivre avec plus d'assurance et apprendre à relativiser. Le rire est comme une empreinte digitale, chacun le sien. En acceptant votre rire tel qu'il est, vous vous aimerez davantage. Et n'oubliez pas que l'amour est l'antidote de la peur.

À VOUS DE JOUER

Chuchoter des compliments à l'oreille d'un enfant aux yeux fermés...

Un puissant antalgique

LE SAVIEZ-VOUS ?

Le rédacteur en chef du *Saturday Review*, Norman Cousins, ayant constaté qu'un film qui le faisait rire dix minutes lui permettait de ne pas éprouver de douleur pendant deux heures, témoigne de sa guérison, dans *Comment je me suis soigné par le rire*. En 1964, il contracte en effet une spondylarthrite ankylosante, une affection qui touche principalement la colonne vertébrale et les articulations et qui est liée à un dérèglement du système immunitaire. Il guérit en suivant notamment une cure de rire et sans prendre de médicament.

Rire contre la déprime

La dépression est une maladie qui toucherait 10 % de Français, selon l'OMS ! La seule chose à faire dans ce cas est de consulter un médecin afin que des médicaments vous ramènent à un seuil de vitalité minimale. Si vous êtes triste, fatigué, si vous avez des difficultés à vous concentrer, un manque de désir et de plaisir, des difficultés d'endormissement, un appétit modifié ou des idées suicidaires, consultez !

Attention, si le rire est un remède avéré et souverain contre l'abattement passager, la démotivation momentanée, le cafard ponctuel, le pessimisme de circonstance, il faut en revanche bien prendre conscience que la participation à un club de rire est absolument contre indiquée aux personnes dépressives, car il faut de la vitalité pour entrer en contact avec d'autres et de l'énergie pour bouger, sauter, danser et rire. Les antidépresseurs contribuent à augmenter les taux insuffisants de noradrénaline et de sérotonine dans le cerveau : lorsque vous remonterez la pente, vous les fabriquerez naturellement en riant. Mais chaque chose en son temps... Il peut être très douloureux de voir des gens s'amuser quand on ne se sent pas la force de participer. Soignez-vous, chouchoutez-vous, guérissez à votre rythme et quand vous aurez le désir de pousser la porte d'un club de rire, alors, bienvenue !

Rire et dopamine

En observant l'activité cérébrale de rieurs, des chercheurs ont pu constater que les « centres de récompense » situés dans la partie gauche du cerveau étaient activés. Ce sont ces zones cérébrales qui libèrent la dopamine, un neurotransmetteur essentiel dans les sensations de plaisir. Cette observation devrait permettre de mieux comprendre les mécanismes de la déprime et trouver ainsi des traitements révolutionnaires pour la soigner.

Nasreddine Hodja avait envie d'apprendre la médecine. Il alla voir le médecin le plus célèbre de sa ville et lui fit part de son désir :

« Tu tombes bien, lui dit le médecin, je vais visiter quelques malades ; viens avec moi, tu pourras ainsi apprendre le métier sur le terrain. »

Nasreddine accompagna le médecin chez le premier malade. Le médecin regarda à peine le patient et lui dit :

« Ton cas est très simple : ne mange plus autant de cerises, bois une tisane avant de dormir et demain tu seras guéri. »

Nasreddine Hodja était plein d'admiration. Dans la rue, il ne tarit pas d'éloges :

« Ô ! Maître, vous êtes vraiment un grand médecin ! Comment, sans toucher le malade, avez-vous pu deviner de quoi il souffrait ? »

« C'est très simple, lui répondit-il, j'ai regardé sous le lit et j'ai vu qu'il y avait un gros tas de noyaux de cerises. J'en ai déduit qu'il en avait trop mangées. »

Le Hodja se dit que la médecine était plutôt simple et qu'il pouvait l'exercer à son tour. Il se déclara médecin et, dès le lendemain, alla visiter son premier patient. Il entra et regarda sous le lit du malade :

« Ton cas est simple, lui dit-il, ne mange plus autant de babouches, bois une tisane avant de dormir et demain tu seras tout à fait guéri… »

Attention, rire pathologique !

Le rire pathologique existe. On le constate chez des patients atteints de la maladie d'Alzheimer, affectés par une schizophrénie, une psychose maniaco-dépressive ou la pathologie du paranoïaque. Chez ces patients, les rires peuvent être provoqués par des *stimuli* qu'eux seuls peuvent percevoir (c'est le cas lors d'hallucinations ou de délires). La pathologie est reconnue quand les patients perdent la capacité de rire volontairement alors qu'ils conservent des capacités intactes de rire émotionnel, ou lorsqu'ils rient involontairement. Le rire pathologique est alors un désordre qui se caractérise par sa venue en réponse à des *stimuli* non spécifiques, de manière inappropriée, ou quand les patients n'arrivent pas à contrôler volontairement l'intensité et la durée du rire. Après un épisode de rire particulièrement prolongé, chez les personnes asthmatiques, on peut assister à une syncope du rire, semblables à la syncope de la toux. D'autres rires pathologiques ont pour cause l'absorption d'alcool ou drogue. Enfin, le plus spectaculaire des rires fous est sans nul doute le « fou rire prodromique » qui se manifeste par des épisodes convulsifs annonçant parfois une catastrophe cérébrovasculaire. Il est toutefois difficile à détecter comme symptôme car les médecins ne font pas souvent le rapprochement entre rire et attaque ! Fort heureusement, ces cas « cliniques » sont extrêmement rares...

Ainsi font, font, font...

SOURIONS

Kinou le clown adore faire et faire faire les marionnettes : *Pour nous libérer du juge et de tout le stress qu'il cause dans notre organisme, il suffit de faire les marionnettes ! Quelques minutes de ce geste, fait avec les deux mains à toute vitesse, suffisent pour que le rire naturel revienne, que l'esprit d'enfance pétille, que la vie redevienne aventure, que les interdictions se transforment en permission.* (*Rire pour Gai-rire*, Vivez soleil, Paris, 1994)

Quel est le sens... du sens de l'humour ?

Selon le professeur canadien de psychologie Rod Martin, le sens de l'humour permet de :

- prendre plaisir à relever les défis plutôt qu'à en être abattu ;
- être moins affecté par le stress ;
- avoir une meilleure estime de soi ;
- être plus optimiste ;
- avoir de meilleures relations sociales.

Grâce à eux, les effets bénéfiques du rire ne sont pas une blague

Tableau 4-1 : Les spécialistes des bienfaits du rire

Sigmund Freud, médecin neurologue, pionnier de la psychanalyse, 1905.	Il a écrit dans *Le mot d'esprit et ses rapports avec l'inconscient*: *L'humour est un soulagement, il diminue la souffrance humaine.*
James J. Walsh, médecin américain, 1928.	Il a été le premier à écrire un ouvrage médical entièrement basé sur les bienfaits du rire pour la santé, *Laughter and Health*, dans lequel il souligne que *la santé d'une personne est proportionnelle à la quantité de son rire.*
Pierre Vachet, médecin français, 1935.	Sachant qu'un bon moral accélère la guérison, il organise les premières séances de rire collectif à l'hôpital. Il explique pourquoi dans *La Santé du corps et de l'esprit. Pour le plaisir de vivre.*
William Fry, médecin psychiatre, 1955.	Il a créé un département consacré à la recherche des effets du rire sur la santé à l'université de Stanford, en Californie. Comme de nombreux précurseurs, il n'est pas pris au sérieux par la communauté scientifique du moment. Il dit dans *Pleurez, vous serez en meilleure santé*: *Le médecin à l'hôpital nous soigne, mais c'est à nous de nous guérir. Si les hommes pleuraient comme les femmes et les enfants, ils souffriraient sans doute moins d'ulcères et de maladies cardiaques. Les larmes relâchent non seulement les tensions, mais drainent de l'organisme des substances chimiques pouvant être nocives. La nature nous a donc donné deux excellents moyens pour relâcher nos tensions : le rire et les pleurs.*
Hunter « Patch » Adams, clown médecin, rendu célèbre dans le film *Docteur Patch* interprété par Robin William en 1998, 1971.	Il fonde un hôpital du rire gratuit qui soignera 15 000 patients en douze ans, grâce aux 6 millions de dollars de droits d'auteur qu'a obtenus le docteur. Il dit : *Le nez rouge est ma thérapeutique favorite !* Il considère l'humain dans sa globalité et fait appel au rire, à la joie et à la créativité dans le processus de soin. Pour combattre la souffrance liée à la solitude, à l'ennui et à la peur, il invite chacun d'entre nous à être l'auteur de notre propre bonheur et à nous réjouir de la vie. Il explique aussi aux médecins à propos des mourants : *Ils seront davantage reconnaissants de votre tendresse et de votre compassion que de votre intelligence.*

Osho, philosophe et enseignant, 1974.	Il crée « la méditation dynamique », une méditation en mouvement à effets cathartiques visant à libérer le corps et l'esprit : exercices respiratoires, chant, danse, cris, larmes ou rires. Ces méditations seront popularisées en Europe grâce au médecin hollandais Dhyan Sutorius qui créa un centre de rire à Amsterdam. France Mondor s'initiera auprès de lui et sera la première française à former le personnel médical aux bienfaits thérapeutiques du rire dès les années 1990.
Norman Cousins, journaliste et rédacteur en chef du *Saturday Review*, 1976.	Il se guérit par le rire d'une spondylarthrite ankylosante grâce aux comédies qu'il regarde assidûment pendant des heures. Il recevra la médaille pour la paix des Nations Unies.
Lee Berk, leader mondial des recherches scientifiques sur le rire, 1977.	Il met au point le programme SMILE qui prescrit le rire à des patients cancéreux. *Nous faisons du jogging pour l'unique raison que c'est bon pour la santé. Pourquoi ne pourrions-nous pas rire pour cette même raison ?*
Raymond Moody, médecin auteur du best-seller *La Vie après la Vie*, 1978.	Il a décrit dans *Laugh after Laugh. The Healing Power of Humor* un panorama de l'histoire de l'humour thérapeutique.
Annette Goodheart, psychologue clinicienne, 1978.	C'est l'auteure de *Laughter Therapy, How to Laugh About Everything in Your Life That Isn't Really Funny*. Elle a été la première à utiliser la thérapie du rire comme outil principal dans le cadre de psychothérapies individuelles.
Henri Rubinstein, neurologue (Rire d'or 2003 et Rire d'or d'honneur 2007), 1983.	C'est l'auteur du best-seller *La Psychosomatique du rire. Rire pour guérir*. Il a dit : *Le rire se manifeste dans la volonté de vivre, le premier but de la thérapeutique par le rire sera de restaurer l'humeur ludique, qui consiste à acquérir les principes de la pensée positive.*
Rod Martin, professeur de psychologie, 1983.	Il publie une synthèse de ses travaux sur l'humour dans *The Psychology of Humor. An Integrative Approach*. Il pense qu'avoir le sens de l'humour et rire réduisent le stress, rendent plus séduisant et mieux adapté socialement et améliorent donc notre santé.
Steve Wilson, psychologue américain (Rire d'or 2007), 1983.	Il intervient sur l'humour et le rire thérapeutique. Il a formé plus de 4 500 personnes qui interviennent dans les champs de la santé, des entreprises et qui animent des clubs de rire.

Michael Titze, médecin et chercheur allemand, 1985.	Il pense que la pudeur est un élément qui freine la vie de nombreuses personnes et que la thérapie par le rire peut l'atténuer. *La personne inhibée doit apprendre à ne plus regarder ses erreurs, souvent imaginaires. Elle doit apprendre à regarder derrière le rideau de la pudeur et prendre conscience de la grande force qui se cache en son moi. Cette force est la vie. Et rien ne libère davantage que le rire à pleins poumons.*
Christian Tal Schaller, médecin suisse de santé holistique (Rire d'or surprise), 1996.	Il pratique des exercices d'évacuation du stress ou de la colère et des séances de rire lors de ses consultations. Il écrit avec Kinou le Clown *Rire pour gai-rire*. Tal et sa femme, Johanne Razanamahay, donnent des conférences sur le thème « La santé, ça s'apprend ».
Kinou, clown professionnel (Rire d'or 2006), 1986.	Il participe à plus de 8 500 spectacles de clown, magicien et fantaisiste. En 1986, il introduit le clown hospitalier en France. Il forme dans le cadre de son association Semeurs de joie des « marchands de rêves » qui interviennent auprès des enfants malades et des « animateurs de bonheur » pour nos aînés.
Caroline Simonds, clownesse américaine, 1991.	Elle crée Le rire médecin qui emploie plus de 78 clowns docteurs professionnels qui interviennent dans les hôpitaux auprès des enfants malades.
Robert Holden, psychologue anglais. Il crée avec le ministère de la santé britannique la première clinique antistress en 1989, puis la clinique du rire, 1991.	*Gloussez quatre fois par jour pendant les deux prochaines semaines et ne revenez pas avant d'avoir terminé votre prescription !*, recommande-t-il. En 1996, il met au point le programme « bonheur » qui consiste à soigner avec la pensée positive, la méditation et les jeux. Plus de 30 000 professionnels de la santé ont au moins suivi une journée de stage avec lui. Il est l'auteur de *Laughter the best medicine. The Healing Power of Happiness, Humor and Laughter.*
Bernard Raquin, psychothérapeute français, 1994.	Il crée des cours d'humour et fait connaître sa méthode dans *Rire pour vivre. Les bienfaits de l'humour sur notre santé et notre quotidien.*
Madan Kataria, médecin indien (Rire d'or 2004), 1995.	Il observe « le rire sans raison » des enfants, un rire qui n'a pas besoin d'humour et décide de passer par le corps et non plus par le mental : il invente le yoga du rire. Ce sont des exercices de stimulation du rire, entrecoupés de respirations faciles inspirées du yoga et d'applaudissements stimulants le diaphragme qui peuvent être réalisés dans tous les pays. Ces exercices s'accompagnent de la chansonnette devenue célèbre dans au moins 60 pays : *OHOH HAHAHA.*

Robert Provine, neurobiologiste américain, 2000.	Après l'étude du bâillement, il écrit : *Le Rire, sa vie, son œuvre. Le plus humain des comportements expliqué par la science.* Il met en avant le fait que ce sont nos relations sociales qui nous font rire. Il s'intéresse au rôle du rire dans la parade amoureuse et à la différence de comportement entre les hommes et les femmes vis-à-vis du rire dans la séduction.
Roland Schutzbach, docteur en philosophie, suisse allemand, « foulosophe », 2001.	Lors de l'exposition nationale suisse en 2002, il crée « Source de rire » pour que chacun se sente responsable de sa santé : dans un labyrinthe de fleurs et d'arbustes jaillit le rire avec le directeur de chœur de rire à Berlin, Thomas Draeger. Il crée aussi « la planète du rire » pour contaminer les gens au virus du bonheur.
Corinne Cosseron, fondatrice de l'École internationale du rire à Frontignan, 2002.	Elle commence par des séances de rire sur la plage de Frontignan. En écoutant les impressions des participants, elle enrichit le concept et crée la « rigologie » : des techniques venues du monde entier basées sur la joie de vivre et les émotions positives.
Michael Miller, directeur de cardiologie préventive à Baltimore, 2005.	Il affirme que les bénéfices engendrés par le rire sont similaires à ceux de l'aérobic, *mais sans les courbatures, les douleurs et les tensions associées à l'exercice.* Pour améliorer le système vasculaire et réduire l'effet du stress psychique, il préconise trente minutes d'exercices trois fois par semaine et quinze minutes de rire par jour.
Willibald Ruch et René Proyer, professeurs suisses de psychologie positive, 2008.	Ils travaillent actuellement sur la « gélotophobie » soit sur « la peur que l'on rie de soi » et tentent de distinguer cette phobie des autres comportements pathologiques.

N'oubliez pas les grimaces

À VOUS DE JOUER

Le docteur Adams déclare : *Riez en public trois fois par jour pendant au moins un mois. Gesticulez, modulez votre rire sur tous les tons et dans les endroits les plus incongrus, surtout lorsque votre voix intérieure vous chuchote : « Pour l'amour du ciel, pas ici ! »*

Jouez une fois par semaine avec des enfants pendant une heure, faites l'idiot avec eux, ils seront votre meilleur public. C'est bien connu, les enfants n'ont aucune inhibition et rient facilement. (Patch Adams, *Docteur Patch Adams. Quand l'humour se fait médecin*, Édition Stanké, Canada, 2000)

Le docteur Patch conseille aux médecins de s'exercer une demi-heure par jour à faire des grimaces. Devant le miroir de la salle de bain, puis en public. Et de donner quelques exemples : *Tirez la langue et léchez votre joue. Faites rouler les yeux en émettant des sons gutturaux. Gonflez les joues, écarquillez les yeux puis creusez les joues. Et déguisez-vous le plus souvent possible.* Lors des congrès auxquels il est convié avec de grandes pointures de la médecine, tous habillés en costume, cravate et fort soucieux de leur apparence, Patch s'assoit à la tribune avec des chaussures de clown, un nez rouge, des vêtements et chapeau colorés pour témoigner par l'action que le sourire, la bonne humeur et le rire favorisent la guérison et qu'ils doivent régner en maître dans les lieux de rétablissement de santé.

Scientifiquement vôtre

Les professeurs William Fry et Lee Berk ont réussi à prouver que le rire stimule les défenses immunitaires grâce à l'augmentation :

- des lymphocytes K (en nombre et en activité), cellules tueuses naturelles qui attaquent les virus et les tumeurs ;
- des cellules T, celles qui attendent qu'on leur donne des ordres ;
- des anticorps immunoglobulines A qui protègent le haut de la trachée respiratoire ;
- des gammas interfon, une cytosine qui active différents composants du système immunitaire ;
- des immunoglobines G et Complément 3 (pendant le rire et un jour après) qui aident les anticorps à percer les cellules anormales ou infectées.

Les hormones du stress, l'adrénaline et le cortisol, qui contractent les vaisseaux sanguins et inhibent l'activité du système immunitaire, chutent pendant le rire.

Le rire, en libérant plus d'hormones endocriniennes – notamment les endorphines – rend euphorique, ce qui a pour effet de lutter contre la douleur. Il stimule la production de catécholamines, hormones qui interviennent dans la réduction de l'inflammation, en réduisant la sensibilité à la douleur. Faire rire des patients anxieux ou qui souffrent permet de diminuer les antalgiques, les anxiolytiques et les somnifères, tout en restaurant leur moral et leur combativité.

Chapeau, la conférence !

Lors d'un symposium en Italie, Annette Goodheart a distribué des chapeaux fantaisie aux conférenciers qui devaient s'exprimer chacun à leur tour. Tandis qu'un professeur d'université italien expliquait avec le plus grand sérieux du monde les effets physiologiques du rire, le public ne cessait de rire. Énervé, il demanda à voix basse à son voisin : « Pourquoi rient-ils ? Ce que je dis n'est pas drôle ! » Le voisin lui montra du doigt la cause de l'hilarité du public : le chapeau qu'Annette lui avait remis et qu'il portait sur la tête. Ce chapeau était affublé d'une crête de coq qui se balançait à gauche et à droite à chacune de ses paroles !

Le tigre

Voici un exercice que recommande le docteur Tal Schaller pour extérioriser des émotions sans violenter autrui. Il s'intitule « Le tigre ». Debout, les pieds légèrement écartés au niveau de la largeur des hanches, imaginez que vous êtes un tigre dans la jungle, dressé face à un tronc d'arbre. Levez la patte gauche (main gauche) le plus haut possible et griffez le tronc vers le bas, jusqu'à la hauteur de votre taille. Puis, effectuez le même mouvement avec la patte droite. Faites ce geste de plus en plus vite, avec les genoux un peu fléchis. De manière simultanée, faites des grimaces avec tous les muscles du visage en rugissant comme un tigre. Pensez, si cela peut vous aider, à toutes les situations où vous avez été contrarié et où vous n'avez pu exprimer votre colère ou votre rage. Augmentez l'intensité pour sentir que tout votre corps participe. Pour terminer, poussez un grand cri, tout en faisant le geste de déchirer au-dessus de votre tête un voile qui représente tout ce qui vous empêche de vivre libre et heureux. Prenez quelques instants pour ressentir les effets de l'exercice et l'effet de relaxation et de revitalisation qu'il a eu sur vous. Savourez ses sensations en respirant calmement. Remerciez-vous intérieurement en souriant.

Enfin, de la place pour toutes nos émotions !

Il est temps de prendre conscience de l'influence de nos émotions : peur, tristesse, colère, joie sur notre santé et sur le fait qu'une émotion, quelle qu'elle soit, est notre moteur et doit être reconnue et exprimée, et que le rire est la porte d'entrée joyeuse vers toutes nos émotions.

Commencez par faire un état des lieux

Faites la liste des choses que vous prenez au sérieux : votre statut professionnel, votre salaire, vos réunions de travail, les papiers à remplir, la voiture à laver, la poubelle à descendre, la litière du chat à changer…

Prenez la mesure du sérieux investi dans votre rôle de parent, d'ami, de conjoint… Quelle est votre sensation ? Est-ce de la légèreté ? Le sourire vous vient-il aux lèvres lorsque vous songez à la prochaine réunion familiale ou êtes-vous déjà plombé(e) par toute l'intendance que ce regroupement va susciter ?

Il est probable que vos activités ressemblent plus à des charges qu'à des moments nourriciers. Cela engendre fatigue, démobilisation, nervosité, maladie. Notre compulsion à remplir le vide à tout prix et notre difficulté à élaguer de nos agendas des contraintes que nous croyons incontournables saturent nos journées. Il est grand temps de respirer, de décélérer et de choisir de vivre… pour de vrai.

Cela peut commencer par un état des lieux tout à fait honnête, basé sur vos sensations plutôt que sur des références mentales médiatiques ou culturelles. Sans vous comparez à qui que ce soit – car vous êtes unique et merveilleux ! – observez plutôt de façon phénoménologique (observation de ce qui est dans le champ de la conscience) ce qui est là pour vous et en vous, sans jugement.

Privilégiez votre souffle

Lorsque votre juge intérieur pointe le bout de son nez, prenez l'habitude de lui donner un bon coup de bâton. C'est comme se débarrasser d'un moustique invisible très énervant, le soulagement est immédiat. Revisitez vos priorités, dégagez vos tensions et privilégiez les activités qui vous procurent du bien-être. Que se passe-t-il dans votre corps ? Respirez-vous librement ? Votre inspiration commence-t-elle calmement à soulever votre ventre, vos côtes et votre poitrine comme une douce vague océanique ou inspirez-vous directement en gonflant la poitrine ? Le point de départ et d'arrivée est votre souffle…

Prenez le temps nécessaire pour réapprendre à respirer comme font les bébés ou les chats, observez et ressentez la tranquillité qui se dégage lorsque quelqu'un ou vous-même respirez naturellement. Je dis bien naturellement car à la naissance, sauf complications médicales, la respiration est paisible, la nature humaine est douce, confiante et cela se voit et se ressent dans le corps. Remettre en place la respiration complète initiale est la base du bien-être, elle nous relie à la paix plutôt qu'à la peur.

LE SAVIEZ-VOUS ?

Johanne Razanamahay, enseignante en santé globale, épouse du médecin Christian Tal Schaller et chaman, explique : *Ceux qui veulent renoncer à la violence se retrouvent souvent dans la situation de refouler toute leur violence en eux-mêmes, et cette violence intériorisée bloque le fonctionnement de leur système immunitaire et fait le lit de très nombreuses maladies. Pourtant, il est possible d'apprendre à décharger ses émotions sans faire de tort à autrui, ouvrant ainsi la porte à l'apaisement. Pour vivre heureux et en bonne santé, il est indispensable d'apprendre à vivre intensément ses émotions avec son corps tout entier pour pouvoir ensuite les laisser partir. Il s'agit, lorsqu'on est seul, de pouvoir rire, grimacer, pleurer* […] *et faire le fou de mille manières qui libèrent de l'esclavage du conformisme.* (« La Gestion des émotions », article publié le 30 avril 2012 sur `http://www.santeglobale.info/category/sante/emotions/page/2/`)

L'intelligence émotionnelle

Réconcilions-nous avec nos émotions car elles sont indispensables à notre bonheur, mais aussi à notre réussite matérielle. Dans *L'Intelligence émotionnelle. Accepter ses émotions pour développer une intelligence nouvelle*, Daniel Goleman nous explique que pour les psychologues le quotient intellectuel entre seulement pour 20 % dans les facteurs déterminants de la réussite sociale, tandis que les 80 % restants proviennent d'autres facteurs, notamment de « l'intelligence émotionnelle ».

La découverte de l'intelligence émotionnelle repose sur les observations de l'Américain Joseph LeDoux qui démontre, dès 1990, qu'une part de nos émotions échappe à tout contrôle rationnel, ce qui explique pourquoi nous avons parfois tant de peine à maîtriser notre colère, notre jalousie, notre peur, etc. Une théorie de l'intelligence émotionnelle a ensuite été développée par Peter Salovey (Yale) et John Mayer (université du New Hampshire).

Dans son livre, Daniel Goleman explique que la maîtrise de soi, l'autodiscipline, la persévérance et l'empathie sont des qualités indispensables à la réussite de l'individu ; elles dépendent essentiellement du fonctionnement émotionnel. Il insiste sur la nécessité d'éduquer émotionnellement les enfants, d'utiliser l'émotion pour éduquer, et d'éduquer les émotions elles-mêmes...

Identifier et accueillir nos émotions

Réprimer ses émotions, en les jugeant et en se contrôlant en permanence, conduit à une respiration étriquée et à un regard critique, cognitif et peu empathique sur soi, les autres et le monde. S'accueillir tel que l'on est, c'est entendre les messages du corps : besoin de repos ou d'action et identifier l'émotion qui surgit – la joie, la peur, la colère. Elle témoigne qu'une personne, une parole, un événement vous a touché, car vous êtes sensible, humain et émotionnellement vivant. Si lors d'un examen j'identifie ma peur (mon trac), je vais pouvoir faire de grandes respirations pour irriguer convenablement mon cerveau et ne pas perdre mes moyens. Reconnaître sa peur peut être d'un grand secours.

Témoignage

Gisèle confie à Martine que son patron est violent et qu'elle doit lui annoncer un retard conséquent dans une transaction avec un client. En général, dans un cas pareil, il hurle puis s'en prend à elle en la dévalorisant. Parmi les protections possibles, Gisèle choisit, dans un premier temps, de lui annoncer la nouvelle lorsqu'ils sont plusieurs dans le bureau de manière à ce que les autres fassent un peu bouclier. Dans un deuxième temps, comprenant que son patron ne changera pas et qu'elle perd sa santé dans ce lieu toxique, Gisèle quitte son emploi et sauve sa vie. Bien sûr, l'idée de quitter son emploi a suscité aussi d'autres peurs. Trouvera-t-elle un autre travail ? Combien de temps restera-t-elle sans emploi ? Mais ses peurs n'étaient rien en comparaison de la tyrannie que lui faisait subir son ancien patron. Le respect d'elle-même a été plus fort que ses inquiétudes et lui a permis de restituer son estime de soi qu'elle avait oubliée. La peur est utile car elle nous fait ressentir le danger et nous invite à trouver des protections ajustées.

Tableau 4-2 : Les émotions, ces témoins

Émotion, sentiment authentique	*Situation à gérer*	*Besoin à satisfaire*	*Croyance associée qui bloque l'émotion*
Peur	Inconnu, enjeu, danger	Sécurité/ protections	Je suis un lâche.
Tristesse	Deuil, perte	Consolation, réconfort	Je suis faible.
Colère	Dommages, injustice, frustration	Réparation	J'ai peur de ne pas me contrôler.
Joie	Bonheur, réussite, bons événements	Partage, que ça dure	Ça ne va pas durer.

Ne vous interdisez pas de rire

Nous sommes heureux quand notre vie a du sens et du plaisir. Paradoxalement, nombre d'entre nous ne se sentent pas le droit d'être heureux et s'interdisent l'accès au rire et à la joie. Déjà, au XVIIIe siècle, Kant disait qu'une action, pour avoir valeur morale, devait être entreprise par le sens du devoir. Selon lui, si l'on est « heureux » de porter secours à autrui, l'action est dénuée de valeur morale.

Pour les philosophes et les religieux qui préconisent l'abnégation comme fondement de la morale, la quête de sens s'accompagne nécessairement du sacrifice. Le caractère moral du devoir oppose donc au sens et au plaisir. Fort de cet héritage, ne soyons pas étonnés que l'homme craigne plus sa propre lumière que son obscurité. Profondément gravé dans nos cultures occidentales, le droit d'être heureux est censuré et stigmatisé par bon nombre d'idéologies.

Cette quête du bonheur individuel noble et saine ne nous condamne pas au choix de s'aider soi-même ou d'aider son prochain. Ralph Waldo Emerson, philosophe et poète américain, nous rappelle que ces deux démarches sont intrinsèquement liées : plus on secourt autrui, plus on est heureux et plus on est heureux, plus on est enclin à aider autrui. En rétablissant des cercles vertueux qui allient sens et plaisir nous nous débarrasserons de la croyance que le bonheur ne dure pas (« Qui rit dimanche, pleurera lundi ») et nous ne craindrons plus de nous réjouir et de faire fi de toutes les culpabilités.

Les cercles sont vicieux parce qu'ils ne sont pas assez caressés... Docteur Étienne Jalenques, psychiatre malicieux.

La joie

La joie est une émotion de courte durée et passagère qui exprime une satisfaction, laquelle se caractérise par un sentiment de plénitude. La joie peut être profonde et tranquille. Quand elle est intense, elle donne lieu à de l'excitation et de l'exaltation. À la différence du plaisir, la joie ne porte pas sur des satisfactions d'ordre physique. Et bien qu'elle puisse s'exprimer par de la gaieté, elle est de nature plus intériorisée que le plaisir. La joie est une émotion qui gagne toute notre personne et que peut provoquer un simple éclat de rire. La joie de vivre ne vient pas de l'extérieur, mais de l'intérieur de nous, de notre capacité à accueillir ce qui est.

Dans cette optique, Marshall Rosenberg, créateur de la communication non violente, a construit une démarche simple pour accéder à notre bienveillance naturelle dont nous sommes souvent coupés. Focalisons-nous sur quatre points :

- **L'observation**. Qu'est-ce qui, dans les paroles ou les actes d'autrui, contribue ou ne contribue pas à notre bien-être ? Regarder les faits nous invite à sortir des interprétations, des analyses et des jugements et à observer ce qui nous touche. Ce recul augmente nos chances d'être entendu. L'observation nous aide à remettre les situations dans un contexte et un moment précis et sortir ainsi des généralisations qui augmentent notre malaise.
- **L'expression de nos sentiments**. Elle permet d'établir plus facilement un lien avec autrui. Cette capacité à exprimer sans barrière et authentiquement ce que nous vivons augmente la qualité de présence à soi et à l'autre.
- **L'identification de l'origine de nos sentiments**. Les actes des autres ne sont pas la cause de nos sentiments, ils en sont le facteur déclenchant. Ils sont le signe qu'un de nos besoins fondamentaux est touché. Nous pouvons, en identifiant nos besoins revenir à l'essentiel : qu'est-ce qui

est le plus important pour moi, dans cette interaction avec le conjoint par exemple ? Être heureux ou avoir raison ? L'identification de nos besoins nous redonne le pouvoir de nous rendre la vie plus belle sans dépendre des opinions ou des jugements des autres.

- **La capacité à formuler des demandes claires**. Elle contribue à enrichir notre vie et celle d'autrui. En osant demander, je me responsabilise et je reprends du pouvoir sur ma vie.

Chance ou malchance ?

Pour apprendre à relativiser, une petite histoire que vous connaissez peut-être déjà, tant elle a circulé :

Dans un village, un homme très pauvre possédait un cheval d'une rare beauté. Il était si magnifique que tous les riches marchands et puissants seigneurs de passage se proposaient de le lui acheter dès qu'ils l'apercevaient. Mais le vieil homme refusait toujours. « Cet animal est pour moi comme un ami, disait-il. Vendriez-vous un ami ? »

Or un beau matin, le vieillard découvrit que son cheval avait disparu. Les villageois, goguenards, lui dirent tous : « On te l'avait bien dit ! Tu n'avais qu'à le vendre quand on t'en proposait un bon prix. Maintenant, on te l'a volé... Quelle malchance ! » À toutes ces lamentations et railleries, le vieil homme apportait invariablement la même réponse : « Chance ou malchance, qui peut le dire ? » Les moqueries reprenaient alors de plus belle.

Deux semaines plus tard, le cheval revint avec une horde de chevaux sauvages. S'étant échappé, il avait séduit quelque belle jument et rentrait maintenant avec le reste de la horde. « Quelle chance ! » dirent les villageois. Mais le vieillard ne montrait aucun enthousiasme débordant, conservant son habituelle bonne humeur : « Chance ou malchance, qui peut le dire ? » Ses voisins ne pouvaient s'empêcher d'y voir une ingratitude devant la bonne fortune apportée par les dieux.

En voulant dresser les chevaux pour les vendre ensuite aux riches du royaume, le fils, quelques semaines plus tard, chuta d'un hongre et se brisa la jambe. Selon le guérisseur du village, il en garderait pour le reste de sa vie une légère claudication. Ses amis plaignirent le vieillard : « Quelle malchance ! Sans ton fils, tu ne pourras pas dresser les chevaux pour les vendre ! Toi qui es si pauvre... » À son habitude, le vieil homme répondit alors : « Chance ou malchance, qui peut le dire ? »

Trois jours après l'accident du fils, les soldats du roi prirent position dans le village et enrôlèrent de force tous les jeunes. Ils partaient pour une campagne lointaine, au-delà des montagnes qui bouchent l'horizon, pour faire la guerre à un autre peuple. Tous durent suivre la troupe sauf le fils, qui ne pouvait pas marcher avec sa jambe brisée. Pleurant de désespoir, tous les villageois prirent le vieil homme à partie : « Nos fils vont certainement mourir à la guerre. On peut dire que la chance te sourit, à toi qui gardes ton fils unique ! »

Que croyez-vous que répondit le vieillard ? « Chance ou malchance... »

Véronique Brusorio, formatrice et consultante en communication non violente depuis 2003, nous a rappelé, lors des dixièmes Rencontres zygomatiques à Frontignan, *qu'une composante sous-jacente à ces quatre points est très aidante : il s'agit de l'empathie, c'est-à-dire cette capacité à accueillir l'autre et soi-même avec bienveillance en nous concentrant sur ce qui nous tient vraiment à cœur plutôt que sur nos défaillances et celles des autres. La communication non violente nous donne non seulement les moyens et la clarté nécessaire pour entretenir notre joie de vivre au quotidien, mais aussi l'opportunité d'en faire profiter les autres.*

Si vous levez les bras en lançant un cri de joie (sans aucune raison), vous pourrez ressentir de la joie : la posture crée l'émotion. Faites le même geste en disant : « Je suis triste ! » : non seulement vous aurez du mal à vous sentir triste, mais on aura du mal à vous croire…

Chapitre 5

Les autres bienfaits

Dans ce chapitre :

- L'efficacité de mener les combats en riant
- Le rire et le sacré
- Les bienfaits de l'autodérision

Les bienfaits pédagogiques

Ne serait-il pas aussi utile de recevoir quelques notions sur la conscience de soi et le décodage des émotions que de connaître les rois de France et 1515 ?

(Docteur Henri Rubinstein, *Psychosomatique du rire. Rire pour guérir)*

Au-delà de son aspect divertissant, le rire peut être un excellent moyen de faire passer un message. C'est un véritable outil didactique.

Rousseau, comme la plupart des philosophes des Lumières d'ailleurs, fait l'apologie d'un enseignement basé sur l'échange, le dialogue, la réflexion, l'analyse, la critique et la réciprocité dans son *Émile ou de l'éducation*. Car apprendre avec plaisir donne de meilleurs résultats que l'apprentissage sous la contrainte. Celui qui fait un bon mot provoque le rire, est apprécié pour cela, et écouté. C'est pourquoi les bons professeurs, les excellents pédagogues savent bien que pour capter l'attention de toute une classe durant une heure, rien ne vaut l'art de la joyeuse rhétorique, de courts exercices pratiques, la participation de tous, et l'humour, plutôt que de longues digressions didactiques. On ne peut maintenir très longtemps son attention quand on est sous tension. Relâcher celle-ci par une anecdote ou une blague permet de capter à nouveau l'attention de l'auditoire.

Aujourd'hui, par ailleurs, les méthodes pédagogiques dites « actives » reposent sur les principes suivants : lorsque nous faisons attention, nous retenons approximativement 10 % de ce que nous lisons, 20 % de ce que nous entendons, 30 % de ce que nous voyons, 50 % de ce que nous voyons et entendons en même temps. Selon les mêmes estimations et dans les mêmes conditions d'attention, nous retenons 80 % de ce que nous disons, 90 % de ce que nous disons en faisant quelque chose à propos de quoi nous réfléchissons et qui nous implique corporellement et émotionnellement.

La journée idéale du rieur ou de la rieuse

Il ou elle se lève en s'étirant et en bâillant bruyamment. Il ou elle branche la radio sur des ondes joyeuses et prend un petit-déjeuner tonique, sain et coloré. Dans la salle de bain, en se rasant, en se coiffant ou en se maquillant, le rieur ou la rieuse n'oublie pas de faire trois belles grimaces et chante à tue-tête sous la douche. Il ou elle peut mettre deux chaussettes de couleurs différentes ou boutonner sa chemise à l'envers. Il ou elle n'oublie pas d'emporter un nez rouge pour le mettre dans les embouteillages. Il ou elle raconte deux blagues aux collègues de bureau à l'heure du déjeuner. Il ou elle dit « Merci ! » le plus souvent possible et termine la journée par une formidable bataille de polochons.

Il faut rire avant d'être heureux, de peur de mourir sans avoir ri. (Jean de La Bruyère)

La plus perdue de toutes les journées est celle où l'on n'a pas ri. (Chamfort)

Les gens qui ne rient jamais ne sont pas des gens sérieux. (Alphonse Allais)

Je me presse de rire de tout, de peur d'être obligé d'en pleurer. (Beaumarchais)

Nous sommes ici-bas pour rire. Nous ne le pourrons plus au purgatoire ou en enfer. Et au paradis, ce ne serait pas convenable. (Jules Renard)

Rire pour dénoncer l'injustice

L'art d'utiliser le rire pour dénoncer des injustices ou souligner le ridicule de certains personnages, aussi haut placés soient-ils, cela ne date certes pas d'hier. Jean de La Fontaine et ses célèbres fables (qui s'inspira lui-même d'un très célèbre ouvrage persan du ve ou vie siècle, *Kalila wa Dimna*, ce que l'on sait moins...), Marivaux, Voltaire ou Molière, tous ont choisi l'humour et le rire qu'il provoque pour faire réagir, épingler, dénoncer...

Les humoristes aujourd'hui ne font rien d'autres que cela, qu'ils travaillent comme dessinateurs dans la presse ou proposent des *one man/woman* show sur scène. L'humour s'utilise comme une arme contre les attitudes bien-pensantes ou les abus de certaines classes sociales. Leur sujet de prédilection : l'actualité, qu'elle soit politique ou sociale.

LE SAVIEZ-VOUS ?

Les sept dieux du bonheur étaient très populaires au Japon à l'époque Edo (1603-1868). Représentés sous des formes grotesques, ils n'avaient pourtant rien de sublime. Chacune de ces divinités était supposée apporter longévité, bonheur et richesse. La croyance en ces dieux qui incarnent un rire généreux est encore très répandue au Japon aujourd'hui.

Artistes majeurs de la fin de cette époque, Utagawa Kuniyoshi et Kawanabe Kyôsai produisirent d'innombrables caricatures et peintures satiriques dans lesquelles ils tournent en dérision les mœurs et l'instabilité politique de l'époque. Ce dernier a peint le célèbre *Rouleau de la bataille des pets* qui met en scène des ecclésiastiques et des hautes personnalités de la cour impériale ne s'adonnant pas véritablement à la composition de poèmes délicats, mais bien à un concours de pets effroyables dont le peintre rend remarquablement l'évanescence et la force. Il dessine même l'anus bouché d'un des personnages (ce qui oblige celui-ci à péter par la bouche) ; ailleurs Kawanabe Kyôsai s'amuse à peindre des gaz rassemblés dans une grande bâche qui sera projetée sur des adversaires. Cette oeuvre a été réalisée l'année de la mise en place d'un nouveau régime : la critique politique est à peine déguisée !

Le rire pour séduire

Faire rire pour séduire. Partant du principe simple que le rire crée automatiquement la complicité, le séducteur sait que pour arriver à ses fins, faire rire l'objet de son désir est une arme redoutable. Les gens drôles, même s'ils sont laids, sont plus séduisants que de magnifiques spécimens de la nature humaine amusants comme des bonnets de nuit ! L'humour permet de développer ses charmes. Chacun connaît cette splendide photo de Marylin Monroe mi-rire, mi-sourire, les yeux légèrement fermés : une pure icône de beauté et de sensualité !

Enfin, tout au bout de la chaîne de la séduction, le rire, à l'instar de la musique, adoucit les mœurs : il neutralise les tensions, amène le rire de l'autre et permet une meilleure communication.

SOURIONS

Un missionnaire marche dans la savane et se trouve soudain face à un lion rugissant. Le prêtre supplie Dieu de lui venir en aide : « Seigneur, inspirez des sentiments chrétiens à ce fauve ! » Aussitôt, un miracle se produit. Le lion arrête sa course, se met à genoux et prie : « Mon Dieu, bénissez ce repas. Amen. »

Les bienfaits spirituels

Le mot « spirituel » a un double sens : il réfère à ce qui est drôle et à ce qui a trait à la vie intérieure. À ce propos, une petite blague trouvée sur le net : « À la télé, j'ai regardé une émission, dans laquelle un représentant du dalaï-lama affirmait que pour obtenir la paix intérieure, nous devions toujours finir ce que nous avions commencé, et qu'à cette condition, nous bénéficierions davantage de calme dans nos existences. J'ai donc fait le tour de la maison pour trouver les choses que j'avais commencées sans les terminer... Et j'ai fini une bouteille de rosé de Provence, une bouteille de Bordeaux, une bouteille de Côte du Roussivon, une vouteile de bodka, un buteil de poââre, le rest dwiski, et 1 bpoit de chocccla. Psasse el mssage a tou ceux con bsoin de paixintrieur et di leurrke jeu lé zèm... »

Le rire se cultive comme une plante. Il faut le nourrir au quotidien et alors, l'émerveillement sera toujours au rendez-vous. Ne faites-vous pas de vœux lorsque vous mangez le premier fruit de l'année ? Que vous prenez l'avion pour la première fois ? Que vous apercevez une étoile filante dans le ciel ? Cet art de vivre dans le présent, cet art de rester vigilant à ce qui est, de se réjouir du soleil qui se lève, des vagues qui s'échouent sur la grève sont autant de liens spirituels entre l'extérieur et l'intérieur de soi, d'attaches qui relient aux autres et au monde. Le rire est l'un des outils permettant de tisser ce lien et ce n'est pas un hasard si on le retrouve toujours à travers l'histoire des religions.

Rire, pour ne pas perdre la face

SOURIONS

Rien de tel qu'un bon vieux rire pour dédramatiser les situations. Si vous riez après une chute, vous mettez automatiquement celle-ci à distance, comme si cet incident ne vous concernait pas. Et vous mettez les rieurs de votre côté ! Voir quelqu'un tomber provoque souvent l'envie de rire, le fait d'anticiper sur les moqueurs neutralisera automatiquement la potentielle blessure d'orgueil.

Le nom de la rose

Le roman *Le nom de la rose* d'Umberto Eco, rend un pur hommage au rire – une adaptation cinématographique de ce roman a été réalisée en 1986 par Jean-Jacques Annaud, avec Sean Connery dans le rôle de Guillaume de Baskerville.

Pour mémoire, l'action se déroule en 1327 – la chrétienté est en crise, les hérésies sont traquées, le pape lutte à la fois contre l'empereur Louis de Bavière et contre ses ennemis intérieurs et s'oppose à tous ceux qui souhaitent réformer l'Église. Guillaume de Baskerville, moine franciscain, ex-inquisiteur et conseiller de l'empereur se rend, en compagnie d'Adso, un jeune bénédictin, dans une abbaye bénédictine du Sud de la France pour participer à une importante rencontre entre des franciscains prônant la pauvreté du Christ et les partisans du pape. Dès leur arrivée, l'abbé Abbon demande à Guillaume de Baskerville d'enquêter sur les causes de la mort violente d'un de ses pensionnaires, Adelme d'Otrante, qui a chuté de la bâtisse dans laquelle se trouvent à la fois le réfectoire et l'immense bibliothèque de l'abbaye.

Cette bibliothèque, la plus grande de la chrétienté, est construite comme un labyrinthe pour la protéger des intrus. Guillaume et Adso manifestent le souhait de la visiter, souhait qui leur est refusé. Après de nombreuses péripéties, de nouveaux meurtres, et l'intervention menaçante des représentants de la Très Sainte Inquisition, ils parviennent à rentrer dans la pièce interdite. Et y découvrent le livre tant convoité, cause de tant de morts. Il s'agit d'un exemplaire unique d'un texte d'Aristote sur l'humour et le rire, le livre II de *La Poétique*…

Le rire et les religions révélées

Ce qui te manque, cherche-le dans ce que tu as.
(Frédéric Lenoir, *Petit traité de vie intérieure*)

Umberto Eco fonde toute l'histoire de son roman *Le Nom de la Rose* sur une interrogation qui a traversé l'esprit de nombreux théologiens : « Le Christ a-t-il jamais ri ? »

As-siratoun-nabawiya est la biographie du prophète Mohammed qui nous est parvenue grâce à Ibn Ishaq, au VIIIe siècle de notre ère. On y découvre que d'après les témoignages de ses compagnons, le prophète Mohammed plaisantait fréquemment avec sa famille et ses compagnons, riait à leurs plaisanteries, et leur donnait des diminutifs et des surnoms affectueux.

Voici un résumé des conseils qu'il donnait à ses compagnons à propos de la plaisanterie :

- *Je plaisante, mais je dis toujours la vérité.*

- *Ne te dispute pas avec ton frère, ne plaisante pas avec lui en des termes offensants.*
- *Honte à celui qui ment pour divertir l'assistance.*
- *On ne peut devenir un bon croyant tant qu'on ne renonce pas au mensonge, même pour plaisanter, et à la dispute, même si l'on a raison.*

Il conseillait également à ses compagnons de sourire :

- *Ne divertissez pas les gens en faisant étalage de vos biens mais charmez-les avec un visage souriant et une bonne conduite. Dieu aime les gens simples et souriants.*

En hébreu, rire se dit *litsh'oq*, dont la racine est *tsah'aq*. Ce mot est à l'origine du nom du patriarche Isaac, fils inespéré d'Abraham et de Sarah, personnages bibliques que l'on retrouve dans les textes sacrés des musulmans, des juifs et des chrétiens.

On lit dans la *Genèse*, chapitre 17, verset 17 : *Abraham tomba sur sa face et rit ; et il dit en son cœur : « Naîtrait-il un fils d'un centenaire ? Et à quatre-vingt-dix ans, Sarah deviendrait-elle mère ? »* Et, toujours dans la *Genèse*, chapitre 21, verset 7 : *« Dieu m'a donné de quoi rire ! Quiconque l'apprendra rira à mon sujet. Qui aurait dit à Abraham que Sara allaiterait des fils ? Et j'ai donné un fils à sa vieillesse ! »*

Le Bouddha rieur

Cette joie, ce rire merveilleux qui dissout toutes les ombres, toutes les douleurs, toutes les souffrances ! Il suffit de rentrer en soi assez profondément pour trouver le soleil intérieur, se laisser baigner par lui ; et alors, tout n'est plus qu'une cascade de rires harmonieux, lumineux, solaires, qui n'admet plus nulle part l'ombre et la douleur.

(Sri Aurobindo Ashram, *La Mère*, extrait du recueil de textes *La voie ensoleillée*, Pondichéry)

Le dalaï-lama est très sollicité pour prendre la parole, ce qu'il fait volontiers, très simplement, en ponctuant ses propos par de larges sourires. En 1993, devant la Fédération française du bouddhisme tibétain, il termine son exposé par cette phrase : *Dernier point : il faut avoir l'esprit heureux et savoir rire.*

Dans le livre *L'Art du bonheur*, il explique : *Votre vision complètement négative d'un être est due à votre propre perception, fondée sur votre projection mentale, plus qu'à sa véritable nature. De même, une situation perçue comme totalement négative peut comporter certains aspects positifs. Il reste à consolider cette vision positive en se la remémorant autant de fois que nécessaire, jusqu'à progressivement modifier l'impression d'ensemble.*

Quant à l'histoire du Bouddha rieur, elle remonte au XIe siècle en Chine. Selon la tradition, un moine bouddhiste errant, désigné comme une incarnation du Bodhisattva Maitreya, le Bouddha du futur, était reconnu pour sa bonté et sa générosité. Il se distinguait par une forte corpulence et un comportement loufoque et imprévisible, mais bienveillant et affectueux, et on lui prêtait des dons de voyance exceptionnels.

Au Japon, ce moine porte le nom de Hotei. Reconnu comme l'un des plus grands mystiques du pays, il n'a jamais prononcé une seule parole, mais en revanche, lorsqu'il atteignait l'illumination, il se mettait à rire. Si on lui demandait pourquoi il riait, il se mettait à rire plus fort. Durant les années qui suivirent son illumination, il ne fit qu'une chose : aller de village en village en riant. *Son rire était contagieux et ceux qui le suivaient se mettaient aussi à rire. Et, ce faisant, leurs sens étaient purifiés, leur vision s'améliorait et tout leur être devenait léger*, raconte la tradition.

Durant une journée complète, abstenez-vous de paroles inutiles, de médisances, de jugements de valeur, d'indiscrétions…

Le rire divin

Alors qu'il rentre chez lui tardivement, Georges Bataille est pris d'une crise de fou rire.

À la traversée de la rue du Four, je devins dans ce « néant » inconnu, tout à coup… je niai ces murs gris qui m'enfermaient, je me ruai dans une sorte de ravissement. Je riai divinement : le parapluie descendu sur ma tête me couvrait (je me couvris exprès de ce suaire noir). Je riai comme jamais peut-être on n'avait ri, le fin fond de chaque chose s'ouvrait, mis à nu, comme si j'étais mort. Je ne sais si je m'arrêtai, au milieu de la rue, […] j'étais convulsivement illuminé, je riais, j'imagine, en courant.

Georges Bataille, *L'Expérience intérieure*, Gallimard, Paris, 1954

Le miroir des apparences

Voici un conte raconté par le célèbre moine bouddhiste Kalou Rinpoché lors de ses enseignements, qui propose de se méfier de ce que l'on voit, ou plus exactement de ce que l'on imagine voir en regardant… :

Un jour, un vieux paysan tibétain se rend à la ville pour vendre sa récolte. Il est content car il a fait de bonnes affaires et se promène dans le marché, posant ses yeux de-ci, de-là. Mais quel est donc cet étrange objet brillant qu'il n'a jamais vu ? C'est un miroir, mais il ne le sait pas ! Il le place en face de lui et que voit-il ?

Son père ! Émue de n'être plus seul, il achète l'objet brillant et rentre chez lui. Il dépose le miroir dans un coffre de sa chambre afin de voir le visage de son père quand la mélancolie l'empoigne. Bien entendu, sa femme le surprend à ouvrir et à fermer le coffre, les yeux brillants. Fort intriguée, un jour qu'il est aux champs, elle se rend dans la chambre, ouvre le coffre, se penche et que voit-elle ? Une femme dont la jeunesse est passée, les yeux sont grand ouverts de stupéfaction et la bouche ouverte sur un cri ! Verte de jalousie, elle accable son mari et lui somme de lui donner des explications quant à cette inconnue. Le malheureux ne peut rien faire d'autre que d'évoquer son père. Une nonne passe par là. Elle les entend se disputer et, souhaitant les aider, se penche à son tour sur le coffre avant de le refermer et de dire avec sérénité : « Il n'y a pas là de quoi vous quereller… C'est juste une nonne ! »

LE SAVIEZ-VOUS ?

Confucius recommande de s'esclaffer douze fois par jour. Quant aux huit immortels de la tradition chinoise taoïste, ils sont représentés en permanente hilarité, preuve de leur état de libération.

Un certain regard sur soi, les autres et le monde

Le rire peut être interprété comme étant moqueur ou sarcastique. Il est donc important de porter une attention particulière à sa sincérité. Si vous avez plaisir à rire, et si vous savez rire sans raison, votre quotidien va se transformer peu à peu. L'objectif n'est pas de rire « en soi », mais de s'ouvrir vers l'intime de soi et vers la libération de toutes les émotions et la rééducation émotionnelle. Une rééducation qui aura pour vertu, au fil du temps, de distinguer la peur de la tristesse et de la colère, ce que peu de gens savent vraiment faire. Identifier ce qui se passe en soi permet de poser les mots, puis les actes adéquats, de se reconnecter avec la fluidité émotionnelle, étape indispensable pour retrouver la confiance en soi et éloigner les peurs limitatives. Mettez de l'énergie à développer votre plaisir de rire plutôt qu'à savoir ce que les autres en pensent.

Pour ma part, je fais régulièrement des exercices de rire là où d'autres entretiennent la tonicité de leurs abdos ou pratiquent des vocalises. J'en tire un grand plaisir, d'autant plus grand qu'ils contribuent à faire travailler aussi mes abdominaux « à l'insu de mon plein gré ! » explique Martine.

Pleine conscience

La pleine conscience, comme le rire, permet un certain regard sur soi, les autres et le monde. Saki F. Santorelli est directeur du *Center for Mindfulness in Medicine, Health Care, and Society* et professeur agrégé de médecine à l'université du Massachusetts Medical School. Il est coauteur d'articles scientifiques sur l'application clinique de l'attention et la réduction du stress par *the Mindfulness Based Stress Reduction (MBSR)*, que l'on pourrait traduire par la « pleine conscience ». Depuis 1980, le docteur Santorelli a travaillé avec des milliers de patients en médecine et a éduqué une génération de praticiens de la réduction du stress par la pleine conscience, il a formé des centaines de leaders et d'innovateurs dans les secteurs privé et public, des détenus et des établissements correctionnels, des membres du clergé, et des milliers de professionnels de la santé aux États-Unis et à l'étranger. Il nous invite à réfléchir à partir de quelques questions.

En effet, aux États-Unis, lorsqu'on rencontre quelqu'un, les quatre questions les plus usuellement posées sont :

- Comment vas-tu ?
- D'où viens-tu ?
- Que fais-tu pour vivre, quel type de travail ou d'activité as-tu ?
- Où as-tu été à l'école et qu'as-tu appris ?

À l'inverse, les sages de nombreuses cultures traditionnelles posent souvent aux personnes qui cherchent à l'extérieur d'eux-mêmes leur liberté et leur plénitude :

- Dans ta vie, quand as-tu cessé de chanter ?
- Dans ta vie, quand as-tu cessé de danser ?
- Dans ta vie, quand as-tu cessé de t'émerveiller en écoutant des histoires ?
- Dans ta vie, quand as-tu cessé d'aimer la douceur du silence ?

Laissez la rivière de ces interrogations vous emporter. Explorez vos réponses, seul ou avec d'autres. Prenez bien la mesure de tout cela, car nous sommes faits pour danser, chanter, nous émerveiller et connaître la paix et la joie du silence.

Histoire de vents

Nous n'avons pas l'intention de décliner un chapitre sur des blagues scatologiques et autres histoires de pets qui déclenchent si facilement (et si curieusement ?) le rire. Nous voulons juste rappeler qu'il y a quelques années, la Cité de la Villette a proposé une exposition qui a battu de tels records d'affluence qu'il a fallu la prolonger : La Crad' Expo, dont l'idée venait d'une professeure américaine de sciences naturelles. Si l'aspect trivial de cette drôle d'exposition a probablement participé de son succès, son intention était d'abord et avant tout instructive : expliquer les fonctions impolies du corps et le pourquoi du comment de ces cacas, pipis, prouts qui font hurler de rire les enfants au stade anal – et pas que les enfants !

Dans un registre équivalent, mais nettement plus poétique, Su Tung-p'o, poète célèbre et fervent bouddhiste, vivait à l'époque de la dynastie des Song. Il avait pour ami intime Fo Ying, brillant professeur de méditation. Les deux hommes habitaient sur des rives opposées du fleuve Yangzi Jiang. Un jour, Su Tung-p'o rendit visite à Fo Ying. Ne le trouvant pas chez lui, il l'attendit dans son cabinet de travail. Pour tuer le temps, comme le font les poètes, il se mit à griffonner sur un morceau de papier de riz. Il écrivit : « Su Tung-p'o, le grand bouddhiste que rien n'ébranle, même pas les forces combinées des Huit Vents terrestres. » Puis, fatigué d'attendre, il monta sur son bateau et rentra chez lui. À son retour, Fo Ying trouva le griffonnage de son ami. Au bas de la page, il ajouta : « Sornettes que tes propos ! Ils ne valent pas plus qu'un pet ! » Et il fit parvenir le billet à Su Tung-p'o. Lorsque celui-ci lut le commentaire, il fut pris d'une grande colère. Il prit de nouveau son bateau, retraversa le fleuve et se rendit chez Fo Ying. À peine arrivé, il vociféra : « De quel droit te sers-tu d'un tel langage à mon égard ? Ne suis-je pas un bouddhiste fervent, dévoué à la religion ? Es-tu devenu aveugle ? » Alors Fo Ying, le sourire aux lèvres, lui dit calmement : « Su Tung-p'o, le grand bouddhiste, prétend que les forces combinées des Huit Vents terrestres peuvent à peine le faire reculer de quelques centimètres, et un simple pet suffit à l'entraîner de l'autre côté du fleuve Yangzi Jiang ! »

L'enseignement par le rire

Le maître d'un lointain monastère utilisait une curieuse méthode : il enseignait par le rire. Tant et si bien que sa notoriété se répandit rapidement dans les provinces alentour, elle grossit, et on parla de lui à la capitale. Certains maîtres en éprouvèrent une secrète jalousie. On s'empressa de dépêcher des moines pour éprouver sa méthode.

Au terme d'une longue marche dans la montagne, les moines furent accueillis par une brève et classique leçon sur le vide. Ils furent invités ensuite à prendre le thé avec le maître. Un disciple servit le thé et chacun voulut porter le bol aux lèvres, mais le contenu s'échappa brusquement sur la table, pour y couler en minces filets.

– « Ce n'est pas possible ! », protestèrent les moines, pendant que le maître et son assistant riaient de bon cœur.

Un trou avait été pratiqué au fond de la tasse. La nappe l'obstruait, mais dès qu'on levait la tasse, le liquide s'en échappait.

– « L'esprit est une tasse sans cesse vide, dit le maître. À quoi sert de remplir le vide ? Le vide reste le vide. Videz-vous ici, comme ces tasses de thé. »

Les moines demandèrent congé pour la nuit. Le lendemain, un semblable sermon sur le vide fut prononcé, puis le maître invita de nouveau à prendre le thé. Les moines s'installèrent précautionneusement et, avant de porter la main à leur tasse, ils s'inclinèrent pour s'assurer que le fond n'était pas ébréché.

Une fois rassurés, ils voulurent prendre leur bol, mais ceux-ci restaient immobiles, malgré leurs efforts répétés. Et le maître et son assistant de rire à pleines dents devant leur entêtement. Les tasses étaient collées à la table.

– « Il ne faut pas rester attaché aux choses », conclut rapidement le maître.

Les voies sont nombreuses, le chemin est identique.

Où que vous soyez, ouvrez maintenant la fenêtre en grand. Prenez une bonne inspiration et rugissez comme un lion !

La méditation

Selon moi, le sens de l'humour devrait être l'assise du comportement religieux de l'homme dans l'avenir.

(Osho)

Il est important d'habituer le mental à se focaliser sur une seule pensée puis à se détacher d'elle afin d'atteindre le silence de la conscience pure.

Choisissez un petit mot qui vous soit agréable, exemple : amour, lumière, joie, etc. Assis confortablement, fermez les yeux et commencez par prendre quatre ou cinq respirations profondes pour vous relaxer un peu et prendre contact avec votre corps. Ensuite, commencez à répéter mentalement le petit mot. Répétez-le en pensées, en douceur, sans effort, sans concentration, sans vouloir lui imposer un rythme particulier, et surtout pas un rythme trop rapide, pensez-le simplement. Cela doit être agréable, simple et doux.

Évidemment, tout un tas de pensées vont danser dans tous les sens et se bousculer. Ne vous en occupez pas, n'essayez pas de les chasser, ne luttez pas contre elles, regardez-les passer sans vous y attacher, sans les nourrir, sans leur donner suite, regardez-les comme si vous regardiez un film, acceptez qu'elles soient présentes, mais ne vous y attachez pas. Les pensées qui émergent créent des chaînes de pensées. Dès que vous prenez conscience de cela et que vous remarquez que vous n'êtes plus sur votre petit mot, reportez votre attention en douceur sur celui-ci. Lorsque vous prenez conscience que le petit mot devient tout fin, tout subtil, comme s'il était là de lui-même sans que vous ayez à le penser, comme s'il flottait en vous, alors à ce moment-là, cessez de le penser, lâchez-le pour n'être plus que silence. Faites cela pendant environ vingt minutes, puis allongez-vous quelques instants. Ensuite, revenez tout en douceur vers votre activité.

Parfois, vous aurez de nombreuses pensées et vous vous sentirez agité ; d'autres fois, vous serez dans un calme très profond. Ne vous préoccupez pas de tout cela. Il n'y a rien à réussir : cela se passe toujours de la meilleure façon qui soit pour vous dans l'instant présent. Si vous n'êtes pas en silence, acceptez-le. S'il y a beaucoup de pensées et que vous êtes agité, acceptez-le aussi. Lâchez prise et réjouissez-vous d'être juste là, maintenant, à cet instant présent. Le passé s'efface à chaque instant, il se dissout, laissant sa marque sous forme de souvenirs, d'émotions et d'expériences. Le futur n'existe que sous la forme d'une projection de notre pensée présente. Tout ce que vous faites, vous le faites dans le présent. Tout ce que vous pensez, vous le pensez dans le présent.

L'instant présent, c'est comme de marcher de pierre en pierre pour traverser le grand fleuve de la vie. Il n'y a que la pierre où l'on a posé le pied qui est vraiment réelle et qui nous porte. Celles qui sont derrière nous sont déjà sous l'eau et celles qui sont devant n'ont pas encore émergé.

Témoignage

« J'ai 10 ans et je suis « une grande sauterelle », raconte Martine. Ma place physique est au fond de la classe et la place que je me fais auprès de mes camarades est celle de « commandeuse » dont les actions principales sont de faire rire et d'initier des jeux, si possibles interdits. Je me souviens d'une punition qui a dû m'apprendre à me forger des serments et à m'y tenir puisque mon métier actuel est rigologue. Je devais faire cent lignes et la phrase était : « Je ne dois pas faire rire mes petits camarades ». Pour moi, il était juste et bon de rire avec les autres et de les faire rire, j'ai trouvé injuste la sanction et mon impuissante colère de l'époque m'a dressée de façon épidermique contre tous les « il faut », les « tu dois » ou les « tu ne dois pas ». Ce que j'ai retrouvé aujourd'hui avec le rire est une part de liberté et d'innocence, une sorte de fontaine de jouvence dans laquelle je plonge à volonté.

J'ai 16 ans, le monde est vaste, dans quelle direction chercher ce qui me manque ? Car je suis une adolescente assoiffée et ce que m'offre mon environnement me laisse sur ma faim. Enfin, j'entends un maître indien dire : *Tout ce que tu cherches est à l'intérieur de toi*. Je trouve cela formidable car accessible, il s'agit d'apprendre où et comment chercher pour trouver une intarissable source en soi. *Quand le disciple est prêt, le maître arrive.* J'étais prête et j'ai donc commencé à pratiquer ce qu'on appelle aujourd'hui « la pratique de la pleine conscience ». Pendant plus de trente ans, je me suis assise entre dix minutes et une heure trente par jour pour poser mon attention sur le souffle, apprendre à être là et à mettre ma conscience au gouvernail de ma vie, plutôt que ma folie.

J'ai 54 ans et en lisant *Le pouvoir de l'engagement total* de Loehr et Schwartz, je découvre que *l'élaboration de rituels requiert un comportement très précis et une mise en pratique à des moments bien définis, le tout motivé par des valeurs importantes.* J'ai choisi de rire au moins dix minutes par jour, étant en profession libérale je ne peux pas compter sur les collègues pour mettre en œuvre cette nouvelle habitude. Cultiver l'autodiscipline est fastidieux, mais créer un nouveau rituel est amusant et efficace. J'ai donc ajouté à ma pratique méditative quotidienne bien ancrée des séquences de rire. Lorsque j'ai le mental encombré et du mal à être attentive, je commence à rire doucement bouche fermée ou en gloussant comme s'il m'était interdit de faire du bruit. Comme un moteur diesel, cela démarre certains jours très poussivement, toutefois cela fonctionne à chaque fois, le rire gronde, explose et prend son envol. Le diaphragme très stimulé lors du rire silencieux fait office de nettoyage et le fait d'impliquer ardemment le corps oblige la présence. Quand le rire s'apaise la vacuité est là, je n'ai plus qu'à fondre mon attention en elle. Pour moi, le rire et la méditation sont des épousailles joyeuses et sacrées. »

La Mystic Rose d'Osho Rajneesh

Osho Rajneesh est né en 1931 à Jabalpur, en Inde, et il est mort le 19 janvier 1990. Aîné de onze enfants et fils d'un modeste marchand d'étoffes appartenant au jaïnisme, philosophie de la non-violence, antérieure à l'hindouisme, Osho Rajneesh passe les sept premières années de sa vie chez ses grands-parents qui appuient sa recherche précoce et intense de la vérité de l'existence. En 1946, âgé de 14 ans, il vit pour la première fois une expérience d'éveil spirituel ou illumination appelée « satori ». Puis Osho poursuit des études universitaires qui lui permettent d'obtenir l'agrégation de philosophie en 1953. Il enseigne dès 1957 à l'université de Jabalpur. Il dénonce l'hypocrisie des puissances et leurs efforts pour dénier à l'homme son droit le plus essentiel : le droit d'être lui-même. Maître spirituel indien controversé, il donne à partir de 1966 des conférences et, en plein essor de la contre-culture aux États-Unis, en 1970, il invente la « méditation dynamique » qui consiste en des exercices successifs de respiration accélérée, de danses et de mantras. Son enseignement cherche à promouvoir une certaine « célébration de la vie » plutôt que le « renoncement au monde » préconisé dans les grands courants spirituels. Ses méthodes, inspirées de traditions tantriques, sont enseignées dans le monde entier. En 1988, il instaure une technique méditative nouvelle appelée *Mystic Rose*.

La *Mystic Rose* consiste à alterner sept jours de rire, sept jours de pleurs et sept jours de silence au cours d'une retraite. Pendant la première semaine, les participants rient « sans aucune raison apparente » pour faire disparaître les blocages et libérer la spontanéité et la joie. La deuxième semaine est consacrée aux pleurs et la troisième consiste à observer le silence et à entrer en méditation. Cette technique est puissamment libératrice, elle permet le contact immédiat avec les inhibitions, le contrôle et la capacité à rire et à pleurer spontanément, elle puise dans l'inconscient la possibilité d'exprimer des émotions refoulées. Une version plus courte, d'une heure, peut être expérimentée, soit trois phases de vingt minutes avec les rires, les pleurs et le silence.

Les sept jours de rire permettent de retrouver la source du rire de l'enfant, physiquement et psychiquement, et d'appréhender le sentiment de « lâcher-prise ». Le groupe permettra à chacun de se connecter sur le rire « sans raison » et sans qu'il ne soit nécessaire d'avoir recours à la parole. Une fois passé le rire, les larmes libèrent et procurent un sentiment de soulagement vis-à-vis des peines et des souffrances parfois profondément enfouies… D'autres strates émotionnelles « remontent », à la surface desquelles la compassion, pour nous-mêmes et les autres. Après des heures de rires et de pleurs, une immense relaxation se produit, ouvrant la porte à la méditation et au silence intérieur.

Osho a dit à son sujet : *La première partie consiste à rire, à rire pour rien. Vous serez étonné de voir à quel point votre nature réelle est enfouie.* […] *La deuxième partie est réservée aux larmes car vous avez aussi refoulé la tristesse, le désespoir, l'anxiété, les sanglots, les larmes.* […] *La troisième phase est celle du témoin, de l'observateur au sommet de la colline. Elle doit venir après les rires et les larmes, sinon elle aura un effet stérilisant.* (Osho Rajneesh, *Yaa-Hoo ! The Mystic Rose*, Oshe Intl, 1989)

Histoire de fous rires

Martine se souvient : « après une retraite silencieuse consistant à vivre durant dix jours avec d'autres méditants sans contact, ni mots ni regards, Maxime me raconte en thérapie combien il lui a été difficile de tenir la posture en tailleur, puis de canaliser son attention sur le souffle et combien il était étonné de constater que des pensées de tous ordres lui traversaient l'esprit, tantôt sérieuses, tantôt futiles, toujours récurrentes. Puis il me dit qu'il prend tout à coup conscience de la présence de ces deux cents personnes en « zazen » – la posture de méditation assise –, silencieuses, hommes d'un côté, femmes de l'autre et de la certitude de vivre un certain éblouissement… lequel est aussitôt suivi d'une pensée : « Et maintenant, champagne et petites pépettes ! » Cela lui donne envie de rire, il se contient et tente d'être à nouveau attentif au souffle, mais son mental lui souffle : « Et maintenant tout le monde à poil ! » Maxime succombe malgré lui à la tornade du rire…

Puis il me raconte un autre fou rire partagé au moment du coucher. Les hommes commencent à s'endormir, voire à ronfler. Quelques-uns tournicotent dans leurs lits, sans trouver le sommeil. Puis l'un d'eux laisse échapper un énorme pet, et Maxime commence à glousser. Il tente de se retenir pour ne pas réveiller les autres, mais ceux qui comme lui ne dorment pas encore partent dans un fou rire de plus en plus incontrôlable, jusqu'au moment où le responsable du dortoir surgit pour tenter de rétablir le calme : il reçoit en retour des rires tonitruants, de plus en plus nombreux, incroyablement joyeux. Et vivent les colos ! »

L'OMB

Il existe de savoureuses épidémies, on peut en effet lire sur le site `http://kaelus.blospace.fr` qu'une épidémie mondiale est en train de se propager à une allure vertigineuse.

L'OMB, l'Organisation Mondiale du Bien-Être, prévoit que des milliards d'individus seront contaminés dans les dix ans à venir. Voici quelques-uns des symptômes de cette terrible maladie :

- votre intuition vous guide plutôt que vos peurs et idées reçues.
- Vous ne vous intéressez pas à tout ce qui peut susciter des divergences, aux ragots et jugements sur vous et les autres.
- Vous arrêtez de vous en faire.
- Vous appréciez les autres pour ce qu'ils sont, vous ne cherchez pas à les faire se conformer à votre idéal.
- Vous êtes dans une spirale positive de changement de vous-même pour tendre vers l'amour et le bonheur.
- Vous vous munissez toute la journée de votre plus beau sourire, un sourire qui respire la joie et l'apaisement.
- Vous retrouvez l'âme de l'enfance, vous privilégiez la simplicité, le rire et la joie.
- Vous préférez propager la joie plutôt que les critiques.
- Vous pouvez vivre seul, en couple, en société, etc. sans jouer de rôles.
- Vous faites le choix au quotidien de privilégier le beau, le bon et le vrai.

Si vous voulez continuer à vivre dans la peur, la dépendance, les conflits, la maladie et le conformisme, évitez tout contact avec des personnes présentant ces symptômes. Cette maladie est extrêmement contagieuse ! Si vous présentez déjà des symptômes, sachez que votre état est probablement irréversible. Les traitements médicaux peuvent faire disparaître momentanément quelques symptômes mais ne peuvent s'opposer à la progression inéluctable du mal. Aucun vaccin antibonheur n'existe.

Comme cette maladie du bonheur provoque une perte de la peur de mourir, qui est l'un des piliers centraux des croyances de la société matérialiste moderne, des troubles sociaux risquent de se produire, tels des grèves de l'esprit belliqueux et du besoin d'avoir raison, des rassemblements de gens heureux pour chanter, danser et célébrer la vie, des cercles de partage et de guérison, des crises de fous rires et des séances de défoulement émotionnel collectives.

Chatouillez un enfant de votre connaissance ou un adulte que vous aimez. Et demandez à ce qu'on vous chatouille…

Observer les pensées

Imaginez une personne qui part dans la nature pour étudier le comportement d'un animal. Elle va d'abord trouver un endroit où s'installer. Puis elle passera des jours et des jours à simplement observer le comportement de cet animal. Elle se placera en position de témoin et prendra des notes sur tout ce qu'elle observe, mais jamais elle n'interviendra, jamais elle ne jugera ce qu'elle voit et, quoi qu'il arrive, elle sera heureuse car elle sait qu'à la fin de cette expérience, elle aura approfondi sa connaissance sur l'animal.

Vous êtes cette personne qui part en observation, et l'animal que vous allez observer est votre mental. Installez-vous confortablement en position assise. Mettez-vous à l'aise et fermez les yeux. Prenez quelques respirations profondes et observez ce qui se passe au niveau de vos pensées. Examinez-les comme s'il s'agissait d'un film. Ne les analysez pas, ne les jugez pas non plus, regardez-les, simplement, et laissez-les être là. Observez s'il y a une agitation ou si le mental est calme. Voyez comme les pensées apparaissent d'elles-mêmes, chacune d'entre elles entraînant une autre à sa suite pour former une chaîne qui vous entraîne inexorablement loin de votre concentration, et du but de l'exercice qui consiste à vous concentrer uniquement sur le fait que vous êtes là. Ce n'est pas grave. Dès que vous le remarquez, redevenez observateur. N'essayez pas de contrôler ou de chasser les pensées. Ne leur donnez pas suite volontairement. Ne les nourrissez pas non plus. Laissez-les simplement être et observez. Restez détaché d'elles, cela permettra au mental de s'habituer au détachement. Vous pourrez ensuite aborder tous les événements de votre vie avec ce même détachement. Faites cela pendant le temps que vous souhaitez. Ne forcez rien. Si un état de relaxation profonde s'est installé, revenez tout en douceur vers l'activité. Prenez du plaisir à ce que vous faites et sentez-vous heureux.

Ressentir son corps

Allongez-vous et fermez les yeux. Détendez-vous quelques instants en respirant profondément. Focalisez ensuite votre attention sur vos pieds. Ressentez les sensations, les picotements, les fourmillements, la vie dans vos pieds pendant quelques secondes. Puis faites la même chose sur chaque partie de votre corps en remontant jusqu'au sommet du crâne. Ensuite, ressentez votre corps dans son ensemble, la vie qui l'anime et l'énergie qui circule en lui. Puis repoussez les limites de l'espace que vous croyez occuper ou de la définition de votre être. Vous arrêtez-vous à votre peau ? Allez-vous au-delà ? Ressentez l'espace que vous occupez. Jusqu'où s'étend-il ? En faisant le moins d'effort possible, étendez votre conscience dans toutes les directions. Incluez tous les êtres et toutes les choses. Ressentez maintenant que vous contenez l'espace que vous venez de créer. Ressentez ce que vous êtes.

Sacré rire !

L'humoriste Jean-Claude Marol a rassemblé dans un ouvrage intitulé *Le Rire du sacré* des centaines d'histoires, de paraboles et de contes du monde entier inspirées des grandes traditions religieuses. Ils mettent en scène des moines taoïstes ou chrétiens hilares et hilarants ; des maîtres zen pince-sans-rire, des initiés soufis malicieux. Sacré humour, humour sacré, de l'Extrême Orient à l'Occident, des évangiles au Coran...

Troisième partie

Le rire et la condition humaine

Dans cette partie...

Quelle est la nature du genre humain ? Le premier principe de la Déclaration universelle des droits de l'Homme (1948) nous éclaire : *Ils sont doués de raison et de conscience et doivent agir les uns les autres dans un esprit de fraternité.* Nous sommes frères, c'est-à-dire également hommes, par la capacité de nous représenter notre devoir et par rien d'autre. Et vous verrez dans cette partie en quoi dans notre quête de sens et de liberté, le rire peut être crucial. N'est-il pas un choix de notre part d'embrasser le côté positif de la vie ? Une porte vers la liberté ?

Chapitre 6

La quête de sens et l'absurde

Dans ce chapitre :

- Vous verrez que rire ou ne pas rire est un choix
- Vous apprendrez à vous connaître grâce au rire
- Vous découvrirez la liberté suprême : savoir rire doucement de vous

Cette conscience de soi, l'homme l'acquiert de deux manières. Primo, théoriquement, parce qu'il doit se pencher sur lui-même pour prendre conscience de tous ses mouvements, replis et penchants du cœur humain et d'une façon générale se contempler, se représenter ce que la pensée peut lui assigner comme essence, afin de se reconnaître exclusivement, aussi bien dans ce qu'il tire de son propre fond, que dans les données qu'il reçoit de l'extérieur. Deuxièmement, l'homme se constitue pour soi, par son activité pratique, parce qu'il est poussé à se trouver lui-même, à se reconnaître lui-même dans ce qui lui est donné immédiatement, dans ce qui s'offre à lui extérieurement. [...] *Ce besoin de modifier les choses extérieures est déjà inscrit dans les premiers penchants de l'enfant : le petit garçon qui jette des pierres dans le torrent et admire les ronds qui se forment dans l'eau, admire en fait, une œuvre où il bénéficie du spectacle de sa propre activité.*

(Hegel, *Introduction à l'esthétique*)

Décider de sourire, de rire, de choisir la paix plutôt que la violence, chaque jour, dans nos actes même les plus anodins, dans notre rapport aux autres et dans notre manière de penser, cela signifie opposer pour le moins une résistance à la sinistrose imposée. On dit que les petits ruisseaux font les grandes rivières, quelle est donc pour chacun de nous sa manière originale d'agir en conscience et en fraternité ? Ne pas se prendre au sérieux peut-il réellement contribuer à plus de bon sens ? Quel monde souhaitons-nous offrir à nos enfants si les priorités continuent d'être l'argent, le sexe et le pouvoir ? Est-il encore temps de secourir les océans, les forêts, les animaux ? Aurons-nous de l'eau, de l'air pur encore longtemps, sommes-nous au final encore capable de raison et quel est le devoir de chacun aujourd'hui ? Ce monde qui va trop vite peut nous empêcher de revisiter nos priorités : où trouver le temps de réfléchir à tout cela, il y a tant à faire ? Et pourtant, si nous ne décélérons pas tous immédiatement, c'est un mur qui nous attend, sur lequel certains commencent déjà à se fracasser. Nous avons tous 24 heures par jour, ni plus ni moins. Il ne s'agit pas de gérer son temps, mais de trouver en soi son essentiel et de se débarrasser de tout ce qui ne le renforce pas pour retrouver du sens à la vie et donner du sens à sa vie. Parmi ceux qui peuvent vous aider à redonner un sens à notre existence, on trouve les philosophes. Et vous vous en doutez, le rire fait partie de leur champ d'études pour y arriver !

Le rire est un sujet qui a toujours interrogé les philosophes. Toutes les palettes de ses effets, réels ou supposés, ont été analysées par le prisme analytique des grands penseurs qui ont traversé les siècles. Aucune uniformité dans ces analyses... Autant d'hommes, d'époques et de lieux que d'appréciation ou de dépréciation... De Platon à Bergson, les penseurs, philosophes et auteurs ont oscillé de sa conception la plus pessimiste à la valorisation la plus élogieuse. Toutes les « couleurs » des sentiments se sont exprimées à travers leurs écrits.

Ainsi, pour Platon, le rire est dangereux : il signifie la perte de contrôle de l'individu et est incompatible avec le sérieux qui incombe à la charge de celui qui gouverne. C'est la raison pour laquelle il est l'apanage des fous, des bouffons, des ennemis et des déclassés sociaux, comme les esclaves.

Pour Cicéron, en revanche, le rire de distraction est important car il permet de faire transmettre le message que l'on souhaite plus facilement.

Au Moyen Âge, deux courants de pensées vont se heurter : le rire diabolique contre le rire inhérent à la nature humaine. La Renaissance tranchera en faveur du rire libérateur, dont Rabelais est l'un des porte-héraults, faisant de la farce et de la dérision le moteur de ses célèbres *Gargantua* et *Pantagruel*. Les philosophes des Lumières, eux aussi, voient dans le rire de la positivité.

Une chose n'en demeure pas moins certaine : au-delà des appréciations, des dépréciations, de l'atavisme, de la génétique, du contexte socioculturel dans lequel nous vivons, de notre santé, bonne ou défaillante, de notre contexte affectif, etc., il n'appartient qu'à nous, et rien qu'à nous-mêmes, de faire le choix de rire de tout cela… ou d'en pleurer.

Surprenante humanité

On a demandé au dalaï-lama ce qui le surprenait le plus dans l'humanité. Il a répondu : *Les hommes.... Parce qu'ils perdent la santé pour accumuler de l'argent, puis perdent de l'argent pour retrouver la santé. Et à penser anxieusement au futur, ils en oublient le présent, de telle sorte qu'ils finissent par ne vivre ni le présent ni le futur. Enfin, ils vivent comme s'ils n'allaient jamais mourir... et meurent comme s'ils n'avaient jamais vécu.*

Ce qu'en disent philosophes et poètes

Dans tous les cas, mariez-vous. Si vous tombez sur une bonne épouse, vous serez heureux ; et si vous tombez sur une mauvaise, vous deviendrez philosophe, ce qui est excellent pour l'homme.

(Socrate)

Producteur de joie, le rire divertit. Attention ! Étymologiquement, divertir c'est *di-vertere*, « détourner ». C'est pourquoi Pascal se méfie du divertissement que l'homme cherche à tout prix pour ne pas avoir à penser à l'essentiel. Selon l'auteur des *Pensées*, pour éviter de s'interroger sur sa condition et à la mort qui l'attend, l'homme se détourne de l'introspection par le divertissement. Pascal préfère la mélancolie, l'état le plus opposé au rire, propice à la réflexion métaphysique. Selon lui, le rire, de par sa spontanéité et de son ancrage dans la collectivité, ne permet pas de faire réfléchir sur notre humaine condition.

Et, en effet, le rire est distrayant et détourne momentanément des préoccupations. Il est bel et bien du côté de la vie, de l'instant, du *carpe diem*.

Les philosophes ne sont pas unanimes au sujet du rire. Chacun d'entre eux pose un regard et un éclairage différent sur sa fonction et son utilité. Kant enseigne que le bonheur est si moral qu'il est un devoir : une vie précieuse s'honore chaque jour. La philosophie zen utilise le rire comme signe de détachement vis-à-vis d'un monde promis au néant.

Beaucoup s'en méfient. Pour les stoïciens, à la recherche d'ataraxie (du grec *ataraxia*, « abscence de troubles »), il est trop expressif et il est trop illusoire pour les épicuriens, qui, contrairement à ce que l'on croit, ne cherchent pas à jouir, mais à ne pas trop souffrir. À l'autre bout du tableau, on trouve Nietzsche, qui voit dans la joie une ivresse, certes excessive, mais de fait puissante et vitale. Bergson affirme que le rire est le signe par lequel la nature nous indique que notre destination est atteinte, que la vie a triomphé. Quant à Spinoza, son éthique s'impose comme un hymne à la joie.

Baudelaire, dans son traité *De l'essence du rire*, affirme que *comme le rire est essentiellement humain, il est essentiellement contradictoire, c'est-à-dire qu'il est à la fois signe d'une grandeur infinie et d'une misère infinie, grandeur infinie relativement aux animaux. C'est du choc perpétuel de ces deux infinis que se dégage le rire*. Il distingue alors trois principes qui déterminent ce qu'il appelle « le comique absolu » :

- l'incongruité qui, dans un poème, est ce qui fait sursauter le lecteur ;
- l'expansion, ce par quoi le rire est contagieux et répétitif ;
- la subjectivation qui manifeste, « derrière » le poème la présence du poète.

Le comique, la puissance du rire est dans le rieur et nullement dans l'objet du rire, voilà ce que croit Baudelaire.

Deux choses sont infinies : l'univers et la bêtise humaine. Mais en ce qui concerne l'univers, je n'ai pas encore acquis la certitude absolue. Einstein

Mise en œuvre de la volonté et du choix

Le matin au réveil, nous avons plusieurs choix pour favoriser notre bonne humeur : un réveil non assourdissant avec une sonnerie agréable, chanter sous la douche, partager un petit-déjeuner délicieux, nous sourire dans la glace, mettre des vêtements que nous aimons, colorés de préférence : avez-vous remarqué que les adultes au travail, hommes ou femmes, sont habillés de sombre ? Comparez les couleurs vestimentaires des adultes avec celles de vos enfants ou de vos neveux dans la cour de récréation. Édifiant, non ? Sourire ou pas, râler ou pas, traverser la journée au pas de course ou décélérer, prendre le temps de respirer ou vivre en apnée, accepter les surcharges de travail, dire stop ou déléguer, profiter de notre pause déjeuner comme nous l'entendons ou subir le bruit d'un magma de personnes, manger tranquillement, en conscience, une nourriture qui nous convient ou avaler jour après jour à la va-vite une nourriture qui ne nous convient pas, écouter les éternels atermoiements et les discussions moroses des collègues ou au contraire choisir la compagnie des autres parce qu'elle est régénérante, ou encore déjeuner seul(e), nos choix sont multiples. Rien n'est bon ou mauvais en soi et ce qui est bon pour l'un ne l'est pas forcément pour l'autre. Vous seul(e) pouvez savoir ce qui est toxique ou nourricier pour vous, à chaque instant, et vous seul(e) pouvez oser choisir ce qui vous apportera plaisir, satisfaction et sérénité. Et qu'importe ce que les autres en pensent ! Oui, chacun est bel et bien responsable de tous ces petits choix du quotidien qui, mis bout à bout, constituent nos journées, nos semaines et nos vies.

L'application de la responsabilité pour l'avenir et le moteur du changement, c'est le désir ou la volonté. Le développement du désir se caractérise dans une première phase par l'opposition à la volonté de l'autre : le « non ». Puis, dans une deuxième phase, « on se conforme à », c'est l'éducation, ce que Freud appelait l'apprentissage des traditions : on désire ce qui est attendu de soi. Enfin, Rank appelle la troisième phase, celle de l'autonomie et de la responsabilité, « la volonté créative ».

Être responsable, c'est *être l'auteur incontesté d'un événement ou d'une chose*, disait Sartre dans *L'Être et le Néant*. La conscience de sa responsabilité est la conscience de la création de soi, de son destin, de sa vie, de ses souffrances, de ses émotions et de ses sentiments. C'est la conscience de sa liberté : choisir, désirer, agir, changer. Dans cette « condamnation » à être libre, nous sommes la somme de nos choix antérieurs. Heidegger souligne la nature double de l'existence humaine : moi empirique (objet présent dans le monde) et moi transcendantal (constituant le monde) et donc responsable des deux : lui-même et le monde. La responsabilité est le corollaire, la conséquence inévitable de notre liberté. Même si cette liberté est limitée, il semble que dans toute situation il y ait au moins deux choix possible.

Les graines de la vie

Visitant un pays lointain, un voyageur passa devant une échoppe sur laquelle était inscrit : « Boutique du Bon Dieu ». Avisant un passant, il lui demanda ce qu'on vendait dans cette boutique. Le passant lui répondit qu'il trouverait Dieu lui-même derrière le comptoir et qu'il pouvait lui demander tout ce qu'il désirait : cela lui serait accordé.

Intrigué, le voyageur pénétra dans l'échoppe. Un homme souriant l'accueillit et lui demanda ce qu'il désirait.

« On m'a dit, hasarda le voyageur, que Dieu lui-même tenait cette boutique et que je pouvais lui demander tout ce que je désirais.

– C'est exact, répondit l'homme derrière le comptoir. Je suis Dieu. Que désirez-vous ? »

Quelque peu intimidé, le voyageur se ressaisit. « Je désirerais, pour moi et pour tous ceux que j'aime, la prospérité, le bonheur, la sagesse, la… »

À ce moment, Dieu l'interrompt : « On vous a mal renseigné. Ce ne sont pas des fruits que je vends, ce sont des graines. »

Inventez un texte qui commencerait par « Il était une fois… » Et se terminerait par « …il put enfin ce jour-là rire aux éclats. »

Le rire, une porte vers plus de liberté ?

« Le rire et la liberté »

Pourquoi rit-on ? Vous nous répondrez : « Parce qu'une phrase, une personne ou un objet étaient drôles » et vous avez raison bien sûr ! Mais le philosophe Auguste Penjon montre que c'est plus beau et plus complexe que cela. Nous rions parce que nous sommes libres !

S'il est une chose au monde dont on se soucie peu, c'est de savoir en riant pourquoi l'on rit. Demandez au premier venu pourquoi le plaisir, un objet quelconque, une physionomie, un geste, un mot, un rien l'ont fait rire. Votre question même le fera rire comme une naïveté. Il est si naturel de rire quand le plaisir atteint un certain degré, quand cet objet, cette physionomie, ce geste et ce mot nous semblent risibles ! Faut-il donc se contenter de cette réponse ? Je ne le crois pas. [...]

La spontanéité, ou mieux la liberté même, telle est en effet l'essence de l'agréable et du risible sous toutes leurs formes, et le rire n'est que l'expression de la liberté ressentie ou de notre sympathie pour certaines manifestations, réelles ou imaginées, d'une liberté étrangère : toujours et partout, il est comme l'écho naturel en nous de la liberté.

Or la liberté se constate et ne s'explique pas ; elle est, à la considérer en elle-même, sans causes et même sans motifs. Le rire ne s'explique pas davantage ; il est, d'une manière générale, le signe de la liberté ; il est la liberté visible. [...]

Le rire joyeux du petit enfant, celui qui apparaît sur son visage quand il est rassasié, ou à la vue de couleurs claires, ou à l'apparition d'une figure familière, aimée, exprime la fin d'une contrainte, la suppression de ce qui gênait, un affranchissement, un accroissement de liberté. Plus tard, lâché en récréation avec ses camarades, il exprimera plus bruyamment le plaisir d'être libre : ce sera la même émotion. Le rire de la mère aux premiers regards, aux premiers gestes de l'enfant qui, à ce rire même, apprend à la connaître, est à la fois l'expression d'un contentement où ne se mêle pour l'instant aucune appréhension, et comme une réplique, un encouragement aussi à cette liberté qui commence à s'épanouir dans cette vie naissante. Le sourire avec lequel on accueille un ami, qui s'accompagne de paroles affectueuses et qui parfois les remplace, et celui de l'homme qui parvient à la fin d'une tâche difficile sont également la marque naturelle d'une augmentation de la liberté.

[...]*En son fond, l'être est libre et, par cela même, heureux ; mais il est soumis, dans son développement, à des contraintes de tout genre qui, pour ainsi dire, le dérobent quelquefois à lui-même. Il se retrouve quand ces contraintes se relâchent. Le plaisir par lui-même est la liberté qui se confond avec l'être, qui est et que rien ne produit : c'est le pur sentiment joyeux de vivre, sans raison et sans but, et dont le rire est le reflet.*

Auguste Penjon, *Revue philosophique de la France et de l'étranger*, Tome II, Presses Universitaires de France, Paris, 1893

Quel que soit le chemin sur lequel la vie nous a posés, originellement, nous sommes tous, à intervalles réguliers et jusqu'au bout de la route, confrontés à la question du choix dont parle Sartre. Les chemins de départ sont certes différents pour chacun d'entre nous, certains sont couverts de ronces et d'épines, d'autres larges, plats et ombragés. Mais il n'empêche, chacun peut toujours choisir – question de maturité – d'en changer pour l'éclairer, ouvrir une porte vers plus de liberté. Le psychiatre Étienne Jalenques a coutume de citer un proverbe qu'il affectionne particulièrement : *Au lieu de te plaindre du noir, va donc chercher la bougie dans la pièce à côté.* Il insiste sur le fait qu'au lieu de parler de mauvais choix, mieux vaut aborder la question sous l'angle des tentatives infructueuses car, dit-il, les échecs ne sont jamais, au fond, que des essais ratés. Il n'y a donc plus, dans ce contexte, qu'à recommencer…

Si l'on part de l'assertion que nous sommes déterminés par nos choix, et que le rire ouvre de nombreuses portes vers plus de liberté, considérons également que rire, c'est respirer, et donc oser donner de la voix. Et prendre le risque que cela déplaise. Dans les clubs de rire, le non-jugement est de mise, il permet à chacun et à chacune de retrouver les pas de son enfance en toute sécurité. Personne ne peut vous empêcher de rire si vous souhaitez le faire, ce serait comme vous empêcher de penser.

Par ailleurs, bizarre, trop fort, rire de souris ou d'hippopotame, chaque rire, comme chaque individu, est unique et ne peut plaire à tous. En assumant et en affirmant votre rire, vous prendrez plus facilement votre place et apprendrez à faire fi du jugement d'autrui.

Culpabilité existentielle

Heidegger dit *que l'on est coupable dans la mesure où l'on a failli à l'accomplissement de son potentiel authentique.* Pour Tillich, *l'homme est obligé de répondre, si on lui demande ce qu'il a fait de lui-même* dans la mesure où celui qui demande, à savoir lui-même, est un juge implacable. Pour Rank et pour enfoncer le clou : *Nous nous sentons coupables de la vie non utilisée, non vécue en nous.* Selon les existentialistes, angoisse et culpabilité indiquent que l'on s'est fourvoyé. Dans *Le procès* de Kafka, le crime commis est un crime d'omission, la culpabilité a trait à ce que l'on n'a pas fait de sa vie. Si je prends le temps de sentir et savoir ce que je veux vraiment, j'oriente ma vie vers plus de paix et de créativité. Par opposition au « Je ne sais pas ce que je veux…, je ne sens rien » qui sont des évitements du choix, la prise de conscience intégrative du désir pose trois questions : Qu'est-ce que tu sens ? Qu'est-ce que tu veux ? Qu'est-ce que tu fais ? Rire permet aussi de se reconnecter sur des besoins essentiels, de ressentir ce qui est en nous, comme la fatigue ou la tristesse – et nous renseigne sur nos besoins : si je suis fatigué(e), je dois trouver le moyen de me reposer et, en écoutant ma tristesse, je reconnais ce qui me manque, mon besoin de réconfort.

Vivre, un hymne à la joie

Voici donc les longs jours, lumière, amour, délire !
Voici le printemps ! mars, avril au doux sourire,
Mai fleuri, juin brûlant, tous les beaux mois amis !
Les peupliers, au bord des fleuves endormis,
Se courbent mollement comme de grandes palmes ;
L'oiseau palpite au fond des bois tièdes et calmes ;
Il semble que tout rit, et que les arbres verts
Sont joyeux d'être ensemble et se disent des vers.
Le jour naît couronné d'une aube fraîche et tendre ;
Le soir est plein d'amour ; la nuit, on croit entendre,
À travers l'ombre immense et sous le ciel béni,
Quelque chose d'heureux chanter dans l'infini.

(Victor Hugo, *Printemps*, recueil *Toute la lyre*)

Le rire est pulsion de vie, victoire sur la haine, sur l'ennui, sur la tristesse, sur le morbide, la peur, la souffrance, la déception. Rire et se réjouir de simplement être là, d'exister. Car, imaginez… si tout cela, la vie, la mort, la brièveté de l'existence, la terre, les planètes, les galaxies, l'Univers, si tout cela donc, n'était au fond qu'une vaste blague cosmique ? Une blague d'amour, même. Le ciel, les fleurs, la mer, les nuages seraient des cadeaux à savourer. Et dans le corps qui est le nôtre, notre mission serait simplement de vivre et nous amuser. Ce serait comme un grand défi joyeux : se réapproprier l'être au monde, ne rien faire d'autre, ne rien demander d'autre que de profiter de la vie.

Le reste, tout le reste, est culturel. Et ce qui est merveilleux, c'est que nous n'avons pas besoin d'apports extérieurs pour rire. Le rire est en nous, nous pouvons à volonté le créer, le faire jaillir comme une source ou l'offrir. Il faut juste se rééduquer dans le processus, apprendre à prendre du plaisir sans se sentir coupable. *La culpabilité, sœur siamoise de la honte, n'est que l'expression de la toute puissance : si c'est de ma faute, c'est que j'y suis pour quelque chose !* aime à rappeler le psychiatre Étienne Jalenques. Et cela me donne de l'importance, pauvre victime tellement affairée à ne saisir que des miettes alors qu'un grand banquet m'attend.

Imaginez un instant qu'il n'y ait rien à faire de plus que d'être là…

Imaginez que rien, ni personne, n'attende rien de vous…

Détendez-vous, souriez : tout est là. Oubliez les obligations que vous vous créez à longueur de journée, au nom de…de quoi, au fait ? Et si l'on prenait le risque de s'abandonner dans les bras de la vie ? Si le fait d'être consciemment dans une complicité totale avec l'invisible devenait tout à coup irrésistiblement drôle, ou émouvant, et cela de façon continue…

Acteur amusé et témoin attendri de ce grand jeu auquel, au fond, personne ne comprend rien, mais qu'il est si bon de goûter absolument. Totalement, comme seuls les enfants savent le faire ...

Si l'on cessait de se prendre tant au sérieux ? Si l'on glissait de l'enfance à l'âge adulte sans perdre notre capacité d'émerveillement et notre plaisir de la découverte dans un processus naturel qui consisterait juste à grandir, à développer des aptitudes et à garder un cœur réceptif. Car la confiance est au centre de soi. Et si l'œuvre de toute une vie était ce clin d'œil absolu qui nous relie à chaque être, à chaque élément de l'univers aussi sûrement et avec autant de délicatesse que le doigt de Dieu donnant la vie à Adam, peint par Michel-Ange, sur le plafond de la chapelle Sixtine, au Vatican ?

Si la vie est un grand banquet, pourquoi serions-nous tous au régime ? Il est grand temps de grandir de rire ! À vos marques... Prêts ? Riez, si vous le voulez ! Qui peut vous en empêcher ? Maintenant, à fond... Yeahhh !

Le rire, source d'existence

Françoise Giroud, journaliste, écrivain et femme politique, a écrit à propos de la liberté : *La liberté, la vraie liberté, cet espace de liberté intérieure qui conduit à se regarder vivre et à rire doucement de soi...*

Au même titre que peindre, sculpter, photographier, composer des symphonies ou écrire un roman, transmettre le rire est un art. Rappeler à chacun la nécessité absolue de rire, ôter les obstacles à sa manifestation et entraîner les autres dans sa sarabande relève de l'art éphémère, instant de densité et de partage. C'est créer un espace de droit où il est possible de partager sa joie et de témoigner d'une existence orientée vers la bonne humeur, la convivialité et la tolérance. C'est plonger corporellement, « sensoriellement » dans des valeurs qui tiennent à cœur. Cela est très ressourçant. Si vous souhaitez remettre plus de rire dans votre vie, vous pouvez commencer à chercher le moyen de travailler en vous amusant. C'est moins difficile qu'il n'y semble au premier abord, et moins difficile en tout cas que de changer de travail ou de métier.

Certains, de par leur génétique et leur éducation, ont pour rire plus de facilité que d'autres. Mais n'oubliez jamais la lampe d'Aladin que nous possédons tous : *Maître, tes désirs sont des ordres !* Essayer, osez vos désirs, osez faire ce qui vous tient vraiment à cœur et ce qui est essentiel pour vous, vous rapprochera de votre nature profondément joyeuse. Ce que l'homme fait à la planète, aux océans, aux animaux ainsi qu'à ses congénères est à mettre en miroir avec la manière dont nous nous traitons, d'une manière générale : comme des mécaniques à rendement. Combien de fois dites-vous par jour : « Ouf, ça, c'est fait ! » Mais où étiez-vous donc en faisant « ça » ? Prendre soin de soi, des autres, de son environnement et de chaque instant est la clef qui s'impose lorsqu'on pratique le rire en toute bonté. À rire pour le plaisir du rire et du partage, on en vient à aimer à nouveau et le fol espoir d'un monde meilleur revient au grand galop.

Apprenez une histoire drôle par cœur, racontez-la à une personne, puis à deux personnes puis à trois personnes en même temps. Enfin, si cela vous amuse, prenez un micro et, devant une foule immense et compacte, racontez votre histoire : de préférence courte et hilarante, mais vous l'aurez testée avant !

Le sens de la vie

Carl Gustave Jung (1875-1961), fondateur de la psychologie analytique à qui l'on doit les concepts « d'archétype », « d'inconscient collectif » et de « synchronicité », explique dans *La Guérison psychologique* :

L'absence de sens dans la vie joue un rôle crucial dans l'éthologie de la névrose. Une névrose doit être comprise comme la souffrance d'une âme qui n'a pas découvert son sens... Environ le tiers de mes patients ne souffrent d'aucune névrose cliniquement définissable, mais de manque de sens et de direction à leur vie... Ce qui est donc équivalent à une maladie.

Pour Viktor Emil Frankl (1905-1997), professeur de neurologie et de psychiatrie et créateur de la logothérapie – qui prend en compte le besoin de sens et la dimension spirituelle de la personne –, le manque de sens constitue le principal stress existentiel.

Quel est le sens de la vie ? Est-ce une recherche cosmique qui implique un dessein établi ? Un schéma ordonné de l'univers géré spirituellement ? Pourquoi vit-on ? Ces questions nous mettent en mouvement et ouvrent des hypothèses qui peuvent être réconfortantes. Pour les bouddhistes, la question du sens de la vie n'est pas instructive, il faut s'immerger dans le flot de la vie et laisser la question partir à la dérive.

Le rire est bon

Au cours d'une interview, un journaliste a demandé au chorégraphe Maurice Béjart quelles étaient les causes de la crise du monde moderne et quelles solutions pourraient être préconisées. Béjart a répondu : *Je ne suis pas capable de donner un message, de trouver une solution. Mais je pense que le rire est bon, le rire est très important, le rire nous fait respirer... Il y a un rire qui est un rire de l'enfance, qui est le rire de la joie, le rire de la santé, le rire du bonheur.*

Le sens de ma vie

Quel est le sens de ma vie ? Avec cette question, il s'agit moins de savoir pourquoi l'on vit que de chercher quelle est la meilleure manière de vivre, comment construire son existence en y apportant un sens fort. Pour l'écrivain Albert Camus, l'homme, créature morale, veut que le monde lui fournisse un fondement pour son jugement moral, mais le monde ne le fait pas car il est indifférent. La tension créée entre cette indifférence et l'aspiration humaine, Camus la nomme « l'absurde condition humaine ». Selon lui, l'homme ne devient humain que s'il vit avec dignité dans ce monde absurde. Camus et Sartre, tous deux inconditionnels de l'existentialisme, se basent sur l'importance d'inventer son propre sens pour s'engager complètement dans l'accomplissement de ce sens. Il ne s'agit pas de rechercher un sens divin, mais de trouver un sens à soi. Les existentialistes, athées ou croyants, partagent l'opinion qu'il est bon et juste de s'engager, chacun trouvant la ou les formes qui lui conviennent. L'altruisme ou le service aux autres, l'engagement vis-à-vis d'une cause qui implique l'individu dans une expression plus vaste que la sienne propre, la créativité, puissant antidote contre l'absurde permettent la transcendance de soi.

Pour qui et pour quoi rire ?

Le rire est parfois la réaction à une situation qui n'a rien d'amusant. Dans ce cas, pourquoi rions-nous ?

Pour Robert Provine, auteur de *Le Rire, sa vie, son œuvre, Le plus humain des comportements expliqué par la science*, le fondement du rire n'est pas dans l'humour : *En recueillant 1 200 « épisodes de rire », nous avons pu noter et analyser les remarques qui précédaient immédiatement le rire, ce que les personnes disaient juste avant : « J'espère que nous avons bien fait », « C'était un plaisir de vous rencontrer », « On peut y arriver », « Je te l'avais bien dit ! », « Ce n'était pas toi ? », « Que se passe-t-il ? », « Que voulez vous dire par là ? », etc. Rien de particulièrement amusant… Pour l'essentiel, le rire n'est pas lié à l'humour. Son rôle central réside dans les relations sociales où il renforce l'amitié et l'encourage. On le voit bien dans le badinage, la séduction, lors de rapports de force, ou lorsqu'on se sent gêné…*

L'engagement semble être la principale réponse thérapeutique au manque de sens. Dans le développement humain, c'est le principe de plaisir qui prévaut pour l'enfant. Or, le jeu reste essentiel tout au long de la vie. Jouer permet de rester alerte, l'amusement est un grand moteur d'action et la capacité à s'émerveiller mérite d'être entretenue tout au long de la vie. Rire pour soi et avec l'autre procure de grandes bouffées de vitalité, du réconfort relationnel et permet de vivre la plénitude de l'instant.

L'adulte, en revanche, a beaucoup perdu de sa fraîcheur d'antan. Il respire souvent sans mobiliser ni son ventre ni son diaphragme, sa tête est pleine de soucis et son juge intérieur fait la loi. Monsieur et Madame doivent bien faire, être dans les clous et avancer à n'importe quel prix. Monsieur et Madame vont trop vite, ils doivent apprendre à décélérer et doivent retrouver le goût de vivre. Rire en groupe, une fois par semaine, comme on fait du jogging ou du basket, permet de dissiper les tensions et de les évacuer d'une manière plaisante. Avez-vous remarqué que tout le monde est sérieux au club de gym et que personne ne se parle, que chacun consomme pour lui-même dans son coin ? Essayez lorsque vous ferez vos étirements matinaux de rajouter un peu de dérision, de distance, de recul. Retrouvez votre espièglerie, c'est une richesse incomparable. En vous souriant régulièrement et en souriant aux autres, votre regard sur le monde va peu à peu se transformer et votre sens de l'humour va se développer. Qu'avez-vous à gagner à être sérieux ? Vous ne trompez que vous-même et vous participez à la grande sinistrose nationale. Pour ne pas vous soumettre par lassitude, partez en quête de votre liberté intérieure. Vous avez le droit de retrouver en vous la source de la joie et de cultiver au quotidien les attitudes qui vous conduiront à un mental positif et fort, tout en vous ouvrant aux autres. Rester dans sa bulle, si jolie soit elle, ne rend pas heureux : c'est le partage qui peut combler.

La nouvelle institutrice a envie d'inculquer des notions de psychologie à ses élèves. Elle s'adresse à la classe en ces termes :

« Que celui qui a parfois l'impression d'être stupide se lève ! »

Après une bonne dizaine de secondes, Lionel se lève... de mauvaise grâce. L'institutrice étonnée lui demande :

« Alors, comme ça, Lionel, tu penses que de temps en temps, tu peux être stupide ?

– Non, m'dame, mais ça me faisait de la peine de vous voir toute seule debout... »

Chapitre 7

Solitude et finitude

Dans ce chapitre :

- Vous verrez qu'il est nécessaire de s'autoriser la joie de vivre sans culpabilité, malgré les épreuves
- Vous découvrirez pourquoi rire est une bonne option pour reprendre des forces et alimenter nos cellules
- Vous aurez les clés pour redonner des saveurs à votre vie

La finitude

Le terme de « finitude » s'entend au sens le plus large de la temporalité. Il s'agit de l'expérience liée à l'angoisse de la fin irréversible d'une situation, quelle qu'elle soit : l'enfant qui grandit, qui quitte le nid, le sortir de l'université pour intégrer le monde du travail, la fin de la fécondité avec l'arrivée de la ménopause, la mise à la retraite ou la perte d'un emploi, les premières rides. Le temps, qui avance sans qu'on puisse le retenir, s'amuse à poser des points finaux tout au long de l'existence. Cet incessant ballet de fin et de renaissance conduit ceux qui acceptent mal cette réalité à s'arrêter parfois sur les berges du long fleuve qu'est la vie. Pourtant, c'est bien en suivant le courant de la rivière que notre planche de salut est la plus fiable. Certains sages ne disent-ils pas que seule l'impermanence est permanente ?

Le roshi

Durant une guerre civile au Japon, l'armée rebelle envahit une ville loyaliste. Tous les habitants s'enfuirent, ainsi que les moines du temple zen de la cité. Tous, sauf le maître, un vieil homme, un « roshi », comme on nomme les anciens. Le général de l'armée victorieuse qui se rendit au monastère fut très contrarié de l'accueil glacial du vieux maître et du peu de considération que celui-ci lui témoigna.

– « Savez-vous, lui dit-il, que vous avez en face de vous un homme capable de vous pourfendre d'un coup de sabre sans même cligner des yeux ? »

– « Et vous, répondit le maître, savez-vous que vous avez en face de vous un homme prêt à être pourfendu sans même cligner des yeux ? »

La légitimité du deuil

Au milieu de l'hiver, j'ai découvert en moi un invincible été.
(Albert Camus)

S'il y a un moment de la vie où le rire cède la place aux larmes, c'est évidemment face à l'épreuve de la mort. Être triste, faire son deuil, éprouver la douleur et la cicatriser sont absolument légitimes. Apprendre à vivre avec le manque de l'être cher peut prendre du temps, beaucoup de temps. Mais il est fondamental de pouvoir, à l'issue de cette épreuve, s'autoriser la joie, le sourire, et le désir de continuer à aimer d'autres êtres vivants. Pleurer soulage. Mais mieux vaut éviter de rester confiner dans la douleur ou, pire, de cultiver la souffrance. Le risque serait alors de se poser en victime pour recevoir inconsciemment compassion et tendresse. Choisir le rire, après les larmes, ce n'est certes pas l'assurance d'être consolé, mais c'est la garantie de retrouver ses forces et d'être apprécié pour la joie que vous dégagez. C'est le début d'un renouveau...

Voici quelques synonymes, histoire d'en rire :

Se gondoler, se poiler, se boyauter, éclater de rire, glousser, pouffer, rigolbocher, s'égayer, s'esclaffer, se bidonner, se dérider, se dilater la rate, se fendre la pêche, se fendre la pipe, se fendre la poire, se gausser, se jouer, se marrer, se réjouir, se tordre... Vous en connaissez d'autres ?

LOL

Gandhi apaisait son entourage avec son humour, il ne se prenait pas au sérieux, mais accomplissait avec sérieux ce qu'il pensait être juste pour son pays. Lors de son premier jeûne, celui qu'il fit pour obtenir la réconciliation des hindous et des musulmans, alors que son pays était déchiré par des luttes sanglantes et au moment même où l'on redoutait sa mort, « Bapu » dit à sa compagne d'une voix quasi inaudible : *Maintenant, je me ferais bien une petite orgie d'eau citronnée...*

Toutes les civilisations ne rendent pas un hommage aux morts avec des musiques funèbres et des vêtements sombres. Au Mexique, la Journée des morts – *El día de los Muertos* – est célébrée le 1er novembre pour les enfants et le 2 pour les adultes. Les gens se rendent au cimetière les bras chargés de victuailles, d'offrandes, d'alcool, de couronnes de fleurs, etc. On mange, on boit, on chante, les bouteilles passent de main en main à la santé des morts, on joue de la musique, on s'échange des têtes de morts en sucre candi. Dans les maisons, les familles préparent l'autel des morts avec une belle nappe brodée sur laquelle sont posées les photos des disparus et des objets personnels leur ayant appartenu. Toute la nuit, des bougies et des lanternes brûlent pour guider le retour des âmes. La fête sert aussi à célébrer la joie d'être toujours vivant. Le grand écrivain mexicain Octavio Paz a écrit à ce sujet dans *Le Labyrinthe de la solitude*: *Pour l'habitant de Paris, New York ou Londres, la mort est ce mot qu'on ne prononce jamais parce qu'il brûle les lèvres. Le Mexicain, en revanche, la fréquente, la raille, la brave, dort avec, la fête, c'est l'un de ses amusements favoris et son amour le plus fidèle.*

Les moines rieurs

Voici un célèbre conte taoïste: Il était une fois trois mystiques chinois dont personne ne connaît les noms. Ils étaient appelés « les trois moines rieurs », car ils ne faisaient que cela: ils riaient, tout simplement. Ils se déplaçaient d'une ville à l'autre, s'installaient sur la place du marché et partaient d'un bon rire viscéral!

Ces trois hommes étaient vraiment magnifiques lorsqu'ils riaient et que leurs ventres ondulaient. Cela devenait contagieux, la place du marché tout entière se mettait à rire... Durant quelques secondes, un nouveau monde s'ouvrait.

Ils voyagèrent à travers toute la Chine uniquement pour aider les gens à se dérider. Des gens tristes, des gens furieux, des gens avides ou jaloux: tous se mettaient à rire avec eux.

Un jour, dans un village, il advint que l'un de ces trois hommes mourut. Les villageois dirent: « Cette fois, ils vont avoir du chagrin; leur ami est mort, ils vont certainement pleurer. » Mais les deux autres dansaient, riaient et célébraient sa mort.

Les villageois s'exclamèrent: « Cette fois-ci, c'en est trop, c'est déplacé! Lorsqu'un homme meurt, c'est un sacrilège que de rire et de danser. »

Ils répondirent: « Vous ne pouvez pas comprendre! Tous les trois, nous nous demandions toujours lequel d'entre nous allait mourir le premier. Cet homme a gagné. Il nous a vaincus. Toute notre vie, nous avons ri avec lui. De quelle autre façon pourrions-nous lui dire un dernier adieu? Nous devons rire, car nous devons nous réjouir, nous devons célébrer. C'est le seul adieu possible pour un homme qui a ri toute sa vie. Si nous ne rions pas, il se moquera de nous et pensera: "Fous! Ainsi vous êtes retombés dans le piège?" Nous ne considérons pas qu'il est mort. Comment le rire peut-il mourir, comment la vie peut-elle mourir? »

Enfin, il fallut brûler le corps.

« Nous lui donnerons d'abord un bain, comme le prescrit le rituel », dirent les villageois.

Mais les deux moines répliquèrent :

« Non ! Notre ami a dit : “Ne faites aucun rituel, ne changez pas mes habits et ne me donnez pas de bain. Mettez-moi tel que je suis sur le bûcher.” Aussi devons-nous suivre ses instructions. »

Alors, il se produisit un grand événement. Quand le corps fut placé sur le brasier, le vieil homme joua son dernier tour : il avait rempli ses habits de feux d'artifices !

Soudain, ce fut *Diwali* – la « fête de la lumière » qui, dans certaines régions de l'Inde, correspond au nouvel an. Le village tout entier se mit à rire. Ses deux fous d'amis dansaient, et tout le village se mit à danser.

Ce qui peut être changé

Dans le courant qu'est la vie, nous avons tous une marge de manœuvre. Il faut d'abord apprendre à reconnaître ce qui ne peut être changé pour mieux utiliser notre aptitude à choisir. Partir à la dérive et se laisser balloter comme un morceau de bois sur les vagues ne peut être totalement satisfaisant. Nous pouvons participer, engager nos forces pour accompagner au mieux le voyage. Comme sur un kayak, tout le jeu consiste à éviter les obstacles, à accompagner le courant, à maintenir l'équilibre du bateau pour franchir les chutes et les rapides, à rester calme dans les passes difficiles pour ne pas chavirer et arriver au but avec le sentiment d'avoir accompli un voyage extraordinaire. Sur ce parcours, il faut parfois savoir résister à la force des éléments, et parfois savoir l'accepter. Toute la difficulté, toute la subtilité, toute la mobilisation de l'intuition est là. Vouloir remonter le courant est une gageure. Nous ne sommes pas des saumons ! Au-delà de la métaphore, rappelons simplement que si l'on ne peut pas changer le passé, on peut le revisiter quand il est trop lourd pour marcher plus lestement au quotidien. Si l'on ne peut pas ressusciter les morts, on peut vivre et aimer ceux qui sont autour de nous et nous offrent leur amour. Enfin, si l'on ne peut changer les autres, il est inutile de mobiliser son énergie à cela. En cultivant notre propre jardin, en revanche, nous pouvons effectuer des changements importants qui serviront à fertiliser nos terres nourricières intérieures, lesquelles fleuriront abondamment.

« Pas de femme, dit le médecin à son patient. Pas de femme, pas de café, pas de tabac, pas d'alcool…

– Et avec ça, vous êtes sûr que je vivrai plus vieux ? demande le patient.

– Je n'en sais rien, répond le médecin. Mais je suis certain que le temps va vous paraître plus long ! »

Ce qui ne peut pas être changé

La mort est le traumatisme, la contrainte existentielle de l'individu par excellence. La mort est à la source des grands mythes religieux, donc de la culture. Dans *L'homme et la mort*, Edgar Morin, philosophe et anthropologue, nous précise que « le mystère premier » n'est pas la mort, mais l'attitude de l'homme devant la mort. C'est ce qui distingue l'homme de l'animal.

On a trop refoulé la mort, on a trop voulu l'exorciser, ajoute-t-il. *Or, ce refoulement de l'angoisse de la mort ne fait que la déplacer : on ressent des angoisses de mort sans savoir que ce sont des angoisses de mort. Ensuite : contre l'angoisse de mort, contre le découragement de la mort, contre la mélancolie de la mort, contre l'horreur de la mort, il n'y a pas de réponse. Il n'y a qu'une seule riposte : l'amour, pas seulement pour une personne, mais la participation, la communion. Mon idée est que nous devons assumer notre condition avec l'angoisse et l'incertitude qui en découlent, et que nous n'y parviendrons que si nous débloquons en nous ces forces d'amour et de fraternité. Vivre intensément, c'est accepter le risque de mourir.*

Derniers soupirs

On connaît peu d'exemples d'hommes ou de femmes morts en éclatant de rire. Mais les exemples ne manquent pas d'hommes et de femmes qui ont convoqué l'humour avant leur dernier soupir. On dit que la célèbre courtisane Ninon de Lenclos murmura : *Ce qui me console, c'est de penser que je ne laisse que des mourants.*

Madame de Pompadour aurait lancé au prêtre qui quittait sa chambre : *Attendez ! Nous partirons ensemble...* ; et l'écrivain normand Barbey d'Aurevilly aurait marmonné en hochant doucement la tête : *C'était donc cela, cette planète !...*

Démocrite, « le plus subtil de tous les Anciens », que ses contemporains décrivaient comme « secoué d'un rire perpétuel », décida lui-même de sa mort, à plus de 100 ans, en cessant de s'alimenter. Simplement, il demanda à être conservé dans du miel. Il adorait le miel. Plus près de nous, dans un même registre, Pierre Desproges, qui se savait condamné, rédigea un testament humoristique en léguant *ses abats à la science*, et en suggérant que les os qui resteraient soient mis dans un sac de plastique bleu. Cela lui rappellerait *ses vacances à Corfou...*

Rire pour surmonter le pire

Face à l'insupportable, il y a encore la possibilité du rire, dit la psychanalyste et docteur en philosophie Anne Dufourmantelle lors de sa conférence au

Mans « Le Rire, le rêve-hors de l'impasse » du 12 septembre 2010. *Le rire comme le rêve est un trait d'esprit que le corps rend tangible, l'un en diffusant de la joie concrète, l'autre dans l'éclipse du sommeil. Opérateurs du réel, ils ne marchandent ni le désir ni la liberté. Tous deux sont un mode de résistance inédit, une sortie de route, une intelligence de l'instant. Une résolution très fugace à la question : qu'est-ce qui soutient le désir face à la mort ?*

Primo Levi, dans *Si c'est un homme*, décrit l'appel du matin dans le camp d'extermination d'Auschwitz, où il a été déporté en février 1944. Tous les détenus sont nus, immobiles, et Levi regarde autour de lui en se disant : *Et si ce n'était qu'une blague, tout ça ne peut pas être vrai…*

C'est à partir de ce postulat que le réalisateur et acteur italien Roberto Benini s'est lancé dans la création de *La vie est belle*, ce film bouleversant qui raconte, comme une fable, l'internement dans un camp de la mort d'un père et de son fils, le premier faisant croire au second que tout qu'il voit et vit n'est qu'un jeu.

De nombreux déportés ont expliqué que l'humour les avait aidés à survivre dans les camps de la mort. Dans le documentaire *Memoria*, le résistant Marcello Pezzetti en témoigne. De son côté, Benoît Dessaucy (qui œuvre à la réalisation future du « Zygocentre », un centre permanent voué au rire et à l'humour qui verra le jour à Rochefort, en Belgique) a interviewé l'ancien déporté Henri Kichka, survivant de plusieurs camps de la mort à Bruxelles, le 19 janvier 2011. Voici des extraits de l'échange qu'ils ont eu :

BD : L'humour était important pour survivre dans les camps ?

HK : Dans les camps, j'ai vu beaucoup d'amis qui déprimaient. La majorité des personnes se plaignant d'être à bout mouraient dans les jours qui suivaient.

BD : Pour vous, faire preuve d'humour dans cette situation était un signe de force mentale ?

HK : Tout à fait. Sans cela, on tombait dans le piège de la morosité, du stress et de la dépendance. L'humour en a sauvé quelques-uns, même s'il fallait surtout de la chance pour s'en sortir. Je rappelle dans mon livre que la volonté et la force physique ne représentent que 5 % de la chance de survie dans un camp. Les 95 % restants, c'est la chance : si votre tête ne revenait pas à un SS, il vous frappait ou vous tuait.

BD : L'humour était-il un moyen pour retrouver une dignité qui vous avait été confisquée à l'entrée du camp ?

HK : C'est vrai, notre dignité était confisquée dans les camps. Nous étions appelés des Untermenschen, *des « sous-hommes ». J'ai été marqué au fer rouge sur le bras, comme on le fait pour le bétail. Nous n'avions pas le droit de regarder les nazis dans les yeux. Mais je ne voulais me laisser impressionner par ces brimades, ces infamies. Je voulais m'en sortir. Pas une seule seconde, j'ai pensé que j'allais mourir. Cette volonté m'a aidé. Si, le soir, je m'étais laissé aller en me disant : « Demain, il faudra aller travailler, il fera moins 20 degrés, il faudra se lever à 4 heures du matin, marcher durant des kilomètres sans petit-déjeuner et travailler 11 heures et demie... Est-ce que cela en vaut la peine ? », alors je n'aurais pu survivre. Je dois dire que la présence de mon père m'a motivé car je voulais survivre et rentrer à la maison avec lui. Mon père et moi, nous faisions de l'humour ensemble. Ce n'était pas un humour déferlant, mais un humour interdit, un humour qui portait lui aussi un numéro de camp de concentration. Mais pour nous, pouvoir pratiquer l'humour, c'était montrer que nous étions encore des êtres humains, capables de réfléchir, de lutter, de ne pas se soumettre.*

BD : Quels étaient les sujets de ces blagues ?

HK : Nous devions être discrets. Car pour bien se faire voir, un autre déporté pouvait nous dénoncer à un kapo ou un SS. Nos blagues s'en prenaient aux nazis, aux SS, aux kapos, à tous ceux qui voulaient nous détruire. Cela signifiait qu'entre nous, en cachette, nous leur tenions la dragée haute. Nous ne pouvions pas plaisanter sur des thèmes comme notre maison ou la nourriture. L'évocation de ces sujets était très déprimante. Mais il nous arrivait aussi de nous moquer gentiment des Français parce qu'ils ne comprenaient pas un mot d'allemand.

BD : Le soir, vous vous lanciez dans un concours de comptage de poux...

HK : Je ne suis pas le seul à avoir décrit cela dans un livre. Nous rentrions le soir usés, crevés, dévorés par les poux. Cela faisait tellement mal. Nous avions appris que les poux suçaient le sang et qu'ils pouvaient transmettre le typhus. Nous les écrasions, ça faisait un bruit particulier. Nous en comptions jusqu'à 80 par jour. Et il fallait recommencer le lendemain. C'était usant. Mais nous nous en moquions gentiment.

Et nous nous battions pour maintenir les mots d'esprit qui sont le sel de la vie. On lâchait de temps en temps un bon mot pour ne pas dire qu'on en avait marre, sinon on se condamnait à mort. Au fil des années, papa a perdu son humour et l'envie de vivre. À la fin, il ne parlait même plus.

Après la guerre, pendant 14 mois, alors que j'étais au sanatorium pour me soigner de la tuberculose, je dessinais sans cesse des caricatures de mes amis. Nous jouions des sketches sur scène pour les autres patients. Ils étaient étonnés de mon humour et de cette force de partage avec les autres et ce, malgré ce que je venais de vivre. Je leur disais que je suis né comme ça. C'est cet humour qui m'a aidé à rester en vie.

Plus tard, à l'âge de 50 ans, j'ai eu des cauchemars pendant plusieurs mois. Je rêvais que j'étais poursuivi par des SS. Je réveillais ma femme par mes cris. Je me suis mis à déprimer, je suis devenu incapable de raconter des blagues à mes enfants et à mon épouse. Mes cauchemars se sont arrêtés quand j'ai décidé de ne plus regarder vers le passé, mais vers l'avenir. Et j'ai laissé cette bonne humeur et ce moral en héritage à mes enfants et petits-enfants. Mon fils est d'ailleurs un caricaturiste israélien reconnu internationalement.

Je garde cet humour bien que j'aie perdu mes parents et mes sœurs dans les camps puis plusieurs années plus tard, malheureusement, un fils, une fille, trois beaux-frères, ma femme et malgré aussi le fait que d'autres membres de ma famille connaissent ou ont connu des problèmes de santé.

Quand vous vous adressez aux jeunes, vous faites plus que témoigner de votre passé, vous leur donnez un message optimiste. Je donne un message d'espoir et de mise en garde. Il n'y a qu'une seule chose dans la vie qui compte : le courage, le courage de se battre contre la haine. Aujourd'hui, nous voyons des événements tragiques à la télévision. Et le monde se tait, ne réagit pas. J'invite les jeunes à se révolter contre les injustices, car un peuple qui oublie les leçons du passé est condamné à le revivre.

Vous pouvez retrouver ce texte sur : `http://mediatheque.territoires-memoire.be`

Drôles de croque-morts

Pascale Trompette et Sandrine Caroly, dans un article de la revue *Terrain*, intitulé « En aparté avec les morts » (`http://terrain.revues.org/1836`) expliquent que l'ambiance dans les entreprises de pompes funèbres n'est pas du tout sinistre, bien au contraire ! Comme si, pour le personnel de ces sociétés, maintenir un niveau d'humour et de joyeuse dérision était un merveilleux antidote au côté mortifère de l'emploi. Mais qu'on ne se méprenne pas ! Pascale Trompette et Sandrine Caroly précisent que les plaisanteries du personnel des pompes funèbres n'attentent jamais à la dignité des personnes, elles portent sur les petits incidents, les à-côtés que personne ne remarque. Elles ne touchent pas à la gravité de la cérémonie, mais à la légèreté de situations que les familles endeuillées, toutes à leur chagrin, ne peuvent percevoir. Voilà ce qu'ils racontent :

Rire nerveux, plaisanteries, détente compensatoire. L'humour rétablit le cours ordinaire de la vie sur l'atmosphère événementielle. Entre chaque moment de représentation d'un convoi, dans le corbillard, sur le parvis de l'église, après le départ de la famille au cimetière, l'équipe de porteurs oublie quelques instants la mise en scène cérémonielle pour redevenir un petit groupe de jeunes gens insouciants. Humour et dérision font partie des règles du jeu…

L'aspect positif des bilans

Avec un brin d'humour, Bob Hunter, membre fondateur de Greenpeace, dit : *La mort est le plaisir ultime. C'est pourquoi on la garde pour la fin.* En prenant conscience de son caractère éphémère, notre vie devient précieuse, le désir d'en prendre soin s'impose et les bilans fréquents qui permettent de revisiter nos priorités deviennent une aide appréciable.

La pratique délibérée du rire nous invite à rester ancrés dans le présent et à savourer l'existence telle qu'elle est. Elle invite à choisir ce qui est là plutôt que ce qui a été ou ce qui pourrait advenir. Le rire et l'humour permettent aussi de relativiser : recevoir une facture peut nous gâcher l'heure qui suit ou être considérée pour ce qu'elle est, il est même possible d'en rire (c'est toujours cela de pris et il faudra payer de toute façon !). En réajustant ses priorités et en mettant son vécu en perspective, un malade pourra dire : *Le sida guérit la névrose*, tant il peut porter un nouveau regard sur sa vie. La conscience de notre mortalité nous invite à reconnaître les acquis, les plaisirs et les joies et à nous « désidentifier » d'avec les choses sans importance. Enfin, le détachement et la transcendance permettent une distinction entre l'accessoire et l'essentiel. Le « présent » en anglais veut dire le cadeau, apprenons à être là, tant que nous y sommes.

Limites réelles

Personne ne peut tout faire et le faire parfaitement. Il convient de nuancer notre pouvoir individuel. Chaque choix implique des renoncements et nécessite de limiter certains de nos objectifs. Parfois, quand nous ne sommes pas en mesure de mettre en place l'aboutissement de nos ambitions, le désir de perfection peut être un moteur. Dans ce cas, il est utile et mobilisateur. Mais, souvent, nous dénions nos limites réelles ou imaginaires et cela entraîne de la mégalomanie, des préjugés, une image de soi supérieure aux autres et méprisante. Parfois, une trop grande identification à un modèle héroïque (qui peut être parental) empêche d'agir : *Je ne peux pas être la femme de Georges Clooney, alors je reste célibataire* ou bien *Je ne serai jamais aussi bon que papa dans les affaires, je laisse tomber le business.*

A contrario, vouloir attirer le regard d'un parent sur soi pousse à devenir le premier, coûte que coûte. Le docteur Étienne Jalenques a coutume de dire qu'à travers leurs œuvres, les grands peintres disent : *Papa, maman, regarde le beau dessin que je t'ai fait...* Ne parlons pas des pilotes de course automobile qui arrivent premiers ou des présidents de la république...

Quelle qu'en soit l'origine, consciente ou inconsciente, de trop grandes exigences vis-à-vis de soi, basées sur un profond sentiment d'incompétence, poussent certains à ne pas reconnaître les risques, à avoir des conduites dangereuses pour eux ou pour les autres. Il peut alors être nécessaire de faire un travail thérapeutique, car la satisfaction, la joie et la reconnaissance des petits pas accomplis ne sont pas au rendez-vous.

Le rire en groupe permet de dédramatiser, d'accepter de ne pas faire tous les gestes « bien comme il faut » et d'apprivoiser les rires complices de nos gaucheries. Être maladroit est humain et ne pas savoir faire peut être drôle.

Il ne faut pas confondre drôlerie (cela peut m'arriver aussi) et moquerie (quel imbécile celui-là!). Apprendre à ne pas être parfait(e) permet de tolérer les faiblesses des autres, voire de développer son empathie. Une vulnérabilité passagère nous rend accessible et touchant(e). Progressivement, l'apprentissage du rire de soi s'installe : on accepte d'être qui l'on est et de savourer ce qui est là. Mieux vaut, comme Hervé Bazin dans *Le Démon de minuit*, se réjouir à 70 ans passés de faire l'amour deux fois par semaine plutôt que de se morfondre parce que ce n'est plus, comme à 20 ans, deux fois par jour !

Les différents types de solitude

Selon Irvin Yalom, psychiatre et écrivain américain, auteur de *Le Bourreau de l'amour* qui fût sur la liste des best-sellers du *New York Times* en 1989, il convient de distinguer trois types de solitude : la solitude intrapersonnelle, la solitude interpersonnelle et la solitude existentielle.

La solitude intrapersonnelle

La solitude intrapersonnelle concerne le fait de se couper de certaines parties de soi – de son rire, de sa colère – ou de certaines parties de son corps. Des mécanismes de défense remplacent alors l'expérience. Carl Rogers, psychologue humaniste américain, met quant à lui l'accent sur la qualité de la relation entre le thérapeute et le patient, ce qu'il appelle une « approche centrée sur la personne » : écoute empathique, authenticité, non-jugement et non-directivité. Analysant le cas Ellen West du docteur Ludwig Binswanger dans la *Review of Existential Psychology and Psychiatry*, en 1961, il raconte : *Alors qu'enfant elle était totalement indépendante de l'opinion des autres, à présent elle dépend entièrement de ce que les autres pensent. Elle n'a plus les moyens de savoir ce qu'elle sent ou quelle est son opinion. C'est l'état le plus solitaire qui soit, une séparation presque complète d'avec son organisme autonome.*

Le sentiment de bien-être, voire de bonheur, est lié à la sensation d'être entier, global, et non plus éparpillé dans tous les sens (le corps est ici, la tête ailleurs). Lors de la réunification de toutes les parties de soi, un sentiment de force et de sécurité prend place, la volonté prend forme et les actes se posent dans une calme assurance.

Les plaisirs de l'orthographe

Un homme riche était au plus mal et décida donc d'écrire ses dernières volontés. Il rédigea le texte suivant :

« Je laisse mes biens à ma sœur non à mon neveu jamais sera payé le compte du tailleur rien aux pauvres. »

Mais il mourut avant d'avoir pu ponctuer son texte.

Son neveu décida donc de la ponctuation suivante :

« Je laisse mes biens à ma sœur ? Non ! À mon neveu. Jamais sera payé le compte du tailleur. Rien aux pauvres. »

Mais la sœur, elle, décida d'une tout autre ponctuation :

« Je laisse mes biens à ma sœur. Non à mon neveu. Jamais sera payé le compte du tailleur. Rien aux pauvres. »

Le tailleur n'était pas d'accord, et voilà ce qu'il proposa :

« Je laisse mes biens à ma sœur ? Non ! À mon neveu ? Jamais ! Sera payé le compte du tailleur. Rien aux pauvres. »

Alors, les pauvres du village prirent connaissance du billet. Leur version ne fut pas la même :

« Je laisse mes biens à ma sœur ? Non ! À mon neveu ? Jamais ! Sera payé le compte du tailleur ? Rien ! Aux pauvres. »

Une petite histoire célèbre, qui circule de mains en mains, pleine d'enseignements. Ainsi va la vie, entre le point d'exclamation de la naissance et le point d'interrogation de la mort. Et c'est à chacun d'entre nous de décider quelle ponctuation mettre entre ces deux points, ponctuation de gaieté ou de tristesse…

La solitude interpersonnelle

La solitude interpersonnelle se caractérise par le sentiment que la personne a d'être solitaire, isolée et seule. Le manque d'aisance sociale, l'éloignement géographique, des difficultés avec l'intimité, des perturbations de personnalité telles le narcissisme ou la schizoïdie ainsi que le déclin des institutions : famille, voisins, églises, renforcent ce type de détresse. L'humain a besoin d'appartenance et de se sentir relié à d'autres êtres avec qui il partage du temps, des hobbies, des services, de la présence. Il est important de trouver sa ou ses familles de cœur, de sentir qu'avec elles, l'échange est nourricier. Parfois, il peut être utile de changer ses relations : quand l'habitude a pris le dessus, on continue de voir des gens que l'on n'apprécie plus guère, mais on ressort vide ou attristé de ces échanges devenus toxiques. Trouvez les gens qui vous aiment et apprécient vos talents et laissez tomber les grincheux et ceux qui cassent vos élans vitaux. Pensez à cette anecdote : lors d'une soirée mondaine, l'écrivain Albert Camus, sollicité par une femme qu'il n'aimait pas, la salua brièvement d'un mouvement de tête froid et, sans un mot, tourna les talons. Lorsqu'on lui fit remarquer que son attitude n'était pas très courtoise, il répondit : *La vie est trop courte pour perdre son temps avec des gens qui n'en valent pas la peine !*

Ce qui fait mal, ce n'est pas l'amour, c'est d'être mal, peu, ou pas aimé. Commencez par vous aimer vous-même, vous détournerez de vous les prédateurs car vous saurez placer vos limites et vous respecter.

La solitude existentielle

La solitude existentielle a trait à un fossé qui ne peut être comblé entre soi et tout autre être. Mourir, même entouré chaleureusement, est l'expérience la plus solitaire qui soit. La liberté – liberté chérie ! – renvoie au fait d'être son propre parent : si l'idée est romantique et séduisante à souhait, sa réalité n'est pas forcément facile à vivre tous les jours. Quand l'angoisse de l'isolement devient insupportable, des comportements de déni et d'évitement peuvent se mettre en place de façon compulsive. La confrontation avec cette réalité existentielle a une conséquence : consentir à être un individu spécifique, seul vrai responsable de son existence propre. Cette prise de conscience est alors vécue comme la rencontre de deux êtres distincts partageant le même univers. La pratique de la pleine conscience ou toute autre technique permettant d'apprivoiser une saine solitude offre de la clarté, de la paix et de la lucidité à notre condition humaine.

L'intime de soi et le partage

L'intime de soi, c'est sourire à la vie dans les moments les plus simples de l'existence. Nos journées sont parsemées de petits faits crispants, insupportables, insignifiants, drôles ou émouvants, selon l'angle que nous choisissons. Cela relève de notre libre arbitre. Noémie râle car elle avait prévu lors de son jour de repos de tondre la pelouse, mais il pleut : elle peste, rien ne va jamais comme elle veut ! Martine lui rappelle que la semaine passée, elle se lamentait de ne pouvoir lire assez ; elle avait donc une belle occasion de s'installer sous la couette avec un bon bouquin. Mais non, Noémie rouspète systématiquement et trouve que c'est toujours de la faute de quelqu'un ou de quelque chose si elle est malheureuse, surchargée de travail ou pas suffisamment considérée. Cette manière d'être lui colle à la peau depuis tant d'années qu'elle a pour seul avantage de lui être familière. Lâcher cette façon d'être serait prendre le risque de recevoir ce que la vie a de bon à lui offrir et oser des moments de joie.

Elle doit hélas penser qu'elle ne le mérite pas ! Chacun a droit à sa joie de vivre, il n'y a pour cela aucun examen à passer, c'est un cadeau que l'on reçoit en même temps que la vie, comme le souffle qui nous porte. Faites le métier qui vous permet de recevoir de l'amour, celui dans lequel les heures passeront dans un flux bienheureux et qui vous permettra d'offrir vos talents et vos compétences au plus grand nombre. Ou même à une seule personne, ce qui est déjà beaucoup. Le rire donne l'audace de vivre, il fait passer de la survie frileuse au rayonnement solaire qui attend depuis toujours au fond de vos entrailles. Partager rend plus fort, plus beau, plus créatif. Vous avez déjà fait l'expérience de parler d'un projet qui vous tient à cœur à plusieurs. Souvenez-vous de la virtuosité des idées et comment l'imaginaire des uns rebondissait sur celui des autres. Le partage conduit au rire qu'on a perdu, le rire relationnel, celui qui nourrit mille fois plus qu'un bon spectacle ou un bon bêtisier. Car, en riant, vous devenez acteur, vivant, vous ne vous contentez plus derrière la vitre d'observer le spectacle de la vie, vous n'êtes plus un simple consommateur ou un critique (si vous êtes Français !) : vous êtes, tout simplement...

Lorsqu'un problème vous tourmente, matérialisez-le par un objet que vous poserez sur une chaise : un coussin, un rouleau de papier toilette, une fourchette, un chapeau… Regardez-le bien en face et commencez à glousser, puis à rire doucement et de plus en plus largement. Vous pouvez aussi tourner autour comme un Indien en faisant « houhouhou » avec votre main sur la bouche. Prenez du recul et reprenez le pouvoir !

Dieu me viendra en aide !

Soufflons avec cette blague qu'on nous a racontée, et rions un peu… avec Dieu !

Un prêtre qui se promène dans la nature est pris dans des sables mouvants. Alors qu'il s'enfonce jusqu'aux chevilles, un camion de pompiers arrive.

« Vous avez besoin d'aide ?

– Non, répond le prêtre. Je crois en Dieu. Il me viendra en aide ! »

Alors que le curé s'enfonce jusqu'à la ceinture, le camion de pompiers repasse et la même question lui est posée :

« Vous n'avez pas besoin d'aide ?

– Non, répond le prêtre. Je crois en Dieu. Il me viendra en aide ! »

Lorsque le curé n'a plus que la tête hors du sable, les pompiers passent à proximité pour la troisième fois.

« Vous êtes certain que n'avez pas besoin d'aide ?

– Non, répond le prêtre. Je crois en Dieu. Il me viendra en aide ! »

Et il disparaît dans les sables mouvants. Lorsqu'il arrive au paradis, il dit à Dieu :

« J'ai eu la Foi, j'ai cru en Toi et tu n'as rien fait ! »

Et Dieu de lui répondre :

« Comment ça, je n'ai rien fait ? Je t'ai envoyé trois fois les pompiers ! »

Chapitre 8

Le plaisir des sens, c'est rigolo

Dans ce chapitre :

- Vous comprendrez en quoi les cinq sens jouent un rôle déterminant dans le déclenchement du rire
- Vous découvrirez une mauvaise association : la peur et la volupté
- Réjouissez-vous de tout ce qui vous rend heureux !
- Ne vous privez pas du désir amoureux et de l'amour : c'est gratuit et en telle abondance qu'il n'y a aucun risque de rupture de stock

Se réjouir, « jouir à nouveau » : la similitude des sons, la musicalité identique des mots rappellent qu'en français, joie et jouissance sont liées, qu'étymologiquement, *jouir* signifie à la fois « profiter de ce que l'on a et en goûter les plaisirs (jouir d'une fête) », « tirer les avantages de quelque chose (jouir de sa popularité) », et « éprouver un orgasme »… Le rire serait donc associé à la satisfaction voluptueuse des sens ?

Ne pas condamner le plaisir

Et ce n'est certes qu'une sauvage et triste superstition qui interdit de prendre du plaisir. Car, en quoi convient-il mieux d'apaiser la faim et la soif que de chasser la mélancolie ? Tels sont mon argument et ma conviction. Aucune divinité, ni personne d'autre que l'envieux ne prend plaisir à mon impuissance et à ma peine et ne nous tient pour vertu les larmes, les sanglots, la crainte, etc., qui sont signes d'une âme impuissante. Au contraire, plus nous sommes affectés d'une plus grande joie, plus nous passons à une perfection plus grande, c'est-à-dire qu'il est d'autant plus nécessaire que nous participions de la nature divine. C'est pourquoi, user des choses et y prendre plaisir autant qu'il se peut (non certes jusqu'au dégoût, car ce n'est plus y prendre plaisir) est d'un homme sage. C'est d'un homme sage, dis-je, de se réconforter et de réparer ses forces grâce à une nourriture et des boissons agréables prises avec modération, et aussi grâce aux parfums, au charme des plantes verdoyantes, de la parure de la musique, des jeux de gymnase, des spectacles, etc., dont chacun peut user sans faire tort à autrui. Le corps humain, en effet, est composé d'un très grand nombre de parties de nature différente, qui ont continuellement besoin d'une alimentation nouvelle et variée, afin que le corps dans sa totalité soit également apte à tout ce qui peut suivre de sa nature [...]. *C'est pourquoi cette ordonnance de la vie est parfaitement d'accord et avec nos principes et avec la pratique commune.* (Spinoza, *Éthique*)

L'être vivant est un être de besoins. Le plaisir est le nom générique de la satisfaction d'un besoin physique, affectif ou intellectuel ou encore de l'exercice harmonieux d'une fonction vitale. À l'autre extrémité du continuum de satisfaction, on trouve le déplaisir (malaise, mécontentement, désagrément).

Nous éprouvons du plaisir lorsqu'un besoin (il peut s'agir même d'un caprice) est comblé, lorsque nous agissons dans le sens d'une inclination qui nous est propre. Le plaisir est plus ou moins grand ou intense, selon l'importance du besoin et le degré de sa satisfaction. (Ah, le plaisir d'enfin pouvoir faire pipi après une longue attente ! Ou d'enlever ses chaussures après une journée de travail ou une soirée à danser !)

Le rire en bouche

Manger, bien manger, à son rythme et sa convenance, seul(e) ou à plusieurs autour d'une table, est source de plaisir et/ou de convivialité, de complicité et de rires partagés. Partout sur terre, de tout temps, les hommes n'ont cessé d'affuter leur imagination pour ciseler et raffiner leur savoir-faire gastronomique. Car si manger est une nécessité, bien manger rend immensément heureux. Et bien manger ne signifie évidemment pas trop manger !

Rire, on s'en doutait déjà, n'a pas d'incidence directe sur le poids. En revanche, indirectement, il peut soit générer une sensation de satiété, soit nous ouvrir l'appétit, comme après une bonne marche en montagne.

Le 7e lard...

Manger seul est un plaisir absolu car il autorise la concentration totale sur la saveur, la texture, l'onctuosité, la force ou la douceur de chaque bouchée.

Le plaisir, chant de liberté

Savourons ensemble cet extrait du livre incontournable du poète libanais Gibran Khalil Gibran, un magnifique plaidoyer pour le plaisir comme un hymne à la liberté.

« Le plaisir est un chant de liberté, mais il n'est pas la liberté. Il est le bourgeon de vos désirs, mais il n'en est pas le fruit. Il est l'appel dans la vallée vers le sommet, mais il n'est ni géhenne ni éden. Il est celui qui brise sa cage et prend son envol, mais il n'est pas le dôme du ciel. En vérité, le plaisir est un chant de liberté. Ô combien je désirerais vous voir le chanter de plein cœur ! Mais je ne souhaiterais point que vous y perdiez votre cœur. Parmi vos jeunes, certains recherchent le plaisir comme s'il était tout dans la vie. Et ils sont jugés et corrigés. Plutôt que de leur faire grief et honte, je les laisserais poursuivre leur quête. Car ils trouveront le plaisir, mais sauront qu'il n'est point seul. Sept sont ses sœurs, et la moindre d'entre elles est plus belle que le plaisir.

Tentez de trouver les sept sœurs de la belle Plaisir, que le poète ne cite pas.

N'avez-vous pas entendu parler de cet homme qui, creusant la terre à la recherche de racines, découvrit un trésor ? Parmi vos anciens, certains se remémorent leurs plaisirs avec regret, comme si c'étaient des erreurs commises en état d'ivresse. Mais le regret ne punit pas l'esprit, il l'assombrit. Ils devraient s'en souvenir avec gratitude, comme ils le feraient pour une moisson d'été. Et s'ils sont apaisés dans leurs remords, laissez-leur ce réconfort.

Et il en est parmi vous qui ne sont ni jeunes pour la recherché, ni vieux pour la souvenance. Ne voulant ni quérir ni se souvenir, ils fuient tout plaisir, par crainte de négliger l'esprit et de l'offenser. Et comme ils se plaisent à s'abstenir, n'est-ce pas là leur propre plaisir ?

Ainsi trouveront-ils, eux aussi, un trésor alors qu'ils déterrent les racines avec leurs mains frémissantes. Mais dites-moi, qui peut offenser l'esprit ? Le rossignol viole-t-il la sérénité de la nuit ? La luciole défie-t-elle les étoiles ? Et votre flamme ou votre fumée étouffent-elles le vent ? Pensez-vous que l'esprit est un calme étang que vous pouvez troubler avec un bâton ? Souvent, en vous privant du plaisir, vous ne faites qu'engranger le désir dans les recoins de votre être. Qui sait si ce qui semble être omis aujourd'hui n'est pas en attente du lendemain ?

Votre corps connaît bien le legs de son passé et la légitimité de ses droits et jamais n'acceptera d'être frustré. Votre corps est la harpe de votre âme, il vous appartient d'en tirer des notes dissonantes ou une douce mélodie. Et maintenant que vous vous demandez en votre cœur : « Comment distinguer dans le plaisir ce qui est bon de ce qui ne l'est point ? » Allez donc apprendre dans vos champs et vos jardins ce qu'est le plaisir de l'abeille qui butine le miel de la fleur, mais aussi le plaisir de la fleur qui offre son nectar à l'abeille. Car pour l'abeille, une fleur est source de vie, comme pour la fleur une abeille est messagère d'amour. Et pour les deux, abeille et fleur, donner et recevoir du plaisir sont un besoin et une extase. Peuple d'Orphalèse, soyez dans la ronde de vos plaisirs fleurs et abeilles ».

Gibran Khalil Gibran, *Le Prophète*, Pocket, Paris, 2012

Manger à plusieurs permet de rire à l'apéritif ou entre la poire et le fromage… Le septième art ne s'y est pas trompé : toutes périodes et tous pays confondus, il regorge de films mettant en scène le plaisir de manger, les citer tous est impossible ! Il serait d'ailleurs peut-être plus judicieux de se demander s'il existe un seul film sans scène de repas (citez cinq grands classiques sans trop réfléchir et vous verrez…) ? L'un des plus célèbres est *Le Festin de Babette*, de Gabriel Axel, inspiré par une nouvelle de l'écrivaine danoise Karen Blixen. Elle raconte l'histoire de Babette, chef cuisinière renommée dans un grand restaurant parisien, qui fuit la répression de la Commune de Paris et va se réfugier dans un sévère petit village danois où elle entre au service de deux vieilles filles. Elle achète régulièrement des billets de loterie et gagne le gros lot qu'elle décide de dépenser en organisant un festin pour douze personnes. Au fur et à mesure que le repas avance, le visage austère des convives – qui n'ont jamais mangé ni caille ni foie gras – se colorie, les langues se délient, la vraie nature de chacun éclate au grand jour. La délicieuse Stéphane Audran (Babette) a concocté à ses invités : une soupe de tortue géante, des blinis au caviar et à la crème, des cailles en sarcophage au foie gras et sauce aux truffes, une salade d'endives aux noix, des fromages, un baba au rhum et une salade de fruits glacés, des fruits frais, le tout arrosé de vins fins et de champagnes, comme il se doit. On en mangerait, non (sauf la tortue, peut-être…) ?

Plus près de nous, en 2011, dans *Les émotifs anonymes*, de Jean-Pierre Améris, Isabelle Carré et Benoît Poelvoorde compensent leur timidité maladive par leur sens de la créativité en fabriquant de délicieux chocolats.

Alexandre le bienheureux, d'Yves Robert, avec Philippe Noiret, fatigué de perdre sa vie à la gagner, et à répondre aux exigences d'une femme tyrannique, décide, à la mort de cette dernière, de prendre le temps de savourer chaque instant. Il s'installe dans son lit et fabrique un ingénieux système de poulie qui lui permet de descendre et de remonter à volonté les provisions suspendues au-dessus de lui.

Quelques précautions toutefois dans ce grand festin de la vie : pour rester léger, ne mangez que lorsque vous avez faim et dégustez chaque bouchée en conscience. Dès que vous ressentez la satiété, arrêtez-vous, même s'il faut pour cela laisser de la nourriture dans votre assiette. Buvez de grands verres d'eau chaude une ou plusieurs fois par jour, surtout le matin à jeun pour hydrater vos cellules. Corinne Cosseron, dans son livre *Maigrir en riant*, nous précise qu'il s'agit bien d'eau et non pas de thé ou de tisane, qui relanceraient le cycle de la digestion…

« Mon mari ne me fait jamais de reproches sur ma cuisine.

– Vous êtes un parfait cordon-bleu ?

– Non, ceinture noire de judo. »

En 2003, une étude a été publiée dans la très sérieuse revue *Diabetes Care* sous le titre « Laughter Lowered the Increase in Postprandial Blood Glucose » (Le rire réduit l'augmentation de la glycémie postprandiale) : une équipe japonaise, conduite par le professeur Takashi Hayashi de l'université d'Osaka a étudié les effets du rire sur la digestion.

Elle a mis en évidence le fait que l'excursion glycémique après un repas standardisé est réduite de manière significative si le sujet a préalablement assisté à un spectacle comique par comparaison à un groupe témoin qui, lui, aura précédé son repas d'une monotone lecture de quarante minutes. Les effets seraient accrus si l'on mange en riant plutôt qu'après avoir ri. En effet, le rire pourrait agir en stimulant la contraction musculaire et/ou en jouant un rôle dans la sécrétion de l'insuline.

De plus, on sait que le taux de glycémie dépend à la fois de l'état nutritionnel et du stress. Or, le rôle du rire dans la diminution du stress est lui aussi établi. Le professeur Takashi, décidément insatiable, a remis le couvert avec une nouvelle étude parue en 2007 intitulée « Laughter Up-regulates the Genes Related to NK Cell Activity in Diabetes » (Le rire régule les gènes en relation à l'activité des cellules tueuses dans le diabète), démontrant à nouveau tout le bien que l'on peut penser des effets du rire sur le traitement de la maladie[2].

Les ingrédients joyeux

Pour mettre du rire dans son assiette, rien ne vaut un cocktail d'épices ou de condiments connus pour leurs vertus stimulantes. On sait du gingembre qu'il est aphrodisiaque, du chocolat qu'il regorge de magnésium. Dans une émission diffusée en août 2011, la professeure française Claire Mounier-Vehier explique à la journaliste Cindy Hubert que *pour un cœur en forme, rien ne vaut du chocolat, des fruits et légumes, pas de cigarette et trente minutes de sport par jour.*

D'après une étude réalisée par des chercheurs, les grands consommateurs de chocolat ont 37 % moins de risques d'avoir une maladie cardiaque que les autres. Car, chimiquement, le chocolat contient des phényléthylamines aux vertus analgésiques qui procurent une sensation de bien-être.

Voici donc quelques-uns de ces précieux alliés de la bonne humeur que peuvent contenir nos recettes :

- **L'œuf** : grâce à ses protéines qui assurent vigilance et énergie et à la vitamine D, grand optimiseur d'humeur.
- **Les épinards** : grâce à l'acide folique qui permet de maintenir le niveau nécessaire de sérotonine dans le cerveau, véritable antidote à la dépression.

2 (Informations fournies par Frédéric Cosseron, extrait des Rencontres zygomatiques, rassemblement international des rieurs 2011.)

- **Le saumon** : grâce aux omégas 3 – acides gras essentiels – et au sélénium, qui permettent de lutter contre l'anxiété et l'irritabilité. Harengs, sardines, thons, crevettes, etc. contiennent aussi des omégas 3.
- **La dinde et le poulet** : grâce aux tryptophanes qui possèdent des propriétés réconfortantes, relaxantes et calmantes (le homard contient beaucoup plus de tryptophanes que la dinde. Mais son coût très élevé peut être un facteur… de stress immédiat ! Mieux vaut se tourner vers le fromage blanc, l'ananas, le tofu, etc., nettement plus accessibles financièrement).
- **Les lentilles** : grâce aux glucides et au fer qui combat l'anémie.
- **Les amandes et les noix, les brocolis et les choux, les coquilles Saint-Jacques** : grâce à la vitamine B6, qui joue un rôle important dans le maintien de l'équilibre psychique.
- **Les agrumes et les kiwis** : grâce à la vitamine C qui redonne un coup de fouet en cas de grande fatigue et aide à retrouver la vitalité.
- **La banane, les avocats, les haricots noirs, le maïs, les pommes de terre et les haricots blancs** : grâce au potassium qui diminue la pression artérielle.

Dans un autre tout registre, qui n'a rien de moléculaire, le durian peut vraiment être source de rigolades. Ce fruit originaire d'Asie du Sud-Est, de la taille d'un ananas, à la chair douce et crémeuse et au goût délicieux, a une odeur épouvantable, à mi-chemin entre celle des égouts et celle des œufs pourris. Rires et succès garantis si vous vous chargez d'apporter le dessert au prochain réveillon de Noël…

SOURIONS

C'est l'histoire de deux patates qui traversent la rue. L'une d'elles prend plaisir à regarder le paysage et à compter les poteaux qu'elle parvient à voir. Bien que sa compagne, plus soucieuse de la sécurité, l'incite à être prudente, la première continue de flâner. Tout à coup, une voiture arrive à toute allure. Lorsqu'elle est passée, la deuxième patate regarde ce qui reste de sa copine et s'exclame : « Purée ! »

AUDACE

Faites de jolis papiers sur lesquels vous écrivez « merci », puis glissez-les discrètement dans le caddie de quelques ménagères…

Ils ont dit…

LE SAVIEZ-VOUS ?

- *Le tiers de ce que nous mangeons suffirait à nous faire vivre ; les deux autres tiers servent à faire vivre les médecins.* (Docteur Paul)
- *Quand on a trop mangé, l'estomac le regrette, et quand on n'a pas assez mangé, l'estomac le regrette aussi.* (Pierre Dac)
- *Un livre de cuisine, ce n'est pas un livre de dépenses, mais un livre de recettes.* (Sacha Guitry)

SOURIONS

Un livre dans le vent...

Les joyeuses éditions de l'Épure, spécialistes d'art culinaire, ont osé éditer, avec Patrice Caumon, *Les Plats qui font péter.* Une version collector de 29 exemplaires de l'ouvrage – aujourd'hui indisponible ! – est présentée sur un coussin péteur habillé de velours grenat...

La maison d'édition a également osé *Testicules, Fêtes des paires*, de Blandine Vié. Le livre se présente comme *un recueil de gourmandises en tous genres où piocher aussi bien des nourritures pour la bouche que des nourritures pour l'esprit.* Blandine Vié a obtenu pour cet opus croustillant le prix du jury de la Confrérie des ambassadeurs de Rungis.

À vos fourneaux !

- *De tous les arts, l'art culinaire est celui qui nourrit le mieux son homme.* (Pierre Dac)
- *Si vous voulez bien manger en Angleterre, prenez trois breakfasts.* (Somerset Maugham)
- *L'épouse parfaite est celle qui connaît tous les petits plats qu'adore son mari, et tous les restaurants où on peut les déguster.* (Jean Delacour)
- *La découverte d'un mets nouveau fait plus pour le bonheur du genre humain que la découverte d'une étoile.* (Anthelme Brillat-Savarin)
- *Dîner chez eux présentait toujours les deux faces de l'art dramatique : le vin était une farce et la nourriture une tragédie.* (Anthony Powell)
- *Qu'un potage soit immangeable, cela ne tient parfois qu'à un cheveu.* (Jules Romains)
- *L'appétit vient en mangeant, la soif s'en va en buvant.* (Rabelais)
- *Le meilleur auxiliaire d'un diplomate, c'est bien son cuisinier.* (Talleyrand)
- *Heureux chocolat, qui après avoir couru le monde, à travers le sourire des femmes, trouve la mort dans un baiser savoureux et fondant de leur bouche.* (Anthelme Brillat-Savarin)

Les chatouilles

Les chatouilles sont dues à une réponse sensorielle envoyée au cerveau et provoquée par un contact avec la peau. Rire quand on est chatouillé est toujours une réaction, un réflexe, jamais un acte social. Un jeu pratiqué lors d'une séance de yoga du rire consiste à faire semblant de chatouiller l'un des participants allongé au sol. Le simple fait de voir s'approcher de lui l'assemblée des rieurs et des rieuses, et de voir tous ces doigts prêts à entrer en action à quelques centimètres de son corps provoque de manière irrésistible son envie de rire car le cerveau lui a envoyé l'information en anticipant l'acte ! Fait étonnant, mais rédhibitoire, on ne peut pas se chatouiller soi-même car le ressenti est très différent de celui provoqué par une tierce personne. De nombreuses explications ont été avancées pour expliquer ce phénomène : on retiendra que le cerveau est en fait capable de filtrer les messages sensoriels provoqués par nos propres actions, afin de rester réceptif aux messages qui viennent de l'extérieur.

Plein la vue

Nous avons tous ri en assistant à un de ces petits incidents de la vie de tous les jours : en voyant quelqu'un glisser sur une plaque de verglas, en regardant l'une des nombreuses vidéos de chute spectaculaires diffusées à la TV ou sur Internet ou en allant à un spectacle de clowns. Dans l'Antiquité déjà, les dieux grecs riaient de la chute d'Héphaïstos... Ah ! le rire provoqué par des scènes comiques... Comment ne pas penser à Charlot, le personnage fétiche des films (d'abord muets) de Charlie Chaplin, vagabond au coeur tendre, clochard aux manières raffinées qui défie les représentants de la loi et les nantis à l'aide de sa célèbre canne de bambou et ses chaussures trop grandes.

LE SAVIEZ-VOUS ?

Le génial auteur, réalisateur, acteur, scénariste, producteur, qui continue de faire rire des générations de spectateurs de par le monde est né dans un quartier très pauvre de Londres en 1889 : Charles Spencer Chaplin, fils de Charles Chaplin et de Hannah Hill, a deux demi-frères et 3 ans lorsque son père abandonne la famille. Puis sa mère est internée en hôpital psychiatrique, et Charlie et ses frères sont placés dans un orphelinat. Plus tard, Charlie vécut avec son père (qui mourut à 37 ans d'une cirrhose du foie) et sa belle-mère alcoolique, dans un environnement insoutenable : les souvenirs de cette époque lui inspireront *The Kid*. Il a 5 ans lors de sa première appartion sur scène et 9 lorsqu'il entame une carrière d'enfant de la balle dans la troupe des *Eight Lancashire Lads*...

De Coluche...

SOURIONS

- *Certains ont l'air honnêtes, mais quand ils te serrent la main, tu as intérêt à recompter tes doigts.*
- *À la télé, ils disent tous les jours : « Y a trois millions de personnes qui veulent du travail ». C'est pas vrai : de l'argent leur suffirait.*

- *La victoire est brillante, l'échec est mat !*
- *La mort... Si on est touché soi-même, on a intérêt à en rire ; et si on n'est pas touché, on n'a pas de raison de ne pas en rire.*
- *Plus on est de fous, moins il y a de riz.*
- *Tant qu'on fait rire, c'est des plaisanteries. Dès que c'est pas drôle, c'est des insultes.*
- *De tous ceux qui n'ont rien à dire, les plus agréables sont ceux qui se taisent.*
- *Mesdames, un conseil. Si vous cherchez un homme beau, riche et intelligent... prenez-en trois !*
- *Il faut se méfier des comiques parce que, des fois, ils disent des choses pour plaisanter.*

Le rire d'Achille Millien, poète nivernais (1838-1927)

Le rire clair et sain ne hante plus nos lèvres.
Le rire large et haut, joyeusement vibrant,
Ne sait plus, comme aux jours de l'aïeul calme et franc,
S'envoler de nos coeurs brûlés de folles fièvres.

Le rire où se mêlait liesse et réconfort,
Le rire cordial pour la lutte prochaine,
Qui, détendant l'esprit oublieux de la peine,
Le rendait plus égal, plus tranquille et plus fort,

Lumineux, éclatant, plus vif qu'une fusée,
Sonore, épanoui, plus gai qu'un chant d'oiseau,
Plus frais que le premier bouton de l'arbrisseau ;
C'était comme la fleur de l'âme reposée.

Notre sombre gaîté sonne faux. Aujourd'hui
Que nous errons sans but, privés d'espoirs suprêmes,
Inquiets, défiants de tous et de nous-mêmes,
Le rire, sous un vent d'âpre amertume, a fui ;

Et d'un ennui nouveau traînant le poids immense,
Nos fronts portent le sceau d'une morosité
Où – Dieu garde nos fils de cette hérédité ! –
Plus d'un voit en tremblant des germes de démence.

Achille Millien, *Le rire*, in Gérard Walch, *Anthologie des poètes français contemporains*, Tome I, Ch. Delagrave éditeur, Paris, 1906

J'ois

La blague de Raymond Devos vaut tous les discours sur le rapport étroit entre rire et ouïe. Le verbe ouïr prête à rire, on peut imaginer que le verbe oindre également. La blague de Devos passe par l'écoute, alors n'hésitez pas à la lire à haute voix. Souvenez-vous :

Il y a des verbes qui se conjuguent très irrégulièrement. Par exemple, le verbe ouïr. Le verbe ouïr, au présent, ça fait : J'ois... j'ois... Si, au lieu de dire : « J'entends », je dis « J'ois », les gens vont penser que ce que j'entends est joyeux, alors que ce que j'entends peut être particulièrement triste. Il faudrait préciser :

« Dieu, que ce que j'ois est triste ! » J'ois... Tu ois... Tu ois mon chien qui aboie le soir au fond des bois ? Il oit... Oyons-nous ? Vous oyez... Ils oient. C'est bête ! L'oie oit. Elle oit, l'oie ! Ce que nous oyons, l'oie l'oit-elle ? »

(Raymond Devos, *Matière à rire*, Plon, Paris, 2006)

On peut le sentir

Être humain, c'est être une maison d'hôtes.
Tous les matins arrive un nouvel invité.
Une joie, une dépression, une méchanceté,
une prise de conscience momentanée vient
comme un visiteur inattendu.
Accueillez-les tous et prenez-en soin !
Même s'ils sont une foule de chagrins,
qui balaient violemment votre maison
et la vident de tous ses meubles,
traitez chaque invité honorablement.
Peut-être vient-il faire de la place en vous
pour de nouveaux délices.
La pensée sombre, la honte, la malice,
rencontrez-les à la porte en riant,
et invitez-les à entrer.
Soyez reconnaissants pour tous ceux qui viennent,
parce que chacun a été envoyé
comme un guide de l'au-delà.

(Djalal al-din Rumi, *La Maison d'hôtes*)

L'odorat (ou olfaction) est la perception des odeurs et leur interprétation par le cerveau. L'épithélium olfactif, la couche cellulaire responsable de la détection des odeurs, couvre une surface de 5 à 10 cm^2 de nos fosses nasales et regroupe de 10 à 100 millions de récepteurs.

Même si notre odorat n'est pas aussi développé que celui de certains animaux, un adulte humain est tout de même capable de distinguer plus de 10000 odeurs. Cette sensibilité nous permet notamment de nous défendre contre des dangers éventuels (feu, fuite de gaz). Étroitement lié au goût, l'odorat nous sert aussi à mieux apprécier les saveurs des aliments que nous ingérons. Les papilles gustatives perçoivent les sensations de sucré, de salé, d'amer et d'acide, tandis que l'odorat détermine la nature de la substance. Par exemple, c'est la langue qui détecte le sucré, mais c'est le nez qui permet d'identifier le chocolat ou le caramel !

Deux scientifiques ont reçu le prix Nobel de médecine pour leurs travaux sur l'olfaction. Richard Axel et Linda Buck ont étudié les gènes impliqués dans la perception des odeurs. On sait désormais que les quelque mille récepteurs olfactifs sont encodés par autant de gènes. Ces gènes représentent à eux seuls 3 % de notre code génétique ! Ils sont aussi en cause lorsque l'odorat est hypo ou hyper développé.

Une odeur a une connotation beaucoup plus émotive que les sensations transmises par les autres sens. Cela signifie que si la senteur du musc me rappelle ma première relation amoureuse et que celle-ci m'a apporté du plaisir et de la joie, mon cerveau cherchera cette odeur parmi un mélange complexe. Il détectera ce parfum comme étant bon et satisfaisant. Il cherchera inconsciemment cette odeur (et beaucoup d'autres) dans un mélange. Et si j'ai piqué un fou rire *sous le jasmin la nuit* – comme dit le texte d'une des célèbres chansons du Tunisien Hédi Jouini – il est certain que l'odeur du jasmin, a posteriori, déclenchera chez moi un sourire, si ce n'est l'envie de rire.

Préparez un morceau de pomme et un morceau de radis de même taille. Bouchez-vous le nez et fermez les yeux. Mangez un des deux morceaux et essayez de deviner lequel des deux vous avez mangé. Maintenant, débouchez-vous le nez ! Vous pourrez enfin savoir lequel des deux morceaux, de la pomme ou du radis, vous avez mangé...

Voici quelques expressions nasales... Avoir la moutarde qui monte au nez, piquer du nez, avoir le nez creux, tirer les vers du nez, passer sous le nez, avoir le nez fourré partout, faire un pied de nez, avoir le nez fin...

Parfums

Les odeurs ont été regroupées en sept catégories : menthe poivrée, florale, éthérée, musquée, résineuse (camphres), fétide et aigre. Par ailleurs... :

- Les femmes ont l'odorat plus sensible que les hommes.
- L'odeur détermine le choix du partenaire.
- La perte de l'odorat se nomme l'anosmie.
- Paul Poiret lance la mode des parfums de couturier au début du XXe siècle en proposant à ses clientes « Les Parfums de Rosine, l'élégance jusqu'au bout du nez ».
- La voie de l'encens s'appelle le *kôdô*, c'est une cérémonie au cours de laquelle les participants respirent des bois parfumés que l'on brûle selon les règles traditionnelles. C'est un art qui demande une haute spiritualité et une grande culture. Certaines essences invitent à la prière, d'autres apportent la paix. Les Amérindiens font brûler de la sauge, du cèdre ou du genévrier pour purifier un lieu ou l'énergie d'une personne. Ils utilisent aussi le copal du Mexique, une résine qui développe un parfum mariant pin et citron.
- Confucius, en parlant d'un gouvernement idéal, affirme *qu'il doit exhaler une senteur d'encens*. Pour faire plaisir aux esprits en Chine, donc aux trente-six mille divinités du bouddhisme chinois, il est recommandé de brûler de l'encens à la maison, tous les jours et au temple, au moins une fois par mois.
- En chimie, le gaz hilarant porte le nom d'oxyde nitreux (ou protoxyde d'azote). Utilisé par les dentistes avant que ne soient introduits de meilleurs anesthésiques, il a effectivement la réputation de rendre les gens euphoriques, voire écroulés de rire... Au XIXe siècle, le protoxyde d'azote était même utilisé comme attraction sur les champs de foire ! Les gens n'hésitaient pas à mettre la main au porte-monnaie pour en inhaler quelques bouffées et se retrouver dans un état de totale hilarité. Il était si enivrant que le poète Robert Southey écrivait : *Je suis sûr que l'air au paradis doit être fait de cet extraordinaire gaz de plaisir.* Le protoxyde d'azote est utilisé dans le carburant pour les fusées : de quoi s'envoyer en l'air les doigts dans le nez !

Faire circuler le rire dans le couple

Tout l'univers obéit à l'amour; aimez, aimez, tout le reste n'est rien.
(Jean de la Fontaine)

Dans son cabinet de psychothérapie, Martine a reçu des dizaines de couples qui craignaient de ne plus s'aimer, tant la colère et les ressentiments s'étaient accumulés entre eux. C'est souvent la femme qui entraîne son époux pour tenter de retrouver le chemin de la communication. Ils ont développé l'un et l'autre des systèmes d'attaque et de défense, ils se jugent, s'autojugent, se sentent coupables et tiennent à avoir raison. Bref, ils vivent l'enfer, souffrent l'un comme l'autre, de façon visible ou retenue, dans leur spirale de détresse qui s'autoalimente. À ce stade, le tiers thérapeute va ouvrir avec eux d'autres possibles : apprendre à nommer les ressentis et vérifier que le partenaire a entendu ; parler l'un après l'autre pour réapprendre à dire et à écouter, accueillir les émotions – les siennes et celles du conjoint – laisser les larmes couler et les douleurs se poser, cesser de juger, réapprendre à partager, à sourire, à créer la complicité, à se prendre la main ou oser à nouveau une étreinte, réinstaller une spirale vertueuse où circulent à nouveau la confiance et l'amour. Se réapproprier la possibilité de se dire qu'aimer et se sentir aimer est le paradis. Dans un couple, il est plus important de faire circuler le rire, la tendresse et l'amour que de se battre pour avoir raison. L'orgueil empêche souvent de lâcher-prise sur des « problématiques » qui s'avèrent sans importance avec le recul du temps. En nourrissant l'amour, on le fait grandir.

Car la dignité consiste à choisir consciemment d'affamer l'ego pour investir dans le lien et privilégier la relation en en prenant soin, comme on soigne un enfant ou un jardin. Les couples sont à la fois forts et vulnérables, touchants dans leurs maladresses, magnifiques dans leurs échanges affectifs et leur soutien mutuels.

Une idée de blague, très connue, pour rire en couple : Un homme possède un sexe de 50 cm de long. Il est complexé car il trouve qu'il est trop grand. Il décide alors d'en parler à un ami. Celui-ci lui propose d'aller voir la célèbre grenouille magique de la forêt : dès qu'elle dit « non », quelque chose rétrécit. L'homme va donc à la rencontre de la grenouille.

« C'est vous, la grenouille magique ?

– Oui.

– Voulez-vous m'épouser ?

– Non ! »

Et hop ! Moins 10 cm. Mais 40 cm, c'est encore trop. L'homme insiste.

« Grenouille magique, voulez-vous m'épouser ?

– Non ! »

Et hop ! Moins 10 cm. Mais 30 cm, c'est toujours trop. Il se hasarde donc une dernière fois :

« Grenouille magique, voulez-vous m'épouser ?

– Non, répond le batracien. Et quand je dis non, c'est non ! »

Les 100 premières fois d'Oliver Calon

100 dates-clés pour 100 premières fois de la sexualité… Olivier Calon s'amuse, et nous partageons son plaisir à la lecture de son livre qui nous rappelle (ou nous apprend) que :

- Depuis le XIVe siècle, chaque 14 février célèbre l'amour et les amoureux. Cette fête a essaimé partout dans le monde (en Turquie, depuis 1993, les hôtels baissent ce jour-là leurs tarifs de moitié pour les couples).
- En 1520, le premier guide de sexualité arabe, pur manuel d'érotologie, *Le jardin parfumé pour la récréation de l'âme*, écrit par le cheikh Nefzaoui, passe de main en main. Il conseille les amants : *Si tu suis mes conseils, vous jouirez ensemble d'un rapport très agréable qui vous laissera un souvenir délicieux*, et les messieurs, grâce à *ce qui augmente les dimensions des petits membres et les rend superbes*.
- Tous les 15 mars, dans la ville de Komaki, les Japonais rendent hommage au phallus sous toutes ses formes. La légende raconte qu'un démon à corps de femme attirait les hommes dans sa couche, mais des dents acérées placées dans son vagin castraient les amants qui l'honoraient. Un jour donc le forgeron réalisa un énorme pénis de fer pour que le monstre s'y casse les dents. Ce qui arriva.
- En 1610, *Jin Ping Mei* (*Le prunier dans un vase d'or*) est le premier roman érotique chinois publié. Son auteur, Hsu Wei, y parle de la complémentarité de l'élément féminin (yin) et de l'élément masculin (yang) et de la manière dont l'étreinte apporte du féminin à l'homme et du masculin à la femme. Il est conseillé à l'homme de pratiquer l'acte sexuel sans émission de sperme, sa semence lors de la jouissance féminine remonte alors dans le cerveau de l'homme pour le plus grand bénéfice de son corps et de son âme. Doux euphémisme. Il utilise le terme de « tige de jade » pour pénis, de « bouton de jade » pour le clitoris et de « porte de jade » pour le vagin.
- À la fin du XIXe siècle, les médecins soignaient « l'hystérie » des femmes par des massages clitoridiens. Le docteur Georges Taylor créa le premier vibromasseur à vapeur en 1869. Des modèles électriques suivirent, mais la présence du médecin demeurait nécessaire pour les utiliser car leur mécanisme était complexe et encombrant. Au début du XXe siècle, leur simplification rendit le vibromasseur accessible à toutes les femmes. La publicité s'en empara… et la morale aussi ! Devenus objet de plaisir, ils devinrent également objets de faute. Il fallut donc patienter et attendre la fin du XXe siècle pour que les petits canards s'installent en toute sérénité sur le bord de nos baignoires.
- En 1906, le sociologue allemand Heinrich Pudor fonde la culture du nu avec le mouvement social Nacktkultur qui prône la nudité, ses bienfaits hygiénistes, médicaux, moraux, éducatifs et sexuels. Le naturisme connut une grande vogue au début du XXe siècle en Europe du Nord et de l'Est. En 1917, on vit défiler sur la Place rouge de Moscou des nudistes russes du Mouvement des amis de la nature et du soleil qui criaient : « À bas la honte ! »

Humour et amour

Les hommes ont besoin de faire l'amour pour se sentir bien, les femmes ont besoin de se sentir bien pour faire l'amour.

(Docteur Christophe Marx)

L'humour donne accès au plaisir. Plaisanter ou rire en faisant l'amour (en « vivant l'amour », comme le propose le psychosociologue Jacques Salomé) permet d'augmenter la réceptivité des partenaires et leur sensibilité. Certain(e)s d'entre nous accèdent plus facilement au désir par le jeu ou le contact ludique ; d'autres ont des portes d'entrées plus romantiques ou plus sensuelles (massage, ambiance évocatrice...) ; d'autres encore osent leur animalité.

La sexualité a souvent besoin d'être dédramatisée. C'est en fait un jeu. Prise comme telle, elle autorise une diversité d'approches amusantes. Fort malheureusement, elle est plutôt vécue comme un terrain d'enjeux où s'entremêlent règlements de comptes (conscients ou inconscients) et rapports de force, domination et retenue, difficulté d'abandon et de communication, tabous et manque de simplicité dans l'expression des sensations et des désirs, manque d'imagination, inertie et fatigue.

Or, l'amour, comme le sexe – à l'instar du champ de blé – sont des domaines qui ont besoin d'être régulièrement rafraîchis pour que la relation reste stable et le couple uni. La sexualité joyeuse colore le quotidien de joie et de tendresse. Et mieux vaut, on s'en doute, rire dans les draps plutôt que de prendre des pilules, l'angoisse tapie dans le bas-ventre à l'idée que « ça » ne marche pas... Si l'alchimie du désir n'excède pas trois ans, comme le pensent de nombreux scientifiques, celle de l'amour peut s'entretenir comme on entretient sa santé, sa bonne humeur et sa vitalité. Il ne s'agit pas uniquement de soi et du plaisir, mais aussi de la relation de couple et de l'ambiance familiale : les tensions récurrentes au sein du couple engendrent l'insatisfaction et la violence.

Un évêque, un peu joueur, dit à une bonne-sœur et à un curé :

« Et si nous faisions un concours de mots croisés, puisque nous avons tous le même journal ? »

Tout le monde s'y met. Au bout de cinq minutes, l'évêque s'écrie :

« Ça y est, j'ai fini ! »

La bonne-sœur, deux minutes plus tard :

« J'ai fini, moi aussi, mais ce n'était pas évident. »

Dix minutes plus tard, le curé se gratte toujours la tête. L'évêque vient à son secours :

« Mais, qu'est-ce qui vous embête, mon père ?

– Ben… le 3 horizontal. J'ai bien la deuxième lettre, le "O" ; la troisième, le "U" ; la quatrième, le "I" ; ensuite, "L", "L", "E » et "S"... Mais, je ne vois pas du tout, est-ce "nouilles" ? Ou "mouilles" ? Non ! Je ne vois pas… »

L'évêque, venant à son secours :

« Voyons, l'abbé, la définition : "Se vident quand le coup est tiré"… Mais, c'est évident ! Ce sont les douilles, bien sûr ! »

Alors, la sœur, d'une petite voix :

« Quelqu'un a une gomme ? »

Le temps des nuages roses

Pour la photojournaliste Sophie Bramly, la passion amoureuse provoque une dépendance similaire à la toxicomanie. Mais la chimie de l'amour opère encore après les premiers émois. Car l'ocytocine, hormone dégagée pendant l'orgasme et au cours de certaines émotions positives, appelée aussi hormone de la tendresse, travaille pour notre bien-être.

Comme les toxicomanes, les amants sont, aux débuts de leur passion, sous l'emprise de la dépendance et de l'obsession, écrit-elle sur `www.terrafemina.com`. *Tiraillés par le désir, ils n'ont de cesse que de voir l'être aimé. Retrouver son odeur, la texture de sa peau. Connaître encore au creux de ses bras le plus complet nirvana. Que l'on soit d'un tempérament excessif ou mesuré n'y change rien : sous l'effet de la dopamine et des endorphines, on a besoin de l'autre et on ne pense qu'à lui. Du « tu me manques » au « je suis en manque », il n'y aurait donc qu'un pas.*

Si l'on compare avec la prise d'un produit stupéfiant, on sait qu'à terme, l'effet diminue pour une même quantité : la production d'endorphines, avec le temps, s'émousse. La conséquence pour les couples est « qu'ils descendent de leur petit nuage rose » et passent de l'amour passion à l'amour tendresse. Quand les endorphines et la dopamine diminuent, l'effet amoureux diminue également. L'ocytocine, hormone dite de la tendresse, prend alors le relais.

L'ocytocine est libérée lors de baisers, caresses, câlins rieurs, manifestations de tendresse, contact physique bienveillant, massages, orgasmes… C'est donc, cela va de soi, l'hormone du bonheur par excellence, du bien-être et du lien amoureux. Contrairement à l'endorphine, l'ocytocine a des effets prolongés dans le temps.

Mettez de la musique et, en couple, face à face et assis, faites-vous des clins d'œil en suivant le rythme.

Le temps de l'amour mûr

Le rire est un état de non pensée. Penser ou rire, il faut choisir ! Et l'état de non pensée est aussi un état de méditation profonde. Pour rire, il est nécessaire de lâcher le contrôle et de s'abandonner au vivant en soi. Si l'amour est un jeu, l'orgasme est une dissolution de l'ego et le rire un état de vivance absolue. En réhabilitant le rire dans l'amour, en me familiarisant avec la non pensée, en développant le plaisir d'être simplement là, je remets du mouvement et de la spontanéité dans mon lit. Le maître mot de toute cette affaire est légèreté.

Voici un « cocktail » à intégrer au quotidien pour accéder à la légèreté et à l'insouciance. Ces deux états sont des préludes indispensables pour parvenir au temps de l'amour mûr, après celui des nuages roses, et pour accéder à une meilleure santé émotionnelle et sexuelle. Il tient en trois « O » : « Om », « Hoho hahaha » et « Oulala ».

- **« Om » consiste à pratiquer la méditation au moins vingt minutes par jour.** Il suffit de s'asseoir, si possible au sol et en tailleur, la colonne vertébrale bien droite – c'est la position du lotus – et de porter son attention sur l'inspiration qui démarre dans le bas du ventre et sur l'expiration qui peut être un peu plus longue. Quelques respirations complètes permettent de s'ancrer dans l'instant, dans le présent – et souvenez-vous que si des pensées surgissent, se concentrer à nouveau doucement sur le souffle permet de revenir à l'exercice en douceur. Vous êtes chez vous. Home, maison, « Om ». Savourez cet espace que vous vous offrez comme un refuge, un contact à la source de votre être, un rendez-vous incontournable avec la paix en vous-même. Cela vous prédisposera à vouloir cette paix à d'autres moments de votre journée et à mobiliser votre créativité pour l'obtenir avec d'autres.
- **« Hoho hahaha » est la joyeuse chansonnette que le docteur Madan Kataria a créée dans ses séances de yoga du rire.** Elle ponctue les propositions ludiques de l'animateur et stimule le diaphragme. On prononce « Hoho » et « hahaha » en prononçant très fortement le « H », non pas comme un « H » aspiré, mais comme un « H » « soufflé », comme si on mettait de la buée sur des lunettes, le tout en frappant des mains pour stimuler les méridiens. Un diaphragme alerte et une bonne oxygénation conduisent au rire. Lorsqu'on fréquente assidûment les clubs de rire, cette chansonnette est un ancrage de bonne humeur qu'il devient facile de réutiliser au quotidien pour se mettre en train, vaincre son trac ou dédramatiser un rendez-vous important.

- **« Oulala » est le mantra de la joie et du plaisir, que l'on peut répéter en boucle avant, pendant et après la relation sexuelle, un rendez-vous avec le plaisir corporel, relationnel et sexuel.** Le cycle de l'acte sexuel passe par plusieurs phases : la montée du désir grâce aux caresses et aux stimulations sensorielles, le plein contact avec le partenaire où participent le corps entier, le souffle et le cœur, puis la détente. Pour les partenaires, parvenir à l'orgasme est le point d'orgue de l'acte sexuel, même si les moyens pour y parvenir ne sont pas exactement identiques lorsqu'il s'agit d'un couple hétérosexuel : pour l'homme, c'est tout de même un peu plus simple, non ? (Cette petite discussion sur l'orgasme féminin et masculin appelle à une blague : Demandez à un homme la différence entre un piano et un clitoris. S'il ne sait pas, dites-lui de continuer à jouer du piano.) Le respect de chaque phase et de l'atteinte de l'orgasme engendre un cercle vertueux, l'envie de refaire l'amour et d'entretenir un relationnel positif avec le ou la partenaire. Les frustrations engendrent colères, peurs et fermeture. En réhabilitant une sexualité ludique et responsable, en prenant le temps du plaisir partagé, le couple s'offre un terreau de complicité et d'amour pour le plus grand bénéfice des deux.

Le rire de la jouissance, la jouissance de rire

« Je disais à ma soeur, ou elle me disait, tu viens, on joue à rire ? On s'allongeait côte à côte sur un lit, et on commençait. Pour faire semblant, bien sûr. Rires forcés. Rires ridicules. Rires si ridicules qu'ils nous faisaient rire. Alors, il venait, le vrai rire, le rire entier, nous emporter dans son déferlement immense. [...] *Oh rire ! rire de la jouissance, jouissance du rire ; rire, c'est si profondément vivre. »*

Cette citation a été inspirée à Milan Kundera par un texte d'une auteure, extrait de *Parole de femmes*. Ce livre, écrit en 1974, est un manifeste mystique de la joie.

Cette auteure féministe passionnée, rend hommage au coït parce qu'il représente la somme de toutes les jouissances de l'existence. Elle énumère les voluptés provoquées par le simple fait de boire, de manger, d'uriner, de déféquer, de toucher, d'entendre et même, de simplement être là. Selon elle, tout est jouissance, y compris rire et pleurer, se plonger dans l'eau et regarder le ciel, allaiter ou avoir ses règles. Elle invite à considérer que vivre, dans toutes ces composantes, est source de joie...

Seul un imbécile pourrait sourire de ce manifeste de la joie [...]. *En haut, telle la voûte de ce temple de la volupté, éclate le rire, transe délicieuse du bonheur, comble extrême de la jouissance.*

Milan Kundera, *Le Livre du rire et de l'oubli*, Gallimard, Paris, 1987

À VOUS DE JOUER

À deux ou à plusieurs binômes, face à face, déterminez qui commence à rire, l'autre doit résister à la contagion, puis on inverse les rôles...

- **L'andromimétophilie** est l'attirance sexuelle pour les femmes qui s'habillent en hommes, imitant des attitudes et des manières masculines. (Trouvez une femme qui n'a jamais mis de pantalon ?)
- **La gynandromorphophilie** est l'attirance sexuelle pour les hommes qui s'habillent en femmes ou les transsexuelles. (Nous recommandons à tous les créateurs de mode de jouer à cela, s'habiller en femmes, et peut-être cesseront-ils alors de faire porter de très hauts talons à leurs mannequins ? À moins qu'ils ne prennent un immense plaisir à se casser la binette ou à se tordre les chevilles ?)
- **L'axilisme** est une pratique sexuelle consistant pour un homme à se masturber à l'aide des aisselles de son ou sa partenaire... (Haut les mains, peau de lapin, de la saucisse et du boudin !)
- **Le bouboupisme** est l'excitation provoquée par le pincement des tétons par un partenaire ou par soi-même. (Charmant, n'est-ce pas ? Pinçons-nous les « boubous » !)
- **La gérontophilie** est l'attirance sexuelle pour les personnes âgées. (Enfin du plaisir pour tous !)
- **La nanophilie** est l'attirance sexuelle pour les gens de petite taille. (Poil à l'ail !)
- **La stigmatophilie** est l'attirance sexuelle pour les gens possédant des tatouages, des scarifications, des cicatrices, des piercings. (Poil au string !)
- **La tératophilie** est l'attirance sexuelle pour des êtres socialement considérés comme difformes, monstrueux, voire inhumains. (Qui se ressemble… s'assemble !)
- **La trichophilie** est l'excitation sexuelle pour les cheveux et autres poils. (Dans le nez, vraiment ?...)
- **La trimammophilie** est le fantasme de la femme à trois seins. (Et pourquoi pas treize à la douzaine ?)
- **La knismolagnie** est le fait d'éprouver une sorte de plaisir sexuel grâce aux chatouilles. (Nous adorons !)
- **La phillipinophilie** est la fascination pour les personnes vues de dos. (Et vue de face, ça s'appelle comment ?)
- **La podophilie ou fétichisme du pied**, est le fait d'être excité par les pieds. (Tant qu'on ne nous demande pas de les raccourcir avec des petites chaussures...)
- **La somnophilie** est l'excitation érotique provoquée par une personne qui dort. (Qui dort... excite ?)

Nous proposons la « farinophilie » : détendez-vous devant un film dans lequel jouent vos acteurs fétiches et mettez les pieds dans un récipient de farine blanche. Ah ! la douceur de la farine... Sensualité assurée.

Complètement ouf !

En l'an 2000, les Japonais inventent les sushi-girl : une jeune femme nue sert de « table » à des sushis que les clients attrapent avec leurs baguettes. C'est plus récemment que ces mêmes Japonais, après les oreillers en forme de poupée gonflable et les mangas, bandes dessinées souvent à connotation érotique, lancent les soutiens-gorge roses, noirs ou blancs pour hommes, dont les bonnets existent seulement en taille A, mais avec plusieurs tours de poitrine possible... Les acheteurs ne seraient ni des travestis ni des drag-queens, mais ... des cadres surmenés qui affirment que le port du soutien-gorge serait déstressant, décomplexant et apaisant...

Arrangez-vous pour placer un « Hip hip hip... Hourra ! » dans les trois jours qui viennent, soit lors d'une réunion, soit quand le chauffeur de votre bus quotidien s'arrête au feu rouge, ou après un ébat amoureux...

Chapitre 9

Que du bonheur !

Dans ce chapitre :

- Découvrez les six valeurs fondamentales de la psychologie positive créée par Martin Seligman
- Les principales conclusions des recherches en la matière
- Exprimez votre gratitude et écoutez votre intuition
- Sérieusement : peut-on ne pas se prendre au sérieux ?
- Si vous cessiez d'être gouvernés par la peur ?

Ce n'est point parce que j'ai réussi que je suis content,
mais c'est parce que j'étais content que j'ai réussi.
(Alain, philosophe)

Rire permet de diminuer les états d'âme négatifs, du type vague à l'âme, mélancolie, nostalgie, tristesse, regret, remords, inquiétude. Toutes les pollutions quotidiennes et banales du moral peuvent voler en éclat après un joyeux fou rire, voire se métamorphoser en légèreté, allégresse, confiance en soi, tonus, énergie, force ou sérénité.

Le bonheur va vers ceux qui savent rire (proverbe japonais)

Sans vouloir paraphraser le très beau texte d'Yves Duteil, *Avoir et Être (« Le verbe Avoir a besoin d'être Parce que Être c'est exister. Le verbe Être a besoin d'avoirs Pour enrichir ses bons côtés… »)*, nous nous sommes posé un certain nombre de questions : être et avoir s'opposent-ils ? Vaut-il mieux être ou vaut-il mieux avoir ? Être et avoir sont-ils complémentaires ? Car nous savons que la possession n'est pas synonyme de bonheur : acheter une jolie paire de chaussures fait plaisir sur le moment mais qu'en est-il deux mois plus tard ? Développer ce que l'on est offre une plus grande garantie de bonheur : être tranquille d'esprit, être généreux, être détaché, être amoureux… Le bonheur vient de l'intérieur, et non pas de sources extérieures. À chaque outil son utilité : l'argent apporte la sécurité, voire la puissance, mais pas le bonheur dont la source est la paix intérieure... selon les bouddhistes.

Nous savons tous que nous pouvons rire. Alors, qu'attendons-nous pour le déclencher, le provoquer, laisser libre cours à ses cascades à chaque instant de la journée ? La vie est si courte, il y a forcément urgence. Le rire est là, nous le portons en nous : inutile d'aller le chercher à l'autre bout de la terre ou à l'extérieur, ailleurs. En groupe, à deux ou même seul, il est possible de le faire jaillir à la demande. Et se sentir extraordinairement vivant…

Si le rire est naturel, inné, en nous, à portée de gorge et de palais, comment cela se fait-il que tant de gens fassent une tête de six pieds de long tout au long de la journée ? C'est que, une fois passées les épreuves que la vie met inévitablement sur notre chemin, nous avons tendance à nous les remémorer, à les ressasser, à appréhender leur retour, à envisager le pire. Pour vivre heureux, apprenons à comprendre et à expérimenter une autre façon d'appréhender le monde qui nous apparaît toujours tel que nous le voyons ou le pensons, pas tel qu'il est. Les grincheux et les sinistres trouveront toujours de bonnes raisons de râler. Un proverbe irlandais ironise : *S'il fait beau ce matin, c'est qu'il ne va pas tarder à pleuvoir.* Tout est dit !

Les gens joyeux se réjouissent tout au long de la journée des dizaines d'occasions qu'ils croisent de rire. Ils sont en mode : « La vie est drôle ! » Il suffit de faire le test. Si vous souriez à toutes les personnes que vous rencontrez, l'immense majorité – souvent surprise et ravie – vous rendra avec plaisir votre sourire. *Quand tu veux quelque chose, tout l'univers conspire pour te permettre de réaliser ton désir*, a ainsi écrit avec justesse l'écrivain brésilien Paulo Coelho.

Histoire d'Amour

Une belle et vieille histoire pour réfléchir : Il était une fois une île où tous les sentiments vivaient. Un jour, on leur annonça que l'île allait couler. Ils préparèrent donc leurs bateaux et partirent. Seul l'Amour voulu rester jusqu'au dernier moment. Quand l'île fut sur le point de sombrer, l'Amour décida d'appeler à l'aide. La Richesse passa à côté de l'Amour dans un luxueux bateau. L'Amour lui dit :

« Richesse, peux-tu m'emmener ?

– Non, répondit la Richesse, car il y a beaucoup d'argent et d'or sur mon bateau. Je n'ai pas de place pour toi.

L'Amour décida alors de demander à l'Orgueil, qui passait aussi dans un magnifique vaisseau, de l'aider.

– Je ne puis t'aider, Amour, dit l'Orgueil. Tu es tout mouillé et tu pourrais endommager mon bateau.

Puis Tristesse arriva. L'Amour la sollicita :

– Hé ! Tristesse ! Laisse-moi venir avec toi !

– Ooh... Amour, je suis tellement triste que j'ai besoin d'être seule ! »

Le Bonheur passa aussi à coté de l'Amour, mais il était si heureux qu'il n'entendit même pas l'Amour l'appeler ! Soudain, une voix dit : « Viens Amour, je te prends avec moi. »

C'était un vieillard. L'Amour se sentit si reconnaissant, si plein de joie qu'il en oublia de lui demander son nom. Lorsqu'ils arrivèrent sur la terre ferme, le vieillard s'en alla. L'Amour réalisa combien il lui devait et demanda au Savoir, qui passait par là :

« Quel est le nom de celui qui m'a aidé ?

– C'était le Temps », répondit le Savoir.

– Le Temps ? s'étonna l'Amour. Mais pourquoi le Temps m'a-t-il aidé ? »

Le Savoir sourit, plein de sagesse, et répondit :

« Parce que seul le Temps est capable de comprendre combien l'Amour est important dans la vie. »

Le père de la psychologie positive

Né en 1942, le psychologue Martin Seligman est considéré comme le père de la psychologie positive contemporaine. Il explore les forces psychologiques et le potentiel humain au lieu de se concentrer sur les difficultés et la façon de résoudre les problèmes. Avec Christopher Peterson, professeur de psychologie clinique à l'université du Michigan, il détermine six valeurs universelles fondamentales :

- **la sagesse et la connaissance**. Ce sont les forces cognitives qui favorisent l'acquisition et l'usage de la connaissance et qui regroupent la créativité, la curiosité (trouver un intérêt à toute expérience en cours, s'intéresser à tel ou tel sujet, explorer et découvrir), l'ouverture d'esprit et l'amour de l'apprentissage.

- **Le courage**. Ou l'ensemble des forces émotionnelles qui impliquent l'exercice de la volonté pour atteindre les buts que l'on s'est fixés, malgré les obstacles internes et externes : la bravoure, la persévérance, l'authenticité et la vitalité.
- **L'humanité**. C'est l'ensemble des forces interpersonnelles consistant à tendre vers les autres et à leur venir en aide. Ce sont l'amour, la gentillesse et l'intelligence sociale.
- **La justice**. Ou l'ensemble de forces à la base d'une vie sociale harmonieuse et qui incluent le travail en groupe, le sens de l'équité, le leadership.
- **La tempérance**. Les forces qui protègent contre les excès. On peut citer parmi ces forces le pardon, la modestie, la prudence et la maîtrise de soi.
- **La transcendance**, ensemble des forces qui favorisent l'ouverture à une dimension universelle et donnent un sens à la vie : l'appréciation de la beauté et de l'excellence, la gratitude, l'optimisme, l'humour et la spiritualité.

Selon Martin Seligman, *la psychologie positive n'a pas pour finalité d'indiquer quelles sont les forces et les qualités que nous devons adopter, mais plutôt quelles sont les conséquences de nos choix. Il conviendrait d'identifier parmi toutes ces vertus et ces forces celles qui nous définissent le mieux et de les appliquer de manière délibérée dans les choses importantes de la vie.*

La psychologie positive

Soyons heureux, ne serait-ce que pour donner l'exemple, a écrit le poète Jacques Prévert.

S'il fallait définir ce qu'est la psychologie positive en une phrase, nous dirions que c'est un champ dynamique qui est concerné par l'étude scientifique des forces, des capacités, et les vertus qui permettent aux individus, aux communautés et aux sociétés de prospérer.

Dès les années 1950, les penseurs humanistes tels qu'Abraham Maslow, Carl Rogers et Erich Fromm ont développé des théories qui ont porté sur le bonheur et les aspects positifs de la nature humaine. Abraham Maslow a utilisé l'expression « psychologie positive » dès 1954. Il se concentre alors sur le potentiel humain et non plus sur les lacunes de l'homme. Récente branche de la psychologie, la psychologie positive se différencie donc des autres approches en s'intéressant à la manière de devenir plus heureux plutôt qu'aux dysfonctionnements psychologiques. Voici quelques-unes des principales conclusions de la psychologie positive :

- Les gens souhaitent plus que tout être heureux.
- L'argent, au-delà du seuil qui couvre les besoins élémentaires, fait rarement le bonheur s'il s'agit de consommer. En revanche, dépenser de l'argent à des fins humanistes et solidaires rend souvent les individus plus heureux. D'une manière générale, si ne pas avoir d'argent est source de souffrance, en posséder, en revanche, ne rend pas forcément heureux.
- Pour lutter contre les déceptions et les échecs, il est nécessaire de consolider ses forces de caractère et de créer des relations sociales solides.
- Le travail utile et constructif est essentiel au bien-être.
- Même si le bonheur est influencé à 50 % par la génétique, les gens peuvent apprendre à être plus heureux en développant la gratitude et l'altruisme.

La psychologie positive n'ignore pas les problèmes auxquels les gens sont confrontés. Elle ouvre des perspectives en mettant l'accent sur les forces personnelles et propres à chacun. *Revenir à ses sens*, comme le préconisait le père de la Gestalt, Fritz Perls, – c'est-à-dire ressentir la sensorialité – permet de lâcher le mental et d'être au présent. Nos sens nous renseignent sur ce qui se passe maintenant en nous et autour de nous. Un premier pas pour s'engager sur le chemin de l'optimisme et de la joie.

Retrouver la vitalité

Vivre est si essentiel qu'il reste peu de temps pour faire autre chose.
(Emily Dickinson)

Les gens qui se vivent comme heureux ou équilibrés ne viennent pas consulter. Les personnes qui font la démarche de se faire aider sont en souffrance ou en difficulté passagère. Leurs problèmes peuvent être d'ordre existentiel, tel que la perte de sens, la solitude ou des choix difficiles à faire, engageant la responsabilité. Ils peuvent être aussi d'ordre affectif ou professionnel. Les émotions, identifiées ou non, qui font pousser la porte d'un cabinet sont la peur, la tristesse, la colère, parfois le désespoir ou la dépression. L'objectif est de retrouver une vitalité, un équilibre, une santé psychique et si possible le sourire et la joie. La Gestalt Thérapie (ou thérapie du contact) ne regarde pas uniquement le passé, elle invite également à naviguer dans l'avenir en s'appuyant sur les sensations du présent ; la psychologie positive s'appuie sur les forces du patient pour réveiller le médecin en lui.

Comment être heureux… et le rester ?

Sonja Lyubomirsky, dans son livre *Comment être heureux… et le rester ?*, raconte qu'elle a assisté aux balbutiements de la psychologie positive en 2001, sous les palmiers d'Akumal, petite ville Mexicaine. Pendant les années qui suivent, son équipe et elle arrivèrent aux conclusions suivantes :

- 50 % de notre aptitude au bonheur sont liés à des facteurs génétiques. Ces données de départ sont inchangeables. Ce « capital initial » est celui que nous retrouvons invariablement lorsque l'événement heureux ou malheureux qui nous est arrivé s'est estompé : c'est le cas notamment des gagnants du loto qui, passée l'euphorie du gain, reviennent à leur *set point* au bout d'un an.
- 10 % de notre aptitude au bonheur et seulement 10 % sont liés à nos conditions de vie et à tous nos « avoirs ». Cela inclut la santé, la richesse, l'amour, les enfants, les chats, les chiens, le réfrigérateur et la trottinette. Les avoirs varient avec le temps. Il est difficile d'être heureux si les besoins de base tels que la nourriture, un toit, de quoi se vêtir et l'accès aux soins ne sont pas assurés - ce dont chacun devrait avoir droit sur l'ensemble du globe comme il l'est stipulé dans la Déclaration universelle des droits de l'Homme et qui devrait être accessible à tous grâce à une plus juste répartition des richesses. Au-delà des nécessités de base, la gloire, les diplômes, la notoriété ou une grande maison, ne sont, en aucune façon une garantie de bonheur.
- Les 40 % restants représentent la bonne nouvelle. Il s'agit de notre comportement et de la faculté dont nous disposons pour décider de changer nos habitudes, en vue de nous rapprocher du Graal… soit du bonheur.

Sonja Lyubomirsky nous invite à prendre soin de notre corps, en trouvant une activité physique adaptée à nos goûts. Les modifications de comportement sont d'autant plus faciles à mettre en place s'ils sont conformes à nos valeurs. Pour faire le point sur vos valeurs et changer vos habitudes, il convient de cibler des activités physiques, sociales ou spirituelles avec lesquelles vous serez en accord. Dans *Comment être heureux… et le rester ?*, vous trouverez un test qui vous permettra de sélectionner les trois meilleures activités qui vous correspondent. En pratiquant ces activités, vous prendrez de nouvelles habitudes qui vous conduiront vers plus de bonheur.

Témoignages

Martine témoigne de son expérience de psychothérapeute : « Pierre est bègue, il vient depuis une dizaine de fois et cette fois-là, en lui répondant, je me surprends à bégayer moi aussi sur plusieurs phrases. Cela déclenche aussitôt chez Pierre un énorme fou rire d'autant que, malgré mes efforts, je continue à bégayer. C'est en rejoignant son irrésistible rire que je m'en sors. Ma surprise est alors à son comble en l'entendant dire tout à fait normalement de longues phrases après ce fou rire. Le fait d'avoir pris l'ascendant sur moi et d'avoir libéré ses tensions liées à l'appréhension lui a permis de retrouver une allocution plus sereine.

Sylvie a accouché d'une petite qu'elle tient à me présenter. Elle vient donc avec Lucie. Après l'émerveillement, les félicitations, les interactions avec la petite et la séquence allaitement au sein, Lucie s'endort paisiblement. Nous passons la séance à chuchoter et Sylvie me parle de son grand bonheur d'être maman, de la tendresse, de l'émotion, du partage. C'est aussi tout cela, l'accompagnement d'une personne : être témoin de son bonheur. »

Tonton flingueur

Pas toujours facile d'avoir un tonton qui raconte des blagues ! Sylvain aime les membres de sa famille qui se rassemble souvent, il aime aussi les entendre rire. La plupart des blagues et des bons mots qui les déclenchent viennent d'une seule et même personne : le tonton marrant dont on ne saurait se passer. Ces plaisanteries sont toujours à connotation sexuelle : petit, il ne les comprenait pas. Adolescent, il fait partie de la tribu et savoure son appartenance familiale tout en la critiquant, comme il se doit à cet âge-là. C'est adulte qu'il commence à se sentir mal à l'aise car certaines de ces blagues, si ce n'est toutes, sont humiliantes, misogynes, racistes, et donnent toujours une image des femmes avilissantes. Par habitude, les femmes rient aussi, en se disant sans doute que ce ne sont que des blagues. Sylvain cherche alors comment continuer à rire avec les siens, mais en changeant de registre. La fuite n'est pas une solution et attaquer le tonton, c'est à coup sûr perdre la bataille. Il se met donc à collecter des histoires drôles et non humiliantes et tente une alliance avec l'oncle, en le flattant avec sincérité sur son charisme et sa faculté à faire circuler le rire dans les réunions de famille. Puis il lui soumet les blagues qu'il a sélectionnées et lui demande s'il les trouve drôles. Par bonheur, du point de vue de l'oncle, elles l'étaient. Il demande alors à son oncle de les raconter et se risque à en raconter quelques-unes, lui aussi, et à proposer des jeux amusants ou des initiations à la danse (salsa, sirtaki, danses folkloriques…). L'ambiance continue d'être festive et l'esprit des réunions devient plus léger, bon enfant, moins acéré. Sylvain témoigne aussi de la qualité des rires, plus libres, plus innocents, et de la tendresse qui se remet à circuler de proche en proche avec plus de fluidité.

Beaucoup de personnes s'imaginent que Noël en famille est un pensum incontournable dont elles anticipent l'ennui en proclamant y aller pour les enfants. Mais il suffit parfois de se demander ce qui serait agréable lors de ces retrouvailles et de proposer une autre musique, un autre menu, un autre lieu ou de venir plus tôt pour faire la décoration et apporter sa contribution au repas au lieu de venir consommer en râlant. Imaginez avec vos proches la soirée qui ferait plaisir à tous et vivez-la ensemble. Engrangez les bons souvenirs familiaux, le temps passe si vite !

Jennifer a 24 ans. Elle est amoureuse d'un garçon qui fait du judo dans le même dojo qu'elle. Ce jour-là, ils passent un examen, que Jennifer a pris grand soin de préparer, étant perfectionniste et souhaitant se montrer sous son meilleur jour. Son amoureux passe et excelle. Quand vient son tour, lors d'un mouvement, elle s'emmêle les pieds et se retrouve lamentablement au sol. Honteuse, elle se relève vaillamment et continue jusqu'au bout. Elle ne se remet pas de ce qu'elle appelle « un échec » pendant plusieurs jours, mais lorsqu'elle me le raconte, elle a déjà le sourire aux lèvres et son sens de l'humour prend le dessus. Je ris en l'entendant et plus je ris, plus elle a de plaisir à raconter à nouveau l'incident, en en rajoutant et en forçant sur les superlatifs. Cette franche rigolade dure une bonne dizaine de minutes. Puis, elle me dit : « Ma mère aussi, hier, ça l'a fait rire, mais j'ai plutôt eu envie de lui sauter à la gorge. Aujourd'hui, c'est super, j'arrive à en rire, je suis guérie de ma honte. »

Exprimer sa gratitude

Suite à un travail sur la gratitude, lors d'une journée « rire et bonheur », Martine propose que chacun dise « merci » à trois cadeaux reçus dans la matinée : la présence du soleil, une jolie phrase entendue, un sourire ou un regard accueillants. Certains participants pensent que ce n'est pas évident de trouver du positif dans les petites choses de la vie. Et pourtant... Avec un peu d'entraînement, la gratitude est une pratique très agréable et très facile à mettre en place qui a la vertu de changer notre regard sur le monde.

Aline, une stagiaire de 50 ans, prend la parole. Elle remercie publiquement son père décédé de lui avoir appris deux choses qui lui ont été fort utiles. La première, de se lever tôt car, dans son métier libéral, cela lui sert chaque matin – enfant, pourtant, elle râlait de ne pouvoir faire la grasse matinée. La deuxième ferait incontestablement le bonheur de nombreuses fillettes. Son père, en effet, lui avait dit : « Chaque jour, lorsque tu te regardes dans le miroir, dis-toi que tu es belle ! ». Chaque femme possède sa propre beauté sous forme d'un rayonnement, d'une agréable plastique ou de la somme de ses années de sagesse : nous vieillissons comme nous vivons et les gens au visage fermés, hostiles et désagréables à regarder sont souvent des personnes aigries. Aline est belle et rayonnante, elle le doit vraisemblablement en partie à son père.

Voici quelques conseils pour pratiquer la gratitude au quotidien :

- Portez une médaille sur laquelle il est écrit « merci ».
- Charité bien ordonnée commençant par soi-même, n'hésitez pas à lever le bras vers le ciel puis à le plier et à vous tapoter le haut du dos avec une sincère reconnaissance. Remerciez-vous chaleureusement.

- Écrivez un grand « merci ! » au rouge à lèvres ou au dentifrice sur le miroir de salle de bain (à déconseiller formellement sur le pare-brise de votre doudou qui risque de se méprendre sur la gentillesse de l'intention !).
- En vous inspirant de Baloo, l'ours du *Livre de la Jungle*, frottez votre dos contre celui d'un de vos amis ou parents (c'est un code familial ou amical qui peut vouloir dire « merci »). Évitez de faire la même chose avec le type à la mine patibulaire que vous croisez en allant à la boulangerie ou votre chef de service acariâtre. Là encore, la portée de votre délicate attention risque de leur échapper totalement...
- Apprenez à dire « merci » en langue des signes (main droite ouverte, pouce écarté, portez les quatre doigts serrés au menton et tendez ensuite le bras, la paume ouverte vers votre interlocuteur).
- Faites-vous tatouer au henné « merci » dans la langue ou l'idéogramme de votre choix sur le dos de la main.
- Entraînez-vous à remercier autour de vous et n'hésitez pas – quand cela est possible ou se justifie – à prendre les gens dans vos bras. Vous obtiendrez en quelques secondes le déclenchement d'une hormone nommée l'ocytocine – l'hormone de la tendresse. Prendre d'une façon non mécanique et avec sentiment quelqu'un dans ses bras (en s'assurant qu'il ou elle est d'accord) garantit un effet de sécurité, de réconfort et de bien-être. En revanche, nous déconseillons formellement de déposer sur le bureau du collègue un mot plié sur lequel est écrit : « Tu es démasqué ! », sauf si vous avez envie de rire sous cape. Car, curieusement, c'est une phrase qui provoque automatiquement l'inquiétude. Signe que nous avons tous forcément quelque chose à nous reprocher, n'est-ce pas ?
- Plus difficile, mais toujours couronné de succès, faites voler un avion avec une banderole sur laquelle est écrit : « Merci Maman ! » ou « Je t'aime mon chaton ! »
- Accroupissez-vous face à quelqu'un dans la même posture et tapez dans les mains de l'autre : gauche, droite, les deux... en disant « merci » dans toutes les langues sans tomber.

À VOUS DE JOUER

À quand remonte votre dernier fou rire ? Racontez-le à quelqu'un.

Comment se sentir immédiatement joyeux

Voici quelques astuces pour se sentir instantanément joyeux :

- Installez-vous confortablement, avec ou sans musique relaxante, et souvenez-vous des rires de vos proches, celui de votre père, de votre mère, d'un grand-père, d'une grand-mère, de frères et de sœurs.

Remémorez-vous les circonstances, les lieux, les détails… Plongez dans cette heureuse nostalgie, vous en ressortirez – même s'il y a quelques larmes – rafraîchi.

- Nourrissez votre audition avec des chants d'oiseaux (il en reste quelques-uns en ville aussi), de musiques harmonieuses, écoutez la mélodie de la voix lorsque quelqu'un vous parle, et pas seulement son contenu.
- Enregistrez un CD de rire qui s'avérera utile au moment des embouteillages, dans la voiture, par exemple.
- Entourez-vous d'objets qui vous amusent ou vous font sourire : brosse à dents rigolote, boîte à « meuh » de vache, stylo à plume d'autruche, réveil qui vous met de bonne humeur (votre chanteur préféré, un rire d'enfant, des gazouillis d'oiseaux ou le chant des vagues…) et jetez sans regret l'actuel, s'il vous stresse.
- Évitez les vêtements sombres, osez les couleurs et les extravagances (chapeau, broches, badges, boutons originaux, montre sur laquelle est écrit « C'est l'heure de rire »…) Si vous aimez les carillons, installez-en un ou deux chez vous et portez votre entière attention sur leurs notes lorsqu'ils carillonnent.
- Collez des phrases qui vous inspirent là où vos yeux se posent régulièrement : « Rire, c'est bon pour ce que j'ai. », « Je veux grandir de rire. », « Vive la crise de rire ! ». Lorsque cette phrase cessera de vous inspirer ou de vous amuser, retirez-la ou trouvez-en une autre.
- Prenez le temps de faire un collage sur une grande feuille de tout ce qui vous rend heureux, affichez-le et regardez-le souvent.
- Peignez ou dessinez vos envies, vos rêves. Puis croyez en eux.

Il est urgent de ne pas trop se prendre au sérieux

Il n'est pas rare de considérer les gens qui rient comme des gens incapables de sérieux. Cela n'a rien à voir. Une personnalité joyeuse est également capable de travailler sérieusement, l'un n'étant jamais exclusif de l'autre. À l'inverse, ceux qui ne rient jamais ne sont pas forcément des travailleurs acharnés, disciplinés, rigoureux, fiables ou compétents.

Perdre tout contact avec notre enfant intérieur génère une austérité néfaste. Une distance salvatrice est nécessaire pour cesser de se prendre au sérieux (ce qui n'empêche pas de faire les choses avec application). Le rire et l'humour permettent cette distance. Les médecins devraient prescrire le rire sur ordonnance car il a pour effet primaire, secondaire et tertiaire d'être agréable et bénéfique au plus grand nombre, puisqu'il est contagieux. Imaginez un(e) chef de service, efficace et de bonne humeur, capable de regarder l'aspect positif des choses et d'encourager ses troupes. Imaginez un papa disponible qui éteint son portable ou son ordinateur et joue avec ses enfants en rentrant du travail. Imaginez le même papa qui prend sa femme dans les bras chaque fois qu'il la regarde vraiment (et donc qu'il la voit) et qui la gratifie d'un complément ciblé. Hum… la jolie soirée !

LE SAVIEZ-VOUS ?

Apprenez à dire « Bravo ! » dans dix langues (dix, ce n'est rien du tout : il existe 3000 langues parlées dans le monde !) Évidemment, il s'agit de dix langues rares, disons le gaélique, le peul, le bobo, le cantonais, l'ewé, le guarani, le maltais, le senoufo, le kikuyu et le kazakh…

SOURIONS

« Tu sais Louis, quand j'étais petit, maman me donnait un dollar et je partais à l'épicerie du coin. Je revenais avec une livre de beurre, une pinte de lait, deux livres de pommes de terre, une livre de fromage, une livre de sucre, du pain et des œufs... »

Et Louis de lui répondre : « Y'avait pas de caméras de surveillance dans ce temps-là ? »

Cela aussi passera

Une belle histoire, transmise du fond des âges, pour méditer : Une nuit, un roi eut un songe. Il possédait un anneau merveilleux. Lorsqu'il regardait cet anneau et qu'il était triste, il devenait alors tout joyeux. Lorsqu'il était heureux et qu'il regardait cet anneau, son visage devenait sombre. Il fit venir ses conseillers et il leur demanda de trouver un anneau semblable à celui qu'il avait vu dans son rêve. Tous les sages furent consultés. Nulle trace d'une telle merveille dans le pays. Après des mois, des années de recherche, on le trouva enfin au doigt d'une vieille femme au regard serein qui accepta de le céder au monarque. Le roi était ravi. Lorsqu'il regardait l'anneau, il était empli de gratitude. Son enthousiasme se calmait, et sa tristesse ne tardait pas à disparaître. Sur cet anneau, il y avait inscrit, en lettre d'or, ces quelques mots : « Cela aussi passera. »

Le nuancier du bonheur

Je pense pour ma part que le bonheur repose sur la réalité. La réalité du présent, quel qu'il soit. Seulement, pour faire de ce bonheur notre pain quotidien, il faut bien travailler la pâte.

(Docteur Étienne Jalenques, psychiatre)

Le bonheur se décline selon un nuancier très précis : si la béatitude est un état de parfait bonheur – la satisfaction est à son comble dans tous les secteurs importants de notre existence –, l'euphorie est un contentement d'extrême intensité qui peut susciter de l'excitation et de l'agitation. Il ne faut pas confondre l'extase – état d'ivresse provoqué par une joie extrême – et l'agrément – plaisir de peu d'intensité et de courte durée. Par ailleurs, la délectation est un plaisir que l'on savoure, la jouissance un très grand plaisir d'ordre sensuel, intellectuel ou esthétique et la volupté, un vif plaisir des sens pleinement goûté.

Enfin, le ravissement correspond à une joie très forte quand l'enchantement naît du plaisir intense d'être charmé et l'émerveillement du plaisir mêlé d'étonnement et d'admiration devant ce qui nous paraît extraordinaire.

Rire rend momentanément heureux. Mais le bonheur, qu'il soit de courte ou de longue durée, n'est pas une émotion. C'est un état provenant de plusieurs émotions indicatrices de satisfaction, parmi lesquelles la joie et le plaisir, la manifestation d'une grande satisfaction dans tous les secteurs fondamentaux de notre vie. Bien qu'il suppose différentes émotions d'intensité variable, le bonheur est une expérience paisible.

Nous vivons des dizaines d'instants de bonheur au quotidien, ceux qui proviennent d'un manque ou d'une envie subitement comblés : dormir lorsque nous sommes épuisés – oh le bonheur d'un lit confortable et d'une couette bien chaude ! – ; étancher une grande soif avec une eau fraîche ou bien être enfin dans les bras de la personne aimée après une longue attente…

Prenez une douche froide et faites « Brrrou », criez « Ahhhh » en faisant vibrer les lèvres et frottez-vous vigoureusement. Puis éclatez de rire en vous ébrouant….

Écouter son intuition

L'une des clés pour mieux cheminer vers le bonheur, c'est de faire confiance à l'intuition, cette petite voix intérieure qui soudain nous lance un message physique – picotements aux doigts, nœud dans l'estomac, transpiration, etc. – qui s'accompagne d'une brusque envie de faire ou ne pas faire : refuser un nouveau poste de travail malgré l'apparente attractivité du salaire, ne pas sortir en soirée, ne pas prendre la voiture, accepter de suivre cet inconnu, appeler la tante Berthe dont on n'a plus de nouvelles depuis si longtemps… Notre société, rationaliste, cartésienne, n'aime pas beaucoup ce sixième sens qui inquiète ou… fait rire les sceptiques. Se fier à ses intuitions en dépit de leur apparent manque de logique, c'est, selon Jung, faire le bon choix.

Si vous riez peu, ou si vous ne riez pas, une bonne nouvelle : rire se transmet et s'apprend. Savoir le solliciter quand tout va mal, quand l'existence se complique ou quand tout s'embrouille, est excellent. Car se poser, vider son esprit et rire permettent de prendre du recul. Prenez l'habitude de rire après avoir fait tomber un œuf ou renverser un verre : cela permet de relativiser la gravité des événements.

Une note trop salée au restaurant ? Une facture imprévue ? Une roue crevée ? Un rhume des foins le jour du mariage de la cousine Adèle ? Et si nous prenions l'habitude de parler de farces que la vie met sur notre chemin plutôt que de parler d'obstacles ? Et si au lieu de nous écrier : « Zut ! Flûte ! Dommage ! » quand quelque chose nous est refusé, nous apprenions à dire : « Merci ! ». Car, forcément, un refus signifie qu'une nouvelle proposition n'est pas loin… C'est cela, la richesse de la vie.

Par ailleurs, au lieu de nous définir « en opposition à », n'oublions pas que nous sommes tous « en lien avec ». Et rire est l'un des vecteurs les plus évidents et les plus puissants pour démontrer la réalité de ce lien et sa force.

Bien sûr, cela ne signifie pas qu'il faut nourrir en toutes circonstances un optimisme béat. Mais savoir dépasser certaines situations, c'est se donner l'énergie nécessaire pour trouver des solutions. Quand la pluie tombe, on peut ronchonner contre la gadoue des caniveaux… ou se réjouir de ce bienfait naturel qui va irriguer la terre, donner force et vie aux plantes et à ce qui nous nourrit. On peut apprendre à se sentir heureux « malgré ». Content « en dépit de ». Et reviser les classiques tendance Gainsbourg : *Du mois de septembre au mois d'août, faudrait des bottes de caoutchouc, pour patauger dans la gadoue, la gadoue, la gadoue, la gadoue, hou la gadoue, la gadoue…*

Quand on partage sa douleur avec quelqu'un, elle diminue. Quand on partage sa joie, elle augmente. N'est-ce pas la preuve que le bonheur est une vue plus large que le malheur ? a proposé avec justesse le docteur et psychiatre Étienne Jalenques dans *La thérapie du bonheur.*

Zorba le Grec

Dans le film *Zorba le Grec*, de Michaël Cacoyannis, Zorba (Anthony Quinn) danse le sirtaki (sur une musique de Míkis Theodorákis !) et rit chaque fois qu'un malheur le frappe. L'histoire est celle de Basil, jeune écrivain raté, qui revient en Crète pour reprendre la mine paternelle. Il rencontre Alexis Zorba et accepte ses services. Le domaine est abandonné, il faut acheter le matériel et le bois pour construire un téléphérique. Zorba se charge de tout. Pendant ce temps-là, Basil tombe amoureux de la jeune veuve qui repousse tous les hommes. Ils passent la nuit ensemble et la nouvelle fait le tour du village. L'un de ses soupirants se suicide en l'apprenant, et tout le village se dresse contre la jeune femme. Malgré l'intervention de Zorba, elle est égorgée par le père du jeune malheureux. Pour parachever le tout, le jour de l'inauguration du téléphérique, celui-ci s'écroule. Zorba éclate alors de rire et part danser le sirtaki sur la plage. Basil le rejoint et se met à danser à ses côtés…

Faire la nique à la peur

Venez jusqu'au bord.
Nous ne pouvons pas, nous avons peur.
Venez jusqu'au bord.
Nous ne pouvons pas, nous allons tomber.
Venez jusqu'au bord.
Et ils y sont allés.
Et il les a poussés.
Et ils se sont envolés.

(Guillaume Apollinaire « Avant l'envol »)

La peur qui nous tenaille, reconnaissons-le, est bien souvent irrationnelle, expression d'un fantasme plus que d'une réalité. Vérifiez par vous-même ! Qui n'a pas régulièrement peur de la réaction de son père, de sa mère, de son conjoint ou de sa conjointe, de son chef de service, de perdre son emploi, de ne pas y arriver, d'arriver en retard, de rater son train, de rater l'examen ou l'entretien d'embauche, d'aller chez le dentiste, de ne pas savoir… ?

Or, d'une manière générale, le monde qui nous entoure est nettement mieux disposé à notre égard que ce que nous imaginons. L'examinateur n'a pas forcément envie de voir échouer les étudiants à l'examen, et si le chef râle, c'est probablement plus parce qu'il a du souci que parce qu'il vous en veut.

Il ne s'agit pas de jouer la politique de l'autruche et, la tête dans le sable, de décréter que le danger n'existe pas. Vivre, c'est prendre des risques. Mais prendre des risques n'induit pas nécessairement le danger. Chaque fois que je traverse la rue, je prends le risque d'être écrasé. Le danger réel de l'être, en revanche, entre dans une combinaison de probabilités infimes. De même, chaque fois que je prends le volant de la voiture, le guidon de la moto ou du vélo, je m'expose au risque d'accident, mais le danger de le rencontrer est beaucoup moins probable.

A contrario de la peur – destructrice – le rire est extrêmement constructif. La peur de l'autre, de la perte d'un travail ou bien du départ de l'être aimé conduit à des situations de fusion et de dépendance. Rire est au contraire libérateur, pincée de sel sur un plat qui métamorphose sa fadeur en excellence. Rire neutralise la peur. Certaines peurs, résurgence d'un instinct de survie pas si lointain que cela au regard de la création de l'Univers, à l'époque, où, encore grands singes, nous vivions dans des cavernes, certaines peurs, disions-nous, sont utiles, car elles nous préviennent de l'éminence d'un danger – et si la peur n'évite pas le danger, comme dit l'adage, elle peut permettre de s'en protéger, ce qui n'est déjà pas si mal ! Une stimulation sensorielle (quelqu'un marche à minuit sur les cailloux de la cour), un regard malveillant, une intuition à propos d'une personne qu'il vaut mieux ne pas fréquenter nous mettent en garde et nous permettent de chercher et de trouver la parade. Mais certaines de nos peurs, liées à un passé par définition... passé, ou à l'environnement ambiant, nous prennent en otage : peur d'être à nouveau blessé, de faire confiance, de vivre, de rire ou de choisir d'être heureux. Ces peurs/croyances nous font douter de la générosité de la vie et de notre faculté à attirer à nous les bons événements et les bonnes personnes. Nous vivons alors en pénurie d'amour. Nous valons mieux que cela car, encore une fois, nous sommes faits pour rayonner et aimer. En rétablissant grâce au rire le plaisir, le partage et l'abondance, nous ouvrons à nouveau notre cœur. Or, l'amour est l'antidote de la peur.

Le chemin ? Apprendre à s'aimer...

S'offrir le temps de sourire, de remercier, de retrouver la confiance en soi, en la vie et en la bienveillance des autres. L'amour désintéressé est un grand guérisseur. Il est temps de choisir la paix, source de sérénité plutôt que le conflit, source de peurs... Et de la choisir avec constance et sans répit : des livres et des films intelligents, émouvants et drôles plutôt que des livres et des films de guerre et de violence, par exemple... Nous avons mille fois par jour le choix entre guerre et paix et cela commence toujours par soi et en soi. Comment vous traitez-vous ? De quoi avez-vous peur ? Qui vous empêche aujourd'hui d'être en paix avec vous-même, premier pas pour l'être ensuite envers les autres ?

Témoignages

Martine se souvient d'un travail thérapeutique particulier : « Mireille ne s'aime pas, elle ne se sent pas digne d'amour. Je lui demande de visualiser un bateau dans lequel les différentes instances d'elle-même seraient placées : son juge, qui ne cesse de la trimbaler, lui faisant croire que d'autres font mieux qu'elle et qu'elle ne sera jamais capable de... (la liste est longue), est aux commandes du navire, sa petite fille intérieure est vautrée devant la télé, sur le canapé défraîchi de la cabine, la grande sage est enfermée à double tour dans la cale, et Mireille semble avoir perdu la clef. Quant à sa conscience, elle nettoie le pont avec lassitude. Comment peut-on vivre dans ce désordre-là ? Je propose à Mireille d'incarner les quatre instances dans son corps et de laisser venir les mots : le juge est dans sa toute puissance, la petite fille ne joue pas et n'a pas de plaisir à vivre, la grande sage se sent inutile et impuissante, quant à la conscience, elle ne cesse de répéter « Quel gâchis, quel gâchis ! ». Mireille remet de l'ordre : la conscience au gouvernail, c'est elle qui donne le Nord et qui est capitaine, le juge intérieur lave le pont, la petite fille profite de l'air marin et des dauphins dans l'eau qui jouent avec elle, l'enfant (fille ou garçon d'ailleurs) s'extasie de tout sous le regard tendre et bienveillant de la grande sage (ou du grand sage) qui la protège et l'encourage à s'émerveiller. Et Mireille de se sentir mieux... »

Ouvrez grand les yeux…

Voici deux tests de stimulation du cerveau. Si vous arrivez à les lire, c'est que l'hémisphère gauche de votre cerveau est bien développé ! À vous de jouer, amusez-vous bien !

Test 1 :

*cuocuo *

Si vuos pvueoz lrie ccei, vuos aevz asusi nu dôrle de cvreeau. Puveoz-vuos lrie ceci ? Seleuemnt 56 porsnenes sur cnet en snot cpalabes. Je n'en cyoaris pas mes yuex que je sios cabaple de cdrpormendre ce que je liasis. Le povuoir phoémanénl du crveeau huamin. Soeln une rcheerche fiat à l'unievristé de Cmabridge, il n'y a pas d'iromtpance sur l'odrre dnas luqeel snot les lerttes, la suele cohse imotprante est que la prireмère et la derènire letrte du mot siot à la bnone palce. La raoisn est que le ceverau hmauin ne lit pas les mtos par letrte mias ptuôlt cmome un tuot. Étonannt n'est-ce pas ? Et moi qui ai tujoours psneé que svaoir élpeer éatit ipomratnt ! Si vuos poevuz le lrie, fitaes le svirue !

Test 2 :

UN B34U JOUR D'373,

J'37415 5UR L4 PL4G3 37 J3 R3G4RD415 D3UX J3UN35 F1LL35 JOU4N7 D4N5 L3 54BL3.

3LL35 CON57RU15413N7 UN CHÂ734U D3 54BL3, 4V3C 7OUR5, P4554G35

C4CH35 37 PON7-L3V15. 4LOR5 QU'3LL35 73RM1N413N7, UN3 V4GU3 357 4RR1V33 37 4 7OU7 D37RU17, R3DU154N7 L3 CH4734U 3N UN 745 D3 54BL3 37 D'3CUM3.

J'41 CRU QU'4PR35 74N7 D'3FFOR7, L35 F1LL37735 COM3NÇ3R413N7 4

PL3UR3R, M415 4U CON7R41R3 3LL35 COURRUR3N7 5UR L4 PL4G3, R14N7 37 JOU4N7 37 COMM3NÇ3R3N7 4 CON57RU1R3 UN 4U7R3 CHÂ734U.

J'41 COMPR15 QU3 J3 V3N415 D'4PPR3NDR3 UN3 GR4ND3 L3ÇON. NOU5 P455ON5 UN3 GR4ND3 P4R713 D3 NO7R3 V13 4 CON57RU1R3 D35 CHO535 M415 LOR5QU3 PLU5 74RD UN3 V4GU3 L35 D3MOL17, L35 53UL35 CHO535 QU1 R3573N7 5ON7 L'4M1713, L'4MOUR, L'4FF3C71ON 37 L35 M41N5 D35 G3N5 QU1 5ON7 C4P4BL35 D3 NOU5 F41R3 5OUR1R3.

Quatrième partie

Le rire universel

Dans cette partie...

Prononcer le mot rire, c'est déjà commettre l'acte : la bouche dessine un sourire tendu au maximum, la commissure des lèvres se relève, les yeux se plissent, les zygomatiques entrent en activité...

Choisir le rire pour dire « oui » à la vie, le vrai rire, celui qui ne se moque pas, mais qui partage, qui donne de la légèreté et de la liberté pour avancer sur les chemins fleuris ou rocailleux de la vie, qui dit « merci », qui met du baume sur nos cœurs blessés, qui transcende la souffrance de ce monde en crise...

Ainsi parlait Suzanne qui ajoutait :

Rire, c'est mon grain de folie pour trouver la sagesse

Rire, c'est mon grain de beauté pour embellir la vie

Rire, c'est le médicament qui fait vibrer mes cellules

Rire, c'est réveiller mon imaginaire pour sauter les barrières

Rire, c'est une contagion de cacophonie joyeuse

Rire, c'est ouvrir les bras pour donner de la joie

Rire, c'est un langage de paix pour tous les êtres de la terre

Rire, c'est de l'amour donné à l'état pur.

Et, si vous ne savez plus rire, commencez par ce qui est juste en dessous : le sous-rire...

Chapitre 10

La famille, espace de ressources et de partage

Dans ce chapitre :

- L'innocence de l'enfance, insouciance et attendrissement
- La complicité des adolescents, comment être un parent disponible ?
- Rire à l'hôpital ? Blagues gestuelles pour les sourds
- Les seniors n'ont rien à perdre et ne demandent qu'à en rire

Robert Provine a longuement étudié le rire chez les enfants qui, très tôt, exprime une vraie puissance sociale et émotionnelle. Il note que, bien avant de savoir parler, le nourrisson rit, spécialement quand on le chatouille, et que le bébé utilise à la fois les pleurs et le rire pour communiquer, notamment avec sa mère. Joëlle confirme : « Quand Mathilde était toute petite, je savais, rien qu'en l'entendant pleurer, si elle avait faim ou si elle avait mal. L'intensité des pleurs n'était pas du tout la même. »

L'expression du rire évolue avec l'âge. Selon Robert Provine : *C'est vers l'âge de 5 ans, dans une période où ils jouent beaucoup, que les enfants rient le plus et de la manière la plus exubérante. Les chatouilles sont particulièrement appréciées. Ils s'enfuient ou crient devant la personne qui les chatouille, ce qui ne les empêche pas de revenir quelques secondes plus tard pour une nouvelle séance ! Le bébé, lui, ne peut pas s'enfuir. Selon l'intensité des chatouilles, il va rire, s'agiter ou pleurer. Cet échange favorise le contact avec les personnes qui prennent soin de lui, et participe à l'émergence du soi, prémices du sentiment d'identité. En grandissant, l'enfant reste très sensible à ces stimulations tactiles, mais au fil des ans, ce comportement s'atténue. À l'âge adulte, on rit quand on est chatouillé à 80 % et quand on est chatouilleur à 84 %.* (Robert Provine, *Le Rire, sa vie son œuvre. Le plus humain des comportements expliqué par la science*, Robert Laffont, 2003)

Redevenir enfant

Au nom des codes sociaux, nous jouons tous à l'adulte, sérieux et compassés, en oubliant l'enfant que nous avons été, riant de tout et de rien, toujours dans l'ici et le maintenant, assoiffé de vitalité, de mouvements, capable d'émerveillement, heureux d'apprendre, de comprendre, de grandir. Concentré sur son plaisir, celui de lécher une glace sans en faire tomber une goutte, de sucer un bonbon jusqu'au bout, sans qu'il se brise, de rester le plus longtemps possible sans respirer sous l'eau, de faire une joyeuse bataille de polochon, de ne pas résister à la fatigue quand elle arrive et de s'endormir d'un coup, n'importe où, quand le moment est venu. À cette époque magique de l'enfance, pas de raisonnements complexes, de conceptualisation, d'intellectualisation…

Le rire permet de retrouver l'enfant qui sommeille en chacun de nous. Celui que nous avons bâillonné, contraint au silence et à l'immobilité au nom de la maîtrise et du contrôle que se doivent de posséder les adultes que nous sommes devenus. Et si nous retrouvions le plaisir de crier notre joie, de bondir d'enthousiasme, de rire aux éclats sans s'embarrasser du qu'en dira-t-on ? Et si nous retrouvions nos yeux d'enfants pour contempler ce monde dans lequel nous vivons agrippés à nos pensées négatives, à nos soucis, à la liste infinie de tout ce qu'il reste à faire avant d'aller se coucher ?

SOURIONS

Une petite fille demande à sa maman :

« Dis maman, ils sont nés comment, les tout premiers parents ?

– Eh bien, lui répond sa mère, c'est Dieu qui a créé les premiers parents humains, Adam et Ève. Adam et Ève ont eu des enfants qui plus tard sont devenus parents à leur tour et ainsi de suite. C'est ainsi que s'est formée la famille humaine. »

Deux jours plus tard, la fillette pose la même question à son père. Celui-ci lui répond :

« Tu vois ma fille, il y a des millions d'années, les singes ont lentement, très lentement évolué jusqu'à devenir les êtres humains que nous sommes aujourd'hui. »

La petite fille, perplexe, retourne aussitôt voir sa mère :

« Maman, maman ! Mais comment c'est possible que tu me dises que les premiers parents ont été créés par Dieu et que papa me dise que c'étaient des singes qui ont évolué ? »

Et la mère de lui répondre très calmement, tout en souriant :

« C'est très simple ma chérie. Moi, je t'ai parlé de ma famille… et ton père, de la sienne. »

Histoire vécue

Pierre et Catherine ont deux enfants. Pierre promet à sa femme et à ses enfants de rentrer tôt du travail et de les emmener à la piscine. Les enfants sont fous de joie car leur père travaille beaucoup. À l'heure convenue, Catherine et les enfants sont prêts. Mais Pierre tarde à arriver. Le temps passe, le téléphone de Pierre est sur messagerie, les enfants déçus vont dans leur chambre et Catherine sent une colère monter en elle. Pourquoi ne tient-il pas sa promesse ? Pourquoi n'appelle-t-il pas pour dire ce qui se passe ? Deux heures plus tard, lorsque Pierre arrive, il explique qu'il a été retenu par son chef – une urgence de dernière minute – et lorsque Catherine rétorque qu'il aurait pu appeler, qu'elle et les enfants passent toujours en dernier, une grosse dispute éclate avec des mots douloureux à entendre. Les enfants ont peur et pleurent, Pierre ressort en claquant violemment la porte.

Reprenons : Pierre a envie de sortir en famille. Il pense sincèrement pouvoir honorer ce rendez-vous. Mais il ne sait pas gérer son temps et promet l'impossible car sa priorité est de satisfaire son patron. Il n'assume pas d'avoir fait le choix de son travail par rapport à sa famille et s'en veut sûrement de ne pouvoir mener de front les deux. Mais les promesses non tenues blessent les enfants comme les adultes et le manque de courtoisie (le fait qu'il n'a pas appelé pour prévenir) est vécu comme un manque de respect par Catherine vis-à-vis d'elle-même et des enfants. Lorsque Pierre arrive enfin, elle est en surchauffe émotionnelle et le ton monte très vite. Personne ne s'écoute, la violence verbale fuse et la surenchère des coups n'est pas loin. Heureusement, Pierre sort pour se calmer. À ce point, c'est ce qu'il y a de moins pire à faire.

Imaginons que Catherine, en colère, ait décidé de faire l'exercice suivant avant que son mari n'arrive. Il s'agit du « samouraï ». Debout, pieds écartés au niveau de la largeur des hanches, genoux souples et légèrement fléchis, Catherine devient un redoutable samouraï prêt à se battre. Elle sent dans tous ses muscles sa force guerrière. Elle concentre son mental sur un mouvement précis, celui d'éliminer par un geste et un son toutes les émotions négatives qui la rongent. Elle soulève un sabre imaginaire qu'elle tient des deux mains en inspirant profondément et elle abat devant elle le sabre, en poussant un cri qui vient du ventre (et non de la gorge). Tous ses muscles sont mobilisés, ses yeux sont meurtriers et son visage grimace de rage. Elle ne visualise pas qu'elle frappe Pierre, même si, en l'occurrence, c'est tentant. Mais elle frappe, elle tranche « la trahison de Pierre » (il ne s'agit pas non plus se faire « hara qui rit », ce ne serait pas drôle !). Comme Catherine est très en colère, elle renouvelle son geste trois fois. En exprimant le maximum d'intensité émotionnelle en un minimum de temps, elle s'autorise à redevenir maîtresse d'elle-même, avant le retour de Pierre. Car aucune situation, aussi douloureuse soit-elle, ne devrait vous faire perdre le contrôle de vous-même. Catherine prend ensuite quelques instants pour ressentir que son corps est redevenu calme et fort après l'exercice. Lorsque Pierre rentrera, elle pourra lui dire tranquillement sa déception, sa colère et l'inviter à revisiter ses priorités, à assumer qu'elles soient autres que familiales.

Les enfants et leur vie en cadeau

Quand tu regarderas le ciel, la nuit, puisque j'habiterai dans une des étoiles, puisque je rirai dans une des étoiles, alors ce sera pour toi, comme si riaient toutes les étoiles. Tu auras, toi, des étoiles qui savent rire !

(Antoine de Saint-Exupéry, *Le Petit Prince*)

Témoignages

Joëlle témoigne : « Mathilde n'allait pas tarder à pointer le bout de son minuscule petit nez. Après 17 heures de contractions, j'étais fatiguée, très fatiguée même. Le médecin accoucheur, voyant mes forces décroître, dit à Alexandre, le papa de Mathilde, qui assistait à l'accouchement : « Allez, Monsieur. Il faut l'encourager ! » Alors Alexandre s'est mis debout, en face de moi, sa charlotte en papier bleu enfoncée sur le crâne et deux autres autour des pieds et, comme s'il assistait à l'arrivée du Tour de France, il a commencé à crier : « Allez, Jojo, allez Jojo, allez… Allez Jojo, allez Jojo, allez ! » J'ai éclaté de rire. C'est ainsi qu'est née ma fille. Dans un éclat de rire… »

Martine raconte à son tour : « Le 12 février 1979, j'étais en pleines contractions et je vous prie de croire qu'il y a des moments plus agréables. Toutefois, j'ai compris assez vite que ces douleurs récurrentes avaient une sorte d'intelligence : lors d'une contraction, la douleur va crescendo jusqu'à un pic au-delà duquel toute femme s'évanouirait, mais en fait, au moment où l'on croit mourir, la douleur redescend comme le reflux d'une vague et s'apaise. Et ce mouvement de flux et reflux se répète, laissant à la femme le temps de récupérer et de reprendre des forces : la nature fait bien les choses. Puis j'ai compris qu'en accompagnant le mouvement de montée et de descente de la contraction, d'une conscience portée sur la respiration, la douleur devenait supportable. J'avais en face de moi Mary, une sage-femme libérale venue me soutenir à domicile, nous étions en Californie et Mary avait appris son métier dans une école américaine très sérieuse et auprès de mamas mexicaines se transmettant de femme à femme un savoir ancestral. Mary était donc assise en face de moi, puisque j'avais choisi la posture assise et accroupie à certains moments. Je n'avais rien appris des techniques françaises de respirations qui sont enseignées avant l'accouchement, étant en voyage. Mary devant moi savait exactement ce qu'il fallait faire et je l'imitais, comme si ma vie en dépendait, le visage tordu de douleur. Voyant que j'ajoutais la peur à la douleur physique et sachant sa parfaite inutilité, elle me dit en souriant avec une voix douce et ferme : « Souris Martine, ce sera plus facile, SOURIS. » Devant l'incongruité de l'injonction, mais sous totale dépendance, j'ai commencé à grimacer et à esquisser quelques rictus, puis devant son assurance souriante et grâce au lien de confiance que nous avions établi depuis quelques mois, j'ai commencé à sourire. La charge de souffrance s'est encore délestée jusqu'au moment où une poussée salvatrice fit naître mon fils en douceur dans un bain d'endorphines naturelles. Pas de pleurs, ni de claque sur les fesses ni de saisie par les pieds. Il fut paisiblement posé sur mon ventre après que son père eut coupé le cordon. Quel émerveillement que cette naissance et ce partage : un temps naturel, intense, magique et solidaire. J'y ai découvert la force féminine en lien avec la nature, la puissance du souffle conscient, la beauté d'une naissance et la magie des sourires conjugués. »

Les grelots enfantins

Les enfants rient souvent, énormément et spontanément parce qu'ils ne sont pas inhibés : ils sont dans une ouverture d'esprit et de cœur qui les fait démarrer au quart de tour. Ils respirent avec naturel – le ventre se soulève à l'inspiration et s'abaisse à l'expiration ; et cette aisance et la sécurité qui s'en dégage nous rassurent et nous apaisent. Lorsqu'un enfant rit, son ventre tout entier, et donc son diaphragme, est mobilisé. Il s'exprime de tout son être. Nos rires d'adultes sont souvent très différents. Retenus, contrôlés, produits d'une éducation qui induit des notions de bien et de mal, c'est-à-dire de jugement, ils ne permettent plus d'être un tout – corps, mental et émotions réunis. L'enfant possède cette vitalité, cette aisance corporelle, cette impérieuse nécessité de bouger sans contrainte, sans jugement de valeur, sans répression de quelque nature que ce soit. Il sait lâcher le mental très facilement, quand une situation comique s'offre à lui pour ne faire que cela, rire. « Une chose à la fois et la foi en chaque chose » est une phrase inspirante qui peut nous conduire à cette réunification perdue.

C'est l'éducation qui le contraint à devenir ce qu'on attend de lui, à comparer pour trouver des repères, à devenir conforme aux attentes de la famille, de sa culture et de la société dans laquelle il grandit, en s'éloignant de ce qu'il est. C'est malheureusement en se fondant dans la masse et la conformité que l'enfant perd sa joie et a du mal à trouver sa voie (voix).

Luc, un petit garçon de 5 ans est adressé à la psychomotricienne de l'école bilingue qui lui demande pourquoi il vient la voir. L'enfant répond : « Je ris trop, tout le temps. » Elle apprend que la mère travaille dans une librairie pour enfants dans laquelle se vendent aussi des jouets et que son père « joue » avec ses voitures de collection, mais que ni l'un ni l'autre ne jouent avec lui : « Mes parents ne rient jamais et ils disent que jouer avec moi est ennuyeux ». La psychomotricienne demande s'il veut qu'elle en parle aux parents ou s'il veut le faire lui-même. L'enfant décide d'en parler lui-même avec ses parents lors du prochain rendez-vous. Les parents sont convoqués et l'enfant dit « qu'il rit beaucoup à l'école car à la maison ce n'est pas possible, qu'ils ne font pas attention à lui et n'aiment pas quand il joue ». Le dialogue se réinstalle entre les parents qui ne communiquaient visiblement plus, mais ce n'est pas un happy end car ils décideront de divorcer six mois plus tard.

Paroles d'enfants

Est-ce que les ours scolaires vont à l'école ?

Regarde papa, il y a des fantômes qui s'envolent de ton café !

Les citrouilles ? Ça pousse sur les balcons, voyons !

Grand-maman m'a picoté des belles pantoufles.

Regarde le beau feu dentifrice !

C'est qui ma tante roulotte ?

C'est quoi, ton signe extralogique ?

Quand est-ce qu'on mange ? Je creuse de faim...

À l'hôpital, on se couche sur une litière.

Aujourd'hui, à la garderie, on a bu de la pollution magique.

Qui veut jouer au « mon oncle poli » avec moi ?

Papa, si tu vas trop vite, la police va te donner une conversation.

J'écris une lettre à mon amie, c'est pas grave si je sais pas écrire parce qu'elle ne sait pas lire.

Papa s'est endormi au soleil... Il a perdu la lotion du temps.

Je prends une bouchée minuscule, pas majuscule, hein ?

Le printemps, c'est quand la neige fond et qu'elle repousse en gazon.

Je me suis fait mal en tombant. Le médecin m'a fait des points de futur.

Quand on ne met pas de crème, le soleil nous donne des coups.

Si j'étais un garçon, est-ce que j'aurais été dans le ventre de papa ?

Viens manger papa, ta crème glacée va refroidir.

Il fait chaud... touche à mon dos, il est tout timide.

Regarde dans l'eau, il y a une grenouille sur un miniphare.

Cet été à la mer, j'ai couru après une miette, mais elle s'est envolée.

Regarde maman, le petit bébé a déjà perdu toutes ses dents.

Pour Noël, je veux un « joliciel » pour jouer à l'ordinateur.

Regarde le beau lever de sommeil !

Maman, quand tu étais petite et que papa était petit, c'étaient qui mes parents ?

Demain, je vais à l'hôpital pour prendre des photocopies.

La poupée qu'on chatouille et qui rit est un jouet sorti pour Noël 1996 aux États-Unis. Il a fait fureur.

Vous n'avez pas beaucoup d'occasions de rire dans la vie quotidienne ? Créez-les vous-même. Ces exercices vous y aideront. Il est préférable de s'entraîner à deux car le rire est communicatif.

- Mettez-vous devant la glace et, comme un jeune enfant, faites des grimaces. Puis émettez des rires avec des voyelles différentes (« i », « o », « u »...). Au début, cela vous semblera bizarre, mais avec un peu d'entraînement...
- Mettez-vous en face d'une personne et dite *cheese* (prononcez « tchhiiiz ») en essayant surtout de ne pas rire.
- Renouez avec votre enfance et jouez à « Je te tiens, tu me tiens, par la barbichette, le premier de nous deux qui rira aura une tapette... » Irrésistible !
- Mettez-vous devant la glace, pointez-vous du doigt comme si vous voyiez la chose la plus drôle du monde et riez ! Excellent pour se donner le sens de l'humour...
- Essayez de vous souvenir d'un fou rire que vous avez eu. Sa seule évocation vous mettra de bonne humeur.
- Chantez des chansons à vos enfants au lieu de les laisser devant la télévision. Inventez-leur des contes, faites des tours de magie ou mettez en scène des sketches où ils participent activement. Vous n'êtes pas obligés de faire compliqué : un nez rouge... et le tour est joué. Cela suffit souvent à déclencher le rire aussi bien chez les enfants que chez les adultes.
- Écoutez les CD, regardez les DVD des comiques et chansonniers que vous appréciez.
- Au théâtre, au cinéma, à la télévision, choisissez plutôt les œuvres comiques et boycottez la violence.
- Enfin, distribuez des « smileys » ou des « mercis » dans les boîtes aux lettres, dans les caddies, sur les bureaux, sous les pare-brise !

LE SAVIEZ-VOUS ?

En swahili (langue d'Afrique de l'Est), rire aux éclats se dit *angua cheko*. En japonais, le rire se dit *waraï*, j'ai ri : *waraïmashita*, j'ai explosé de rire : *daïbakushô shimashita*.

Le rire adolescent

À l'adolescence aussi, les rires entre amis fusent, basés sur des complicités de vues. Les adultes en sont souvent exclus ; ces codes permettant aux adolescents de se définir et de mettre à jour leurs préférences et leurs valeurs. N'amenez pas votre adolescent dans un club de rire, il n'en a pas besoin et trouvera cela ridicule. À cette période de la vie, l'ego se construit et le narcissisme a besoin de s'étayer fortement. Toute mise en situation ridicule est à proprement parler insupportable. Ne soyez pas vexé si votre adolescent ne rit pas des mêmes choses que vous et soyez assuré que beaucoup de choses l'amusent encore et le font rire… avec ses copains !

Témoignages

Ce qui est hilarant et irrésistible à l'âge adolescent, c'est la complicité. Cela donne une puissance au rire relationnel qui se déclenche d'un seul regard. Martine témoigne : « Ma meilleure amie, Babette, et moi avions 14 ans et, chaque fois que nous étions ensemble, c'était du bonheur. Dès qu'elle a commencé, j'ai vécu cette amitié comme un cadeau merveilleux. Entre confidences et rires, nos insouciances et notre profonde amitié ensoleillaient radicalement ma vie. Après les cours, nous remontions une pente goudronnée qui nous conduisait vers la gare et inévitablement, nous étions tordues de rire à propos d'une futilité quelconque.

Ce jour-là, nous étions embarquées dans un fou rire mémorable (je m'en souviens encore 40 ans plus tard !), quand une femme d'environ 30 ou 40 ans nous regarda avec les yeux brillants en nous disant : « Profitez-en bien, qu'est-ce que je vous envie ! » Cette fois-là, on en a tellement profité qu'on en a fait pipi dans nos culottes...

J'ai 50 ans et je fais des courses au supermarché. Parmi les courses que je dépose sur le tapis roulant, il y a les couches destinées à ma mère, qui a 75 ans. Un couple – deux très jeunes gens d'environ 18 ans chacun – regarde les couches, me regarde et éclate de rire… Je comprends qu'ils croient que c'est pour moi... Taraudée entre la honte et l'envie de leur voler dans les plumes en leur hurlant : « Ce n'est pas pour, moi, c'est pour ma mère ! », je fulmine intérieurement et ce, durant une bonne partie de la journée. J'aurai dû me calmer, et puis leur dire : « Dans dix ans, ce sera votre tour ! », comme le faisait si joliment Voltaire (*Marquise si mon visage, a quelque chose d'un peu vieux, souvenez-vous qu'à mon âge, vous ne vaudrez guère mieux...*) . Non, en fait, j'aurais dû joindre mon rire au leur, les décontenancer avec de l'autodérision, leur prouver par le rire qu'ils allaient peut-être un peu vite en besogne, à préjuger de mon incontinence avant que de savoir... L'humiliation, au fond, n'était que dans ma tête. »

Les perles du baccalauréat

SOURIONS

Le génie de la Renaissance italienne : Mickey l'ange.

Les Américains ont perdu la guerre du Nuoc-mâm.

Noé et son arche se sont échoués sur le Mont Arafat.

Jean Moulin fut, lui aussi, victime de la barbie nazie.

Vendémiaire correspond à la saison des vidanges.

Les Français sont de plus en plus intéressés par leur arbre gynécologique.

Les escargots sont homosexuels.

La génétique arrivera un jour à clowner les gens.

L'hypopotamus est le siège du système neurovégétatif.

Les sacrifices humains étaient courants chez les pastèques.

La terre rote sur elle-même.

Le Soleil a cessé de tourner autour de la Terre le jour où on a menacé de le brûler.

Le cerveau a deux hémisphères, l'un pour surveiller l'autre.

Le cerveau a des capacités tellement étonnantes qu'aujourd'hui pratiquement tout le monde en a un.

Quand il voit, l'œil ne sait pas ce qu'il voit ; il envoie une photo au cerveau qui lui explique.

Les végétaux fixent l'oxygène grâce aux globules verts.

Un pilote qui passe le mur du son ne s'en rend pas compte : il n'entend plus rien.

Privés de frites, Parmentier inventa la pomme de terre.

Déjà avant-guerre, Mercedes fabriquait des Volkswagen.

Depuis Archimède, les bateaux flottent.

En 2020, il n'y aura plus assez d'argent pour les retraites à cause des vieux qui refusent de mourir.

Un prévenu est quelqu'un qu'on a mis au courant.

Un ver solitaire est un ver qui vit tout seul à la campagne.

Tous les spermatozoïdes ont un fouet, mais seul le plus fort parvient à ses fins.

Le samouraï

Un samouraï demanda à un maître de lui expliquer la différence entre le ciel et l'enfer. Sans lui répondre, le maître se mit à l'injurier abondamment. Furieux, le samouraï dégaina son sabre pour le décapiter. « Voilà l'enfer. », dit le maître avant que le samouraï ne passe à l'acte. Le guerrier, frappé par ces mots, se calma instantanément et remit alors le sabre dans le fourreau. Commentant ce dernier geste, le maître ajouta : « Et voilà le paradis ! ».

Alexandro Jodorowsky, *Le Doigt et la Lune*, Albin Michel, Paris, 1997

La disponibilité comme vertu

Il y a d'autres familles où la fantaisie de chacun est chose sacrée, chose aimée et où nul ne songe jamais que sa joie puisse être importune aux autres.

(Alain)

Pour ses enfants

Dans ce monde où tout va vite et où tout se bouscule, il est émouvant de rencontrer des adultes qui savent se rendre disponibles. Cela me semble être, avec la bonté, la qualité suprême. Avez-vous remarqué ce qui se passe lorsque vous dites à votre enfant : « OK, je joue avec toi 20 minutes, montre en main, et pendant ces 20 minutes, rien, ni personne, ne nous dérangera » ? Si vous vous tenez à cet accord – pas de téléphone, ni de conjoint, ni de tâche « incontournable », si vous jouez à fond, sans penser à autre chose, juste en accordant votre totale attention à ce que vous faites avec votre enfant, si vous êtes tout entier dans votre rôle de parent disponible, alors, nourri par votre attention aimante, l'enfant sera rassasié. Si vous lui accordez régulièrement du temps de cette façon, il n'essaiera pas d'attirer votre attention lorsque vous serez occupé. Il intégrera le fait que vous prenez aussi du temps pour lui et qu'il compte pour vous. Apprenez-lui à jouer avec les mots, à marcher à l'envers. Quand il part à l'école, dites-lui : « Amuse-toi bien ! » au lieu de : « Travaille bien ! »

Autoriser son enfant à mettre du ludique partout, y compris dans les apprentissages de l'école, c'est développer dès son plus jeune âge joie de vivre et art de la relativité !

Dictée trouvée dans un vieil almanach

Monsieur Lamère a épousé Mademoiselle Lepère. De ce mariage, est né un fils aux yeux pers*. Monsieur est le père, Madame est la mère. Les deux font la paire. Le père, quoique père, est resté Lamère, mais la mère, avant d'être Lamère était Lepère. Le père est donc le père sans être Lepère, puisqu'il est Lamère et la mère est Lamère, bien que née Lepère.

Aucun des deux n'est maire. N'étant ni le maire ni la mère, le père ne commet donc pas d'impair en signant Lamère. Le fils aux yeux pers* de Lepère deviendra maire. Il sera le maire Lamère, aux yeux pers, fils de Monsieur Lamère, son père, et de Mademoiselle Lepère, sa mère.

La mère du maire meurt et Lamère, père du maire, la perd. Aux obsèques, le père de la mère du maire, le grand-père Lepère, vient du bord de mer et marche de pair avec le maire Lamère, son petit-fils. Les amis du maire, venus pour la mère, cherchent les Lamère, ne trouvent que le maire et Lepère, père de la mère du maire, venu de la mer, et chacun s'y perd !

**pers : entre le gris-bleu et le bleu-vert.*

Un homme tomba dans un trou, se fit très mal et ne parvint pas à en sortir. Un cartésien se pencha et lui dit : « Vous n'êtes pas rationnel, vous auriez dû voir ce trou ! » Un homme pétri de spiritualité le vit et dit : « Vous avez dû commettre quelque péché. » Un scientifique calcula la profondeur du trou. Un journaliste l'interviewa sur ses douleurs. Un yogi lui dit : « Ce trou est seulement dans ta tête, comme ta douleur. » Un médecin lui lança deux comprimés d'aspirine. Une infirmière s'assit sur le bord et pleura avec lui. Un thérapeute l'incita à trouver les raisons pour lesquelles ses parents le préparaient à tomber dans un trou. Une pratiquante de la pensée positive l'exhorta : « Quand on veut, on peut ! » Un optimiste se réjouit : « Vous avez de la chance ! Vous auriez pu vous casser une jambe. » Un pessimiste s'inquiéta : « Vous êtes mal... Et ça risque d'empirer ! » Puis un enfant passa et lui tendit la main...

Pour les plus vulnérables aussi

Le rire pur, le rire d'enfant, commence avec la pleine acceptation de nos erreurs et préjugés, a dit Arnaud Desjardins, auteur et enseignant spirituel.

« Ma mère souffre de démence sénile et de la maladie d'Alzheimer et je tiens à la faire sourire et rire un peu lorsque je vais lui rendre visite, raconte Martine. J'ai cherché, et trouvé une histoire drôle. Comme elle ne s'en souvient plus d'une visite à l'autre, je la lui raconte à chaque fois avec le même succès :

Un monsieur se rend à l'épicerie et demande au marchand s'il vend du lait. Celui-ci lui répond que non. Pendant quelques jours, il revient avec cette même demande : « Vendez-vous du lait ? » et le marchand, de plus en plus énervé, rétorque : « Non, et si vous revenez encore, je vous envoie du plomb dans les fesses ». Le lendemain, le monsieur est à nouveau chez l'épicier et demande : « Avez-vous du plomb et une carabine ? » « Non ! », répond l'autre, furieux. « Ben, vous avez du lait alors ? » »

Certaines personnes, comme les seniors, surtout s'ils sont en institution, ont grand besoin de rire. Si ce public vous touche et que vous souhaitez intervenir auprès d'eux, vous serez aimé et apprécié car beaucoup n'ont plus ri depuis fort longtemps. Les personnes âgées n'ont rien à perdre et ne craignent plus le ridicule, si vous arrivez à les faire jouer et rire, vous serez pour elles le soleil en personne et leurs cœurs réchauffés à vos rayons seront votre récompense.

Hospitalisation, la place du rire et du sourire

Deux hommes gravement malades occupaient la même chambre d'hôpital. L'un d'eux devait s'asseoir dans son lit pendant une heure chaque après-midi afin d'évacuer les sécrétions de ses poumons. Son lit était placé à côté de la seule fenêtre de la chambre.

L'autre devait passer ses journées couché sur le dos. Les deux compagnons d'infortune se parlaient pendant des heures, ils évoquaient leurs épouses, leurs familles, décrivaient leur maison, leur travail et les endroits où ils étaient allés en vacances.

Chaque après-midi, quand l'homme dont le lit se trouvait près de la fenêtre devait s'asseoir, il décrivait à son compagnon tout ce qu'il voyait dehors, élargissant et égayant l'univers de ce dernier par la description des activités et des couleurs du monde extérieur.

Il lui parlait de la vue qui donnait sur un parc au milieu duquel se trouvait un beau lac, des canards et des cygnes qui jouaient sur l'eau tandis que les enfants faisaient voguer leurs bateaux en modèles réduits. Les amoureux marchaient bras dessus, bras dessous parmi des fleurs couleur d'arc-en-ciel. De grands arbres embellissaient le paysage et l'on pouvait apercevoir au loin la ville se dessiner.

Pendant que l'homme près de la fenêtre décrivait tous ces détails, son compagnon fermait les yeux et imaginait la scène pittoresque.

Lors d'un bel après-midi, l'homme près de la fenêtre décrivit une parade qui passait par là. Bien que son compagnon n'ait pu entendre l'orchestre, il pouvait le voir avec les yeux de son imagination, tellement la description était vivante.

Les jours et les semaines passèrent. Un matin, l'infirmière trouva le corps sans vie de l'homme près de la fenêtre, mort paisiblement dans son sommeil. Attristée, elle appela les préposés pour qu'ils viennent prendre le corps.

Dès qu'il sentit que le moment était approprié, l'autre homme demanda s'il pouvait désormais occuper le lit placé à côté de la fenêtre. L'infirmière, heureuse de lui accorder cette faveur, s'assura de son confort, puis le laissa seul. Lentement, péniblement, le malade se souleva un peu, en s'appuyant sur un coude pour jeter son premier coup d'œil dehors. Or, tout ce qu'il vit fut un mur. Quand l'homme demanda à l'infirmière pourquoi son compagnon de chambre décédé lui avait dépeint une tout autre réalité, elle fut étonnée : l'homme était aveugle et ne pouvait même pas voir le mur !

Petite histoire du rire à l'hôpital

Voici ce que raconte Kinou le Clown : *Dès le XIXe siècle, des bénévoles offrent leurs « clowneries » aux hôpitaux. Qu'ils se nomment « La gaieté qui guérit » ou « La santé dans la joie » ou encore « Sourire à l'hôpital », ils se forment pour apporter de la bonne humeur dans les lieux de soins. Les frères Fratellini, Dario-Bario, Grock et d'autres font au début du XXe siècle rire les personnes hospitalisées.* Et, en 1979, l'écrivain américain Raymond Moody écrit dans *Guérissez par le rire* : *Pour avoir vu opérer un clown dans un service pédiatrique, j'ai pu me faire une opinion très claire sur les dangers de laisser des amateurs se livrer aux mêmes activités. Un clown professionnel connaît la distance exacte à laquelle il doit se tenir par rapport à son auditoire enfantin. Il sait prendre automatiquement le recul nécessaire quand il voit un enfant manifester de la peur. La simplicité apparente des tours exécutés par un clown versé dans son art résulte de longues années de pratique. Aussi, malgré toutes ses bonnes intentions, un débutant risque de faire peur aux enfants. J'ai la conviction profonde que les clowns de métier forment pour la médecine un corps d'auxiliaires précieux et quasiment inutilisés.*

Grâce aux succès du livre de Norman Cousins *La Volonté de guérir* et au film *Docteur Patch* relatant la vie réelle d'un médecin clown, le docteur Patch Adams joué par Robin Williams, les « clowns zopitaux » continuent leur percée. L'unité d'intervention clownesque du Big Apple Circus à New York, Le Rire Médecin à Paris, Docteur Clown à Lyon, la fondation Théodora à Lausanne et d'autres associations dans de nombreuses villes interviennent pour les enfants et les adultes. Kinou le Clown dit de sa longue pratique : *Nous n'avons pas de spectacle construit, nous venons juste accueillir l'enfant tel qu'il est. Lui nous accueille tel quel. Chaque rencontre est unique et improvisée sur le champ. Le clown ne joue pas un rôle, il est juste ce qu'il est, nature, vrai, simple, authentique, avec un cœur « gros comme un éléphant », comme a dit un jour un enfant. L'école du clown, c'est l'école de l'humilité : apprendre ses défauts et ses qualités, les amplifier et en rire avec les autres. Le clown ne se moque jamais de l'autre. Il n'est jamais méchant. Au contraire, il est tout accueil, toute tendresse. Il ne veut que la joie de l'autre, tout faire pour le rendre heureux.*

Dans son livre *Le Rire, une merveilleuse thérapie*, Kinou raconte qu'en 1990, la Clown Care Unit comprenait 25 faux médecins qui, malgré leur tenue de clown, affirmaient aux enfants qu'ils étaient de grands docteurs. Ils voyaient plusieurs centaines d'enfants par semaine dans les hôpitaux de New York, leur apportant de l'amour et des occasions de rire. Leurs trucs étaient simples : « Quel âge as-tu ? 6 ans ? Ben moi, quand j'avais ton âge, j'en avais 7 ! » Ou encore : « 6 ans ! T'es marié ? T'as des enfants ? ». Ils jouent aussi la visite d'un spécialiste : « Je viens contrôler ta vue : tu vois ce poulet ? » (ils montrent un énorme poulet en plastique). « Trrrrrrès bien. Ton ouïe maintenant. » Ils agitent une clochette près de l'oreille de l'enfant. « Paaaaaarfait, tu vas beaucoup mieux à présent ! ».

Le Rire Médecin

Après trois ans et demi passés « à faire le clown » au sein de l'équipe du Big Apple Circus, Clown Care Unit, Caroline Simonds décide de fonder sa propre association qu'elle baptise « Le Rire Médecin ».

En France, un enfant sur deux est hospitalisé avant l'âge de 15 ans. Pour ces enfants et leurs parents, un séjour à l'hôpital ou une simple visite est souvent synonyme d'angoisse, de solitude et de détresse. À un moment où l'enfant construit sa future personnalité d'adulte, l'hospitalisation constitue une expérience cruciale. Selon qu'elle aura été positive ou négative, heureuse ou traumatisante, cette expérience va influencer significativement la suite de la vie de l'enfant et son attitude face aux problèmes, tant physiques que psychiques, qu'il rencontrera ultérieurement.

Les clowns du Rire Médecin font partie de la vie du service. Pour réussir l'alchimie « clowns soignants », les rôles doivent être très clairs. Il n'y a pas d'un côté « les gentils », les pitres qui font rire, et de l'autre « les méchants », avec leurs cocktails de soins médicaux qui peuvent être douloureux. Il y a des professionnels de la médecine et des professionnels du spectacle, qui se respectent et travaillent en étroite collaboration dans un même but : le mieux-être de l'enfant hospitalisé.

Instaurer une réelle collaboration avec les équipes médicales est un des principes fondateurs de l'association. Par conséquent, avant chaque journée de jeu, les « hôpiclowns » bénéficient d'une « transmission » : un membre de l'équipe soignante les informe de la situation médicale et psychologique de chaque enfant présent dans le service. Ces échanges, qui sont couverts par le secret médical, sont essentiels pour les clowns car ces informations leur permettent d'adapter leur jeu et d'improviser pour chaque enfant un spectacle personnalisé adapté à son humeur et à sa situation.

Pour atténuer le stress et l'angoisse des enfants et de leurs parents, les équipes soignantes qui pratiquent des soins parfois douloureux font de plus en plus souvent appel aux nez rouges du Rire Médecin. Intervenant en parfaite synergie avec les soignants, les clowns utilisent le jeu pour capter l'attention des enfants et la détourner de l'acte médical. Les parents, sensibles au jeu des clowns, sont également plus détendus et rassurés. Les soignants peuvent travailler plus sereinement et se consacrer aux aspects techniques de leurs gestes.

Caroline Simonds, *Le Rire Médecin, Journal du docteur Girafe*, Albin Michel, Paris, 2001

LE SAVIEZ-VOUS ?

Conjugaison du verbe rire au subjonctif présent : que je rie, que nous riions, au subjonctif imparfait : que je risse, que nous rissions…

Échanges épistolaires

Rions un peu avec cet échange célèbre sur le net. Une mère rentre dans la chambre de sa fille qu'elle trouve vide. Sur le lit, une lettre :

Maman chérie,

Je suis désolée de devoir te dire que j'ai quitté la maison pour aller vivre avec mon copain. Il est l'amour de ma vie. Tu devrais le voir, si mignon avec tous ses tatouages, son piercing et sa super moto. Mais ce n'est pas tout, ma petite maman chérie. Je suis enfin enceinte et John dit que nous aurons une vie superbe dans sa caravane en plein milieu des bois. Il veut beaucoup d'enfants avec moi, c'est mon rêve aussi.

Je me suis enfin rendu compte que la marijuana est bonne pour la santé et soulage les maux. Nous allons en cultiver et en donner à nos copains lorsqu'ils seront à court d'héroïne et de cocaïne pour qu'ils ne souffrent pas. Entre-temps, j'espère que la science trouvera un remède contre le sida pour que John aille mieux. Il le mérite vraiment, tu sais.

Ne te fais pas de soucis pour moi maman, j'ai déjà 13 ans, et le peu d'expérience qui me manque, John peut le compenser avec ses 44 ans.

Ta fille qui t'aime.

PS : Je te raconte des idioties, maman, je suis chez les voisins ! Je voulais juste te dire qu'il y a des choses bien pires dans la vie que le bulletin scolaire que tu trouveras sur ta table.

Et voici la réponse du père envoyée immédiatement chez les voisins par écrit :

J'ai donné ta lettre à ta mère. Elle a immédiatement fait un infarctus et nous avons dû l'hospitaliser. Les médicaments devraient la maintenir en vie. Lorsque j'ai expliqué à mon avocat ce qui s'était passé, il m'a recommandé de te retirer de notre testament. Nous avons mis à la poubelle toutes tes affaires et utilisons ta chambre comme débarras. Nous avons aussi changé la serrure de la porte, et fermé ton compte épargne (l'argent servira au traitement de ta mère). N'essaie pas de nous appeler pour demander de l'argent, nous avons résilié ton contrat de téléphone mobile. Nous comptons donner au Secours populaire les jouets que tu gardais, tes instruments de musique, ta collection de CD et de photos. J'espère que tu trouveras rapidement un job pour vivre et payer tes cours de musique. J'espère aussi que tu seras très heureuse dans ta nouvelle vie.

L'homme que tu appelais Papa.

PS : Ma chérie, c'est une blague ! Je regarde la télé avec ta mère, qui se porte très bien. Je voulais juste te montrer qu'il y a des choses plus graves que de passer les huit prochaines semaines sans sortir, et sans regarder la télé à cause de ton mauvais bulletin scolaire et de ta petite blague…

LE SAVIEZ-VOUS ?

Après la projection d'un film comique on constate une augmentation des anticorps salivaires, soit un renforcement du système immunitaire. Un film documentaire n'entraîne aucun changement et un film de guerre entraîne une diminution de ces anticorps, donc un affaiblissement du système immunitaire général.

AUDACE

Cela fait des semaines que le temps est exécrable, beaucoup en souffrent et beaucoup en parlent. Au club de rire, j'ai donc proposé que les gens se croisent en râlant dans une langue imaginaire sur le temps et y mettent toute l'intensité de leur mécontentement. Puis, nous nous sommes rassemblés très prêt les uns des autres et j'ai proposé de dire : « Un, deux, trois... le temps est pourri. Youpi ! » en nous égayant comme de joyeux moineaux. Il est souvent salutaire de rire de nos ruminations. N'hésitez pas à choisir votre problème préféré pour le tourner en dérision et il deviendra tout petit, petit....

Handicap, faire de la place pour la joie

Le rire est évidemment un agrément très important pour les personnes lourdement handicapées qui vivent une bonne partie de leur temps dans des résidences spécialisées – c'est-à-dire dans un espace aux contours limités – avec des journées très programmées, une rééducation parfois très douloureuse et, bien évidemment, une mobilité sérieusement réduite. Les plaisanteries, le rire et la chaleur humaine permettent d'accepter plus facilement tout cela.

Adaptez-vous à votre auditoire

Compte tenu de la grande souffrance ou de la pénibilité des situations qu'elles vivent, il va de soi qu'être toujours attentif aux expressions du plaisir et de déplaisir qu'elles expriment est fondamental pour trouver le ton de joyeuse détente adéquat. Tout ce qui relève de la fausse maladresse ou de la gentille dérision des actions quotidiennes et répétitives est par exemple très bien reçu par les personnes très lourdement handicapées. Dans ce contexte, le jeu et les clowneries sont de magnifiques vecteurs de rire... Pour les malvoyants, soignez votre vocabulaire (souvent lié à la vision), parlez d'entendre, de capter, de ressentir... Sécurisez la pièce afin qu'en bougeant, personne ne se blesse. La musique est bienvenue et les exercices tactiles aussi. Adaptez-vous à votre public, observez et écoutez : souvent, le groupe formule ou vous montre ce qui est juste. Par exemple, une personne essoufflée vous alertera sur la nécessité de ralentir et de proposer quelques respirations. Si le groupe se sent bien, il sera créatif : rebondissez sur toutes les pépites que les participants vous offrent, il n'est pas rare de proposer un jeu et que les rieurs inventent des variantes, laissez-les s'amuser plutôt que d'imposer ce que vous aviez prévu. Beaucoup d'exercices peuvent se pratiquer en fauteuil, formez-vous à l'École du rire, adaptez-vous avec bon sens.

Cocktail de rires de Véronique Arrondel, rigologue à Houilles

2 cl de sourires

3 cl de « ah ! »

4 cl d'images joyeuses

5 cl de sautillements

20 cl de bonne humeur

Dans votre shaker préféré, c'est-à-dire vous !

Laissez monter votre air entraînant du moment.

Décorez votre visage d'un large sourire dont vous avez le secret.

Versez de beaux souvenirs, de belles images, de belles odeurs, de belles sensations.

Ajoutez quelques inspires et expires profonds de détente.

Assaisonnez le tout de quelques sautillements joyeux pour vous mettre en jambes.

Et complétez d'une rasade de bulles de bonne humeur pétillante.

Jetez trois cubes de « ah ! » (ce qui fait « ah ! ah ! ah ! ») en faisant bouger l'abdomen.

Remuez le tout dans votre shaker corporel jusqu'à l'apparition de votre premier rire.

Versez l'ensemble dans un grand verre rieur.

Et trinquer en bonne compagnie pour faire jaillir une explosion de rires.

À déguster sans modération.

L'effet de ce cocktail m'éblouit à chaque séance : les visages se détendent et rayonnent de joie. Son effet à moyen terme est aussi magique : affirmation de soi et confiance en soi sont au rendez-vous…

Le rire sourd

De quoi les sourds rient-ils donc ? Et comment en rient-ils ? Voici quelques exemples rigolos donnés par Yves Delaporte, auteur de *Le Rire sourd.* Figures de l'humour en langue des signes.

D'après Yves Delaporte, les sourds sont de joyeux drilles. Ils aiment faire la fête. Au cours de ces soirées, ils adorent échanger en langue des signes des jeux de mots.

Devant une tarte de belles dimensions, propre à satisfaire la gourmandise d'une douzaine de convives, un homme ordonne à sa femme : « Va chercher la pelle ! », mais le signe qu'il réalise n'a rien à voir avec la pelle à tarte il désigne l'outil du jardinier…

Ils aiment aussi imiter des personnages dans le cadre des jeux de société. Pour eux, ce qui compte, c'est d'évoquer ce qu'il y a de subtil dans la personnalité : une façon d'être, de regarder, et non pas les traits physiques évidents. Ils imitent avec malice la personne qui parle en agitant ses mains, par exemple.

Les sourds adorent aussi raconter des blagues comme celle que rapporte Yves Delaporte :

Un clochard voit stopper à sa hauteur une Cadillac, d'où descend un homme visiblement très riche dans lequel il reconnaît un ancien compagnon de misère. Retrouvailles, embrassades. Le parvenu explique le secret de sa soudaine richesse : on lui a confié une flûte magique qui permet d'apprivoiser les plus féroces animaux d'Afrique. Grâce à elle il s'est enrichi dans le commerce des fourrures. Maintenant que sa fortune est faite, il doit à son tour transmettre la flûte. Son compagnon l'accepte avec reconnaissance, part aussitôt pour l'Afrique, s'engage dans la profondeur de la forêt, aperçoit au loin un tigre féroce et commence à jouer de son instrument. Le tigre s'approche, l'homme ne s'inquiète nullement. Le tigre se fait de plus en plus menaçant, l'homme ne s'inquiète toujours pas : n'a-t-il pas une flûte magique ? Il a bien tort : le tigre se jette sur lui et le dévore. Pourquoi ? Réponse : c'était un tigre sourd.
(Yves Delaporte, « Le Rire sourd. Figures de l'humour en langue des signes », in *Paroles à rire*, sous la direction d'Eliane Daphy et Diana Rey-Hulman, avec la collaboration de Micheline Lebarbier, 1999, p. 233-262)

Si vous proposez du yoga du rire à des malentendants, faites en sorte que tout soit visuel, corporel et ludique, montrez-vous en exemple au lieu d'expliquer verbalement et, pour la méditation du rire, faites asseoir les personnes en cercle, au sol ou sur des chaises selon l'âge, yeux ouverts : le fou rire se communiquera par le visuel et le relationnel.

Souriez à dix inconnu(e)s cette semaine.

L'espoir

De nombreux travaux montrent que le rire, les pleurs et l'expression des émotions ont un effet extrêmement puissant pour améliorer le fonctionnement immunitaire. Norman Cousins témoigne que, sur son lit d'hôpital, dix minutes de rire lui permettaient de dormir sans douleur pendant deux heures… Jane Brody relate dans le *New York Times* qu'un groupe d'infirmières s'est baptisé « infirmières du rire » : elles portent sur leurs blouses un badge sur lequel est écrit : « Attention ! Rire peut être dangereux pour votre maladie ! ». Si l'un de vos proches séjourne à l'hôpital, permettez-lui de parler de son ressenti et de ses peurs, laissez vos soucis dans le couloir et faites de votre visite un moment agréable, apportez-lui des livres ou dessins humoristiques et racontez-lui quelques blagues (s'il n'a pas trop de points de suture, et qu'il peut rire évidemment !) et au lieu de lui parler de vos problèmes, donnez-lui de bonnes nouvelles et dites-lui que vous croyez en sa guérison.

Chapitre 11

Rions-nous tous et partout de la même façon ?

Dans ce chapitre :

- Vous verrez que si le rire est universel, l'humour est culturel
- Dans les situations les pires qui puissent s'imaginer, l'humour et le rire deviennent des soutiens psychologiques vitaux
- Le « territoire » du rire de l'homme n'est pas celui de la femme
- Les bêtes se « poilent »-elles ?

Souvent confondus, le rire et l'humour sont pourtant deux manifestations de la bonne humeur très différentes. On pourrait même dire que le second est au premier ce que la moustache, semble-t-il, était au baiser au début du XXe siècle, ou ce que la cerise est sur le gâteau : un adjuvant. Un élément déclencheur.

Le rire vient du corps, quand l'humour vient de l'esprit. Et l'esprit humain offre une palette infinie de sortes d'humour, selon que l'on vienne du Nord ou du Sud, de la montagne ou du bord de mer, que l'on soit un homme ou une femme, ce qui autorise une infinité de rires possibles…

Apprendre à développer son sens de l'humour

La vie ne cesse pas d'être drôle quand nous mourrons. Tout comme elle ne cesse pas d'être sérieuse quand nous rions.

(George Bernard Shaw)

L'humour est ce qui vous sauve de l'humiliation. Si vous avez un bon sens de l'humour, vous ne serez jamais humilié. Et si vous n'êtes pas humilié, vous devenez invincible. L'humour reconnecte le monde, alors que l'humiliation déchire et sépare. Dans une société qui se déchire, l'humour est une inspiration d'air frais. Sri Sri Ravi Shankar, créateur de la fondation L'Art de vivre

C'est facile de rire !

Ah ! les croyances populaires. Oh ! les petites phrases toxiques qu'on répète en boucle et auxquelles on finit par croire, comme celle-ci par exemple : « On n'a pas si souvent que ça l'occasion de rigoler dans la vie ! » Mais qui a donc déclaré cette ineptie le premier ? Développer son sens de l'humour est pourtant et par définition ce que chacun peut faire – ou apprendre à faire – à n'importe quel moment de sa vie (et de sa journée). Avoir le sens de l'humour, c'est juste être capable d'apprécier le côté comique des choses en même temps que leur côté sérieux. Cela permet de chasser les pulsions hostiles et l'accumulation du stress quotidien, de se libérer du sérieux de l'existence. Et, contrairement à ce que voudrait nous faire croire la petite phrase toxique, il n'est pas si difficile que cela de trouver des occasions de rire si l'on s'en donne la peine. Partout et à tout moment de la journée, les occasions fourmillent de pratiquer l'humour pour qui sait simplement voir et écouter...

Collectez les bandes dessinées, les caricatures et les blagues non sexistes et non racistes (si, si, ça existe !) que vous trouvez dans les journaux pour confectionner votre propre cahier humoristique. Cela vous permettra de mieux connaître votre sens de l'humour, qui n'est pas nécessairement le même que celui de votre conjoint ou de vos collègues. En partageant ce qui vous amuse ou vous fait rire avec d'autres, vous prendrez conscience de toutes les nuances qui accompagnent le sens de l'humour chez les uns et les autres. Dire : « Tu n'as pas d'humour ! » signifie en général : « Tu n'as pas le même sens de l'humour que moi ! » Une belle opportunité pour affiner votre tolérance.

Si l'idée du cahier vous semble fastidieuse, vous pouvez vous fabriquer une devise humoristique. Ou vous lancer le défi de répéter à cinq personnes au minimum l'histoire drôle que l'on vient de vous raconter. Vous n'arrivez vraiment pas à rire ? Alors, souriez… Vous ne pouvez pas sourire ? Alors, faites comme si : mettez un crayon entre vos dents à l'horizontal pendant quelques minutes, les jours de morosité, ça aide. Nous l'avons testé.

Rire ou ne pas rire, telle est la question...

Victor se souvient d'un jour de l'an où un invité de la famille commença à plaisanter à propos de sa secrétaire, à se moquer de tous ses travers et à faire rire toutes les personnes présentes. Ce n'était pas très sympathique de rire de cette pauvre fille, que personne ne connaissait, mais l'orateur y allait tellement franco et était si drôle dans sa manière de narrer les détails que tous passèrent la soirée à rire. Victor se souvient qu'il n'avait rien de plus généreux à proposer et qu'il était loin d'avoir le charisme du conteur pour prendre la parole et, comme il était difficile de s'éclipser entre les huîtres et le foie gras, il rejoignit donc la horde qui se gaussait en critiquant les autres. Vingt ans plus tard, il se souvient encore de cette soirée où le plaisir de rire se mêlait aux moqueries caustiques : un mélange de bon grain et d'ivraie qu'il aurait fui, s'il ne s'était senti contraint de rester là, par bienséance.

La Maison du rire et de l'humour de Cluny

Pour promouvoir l'humour et le rire sous toutes leurs formes, sous toutes les latitudes, et dans tous les domaines de la création humaine, Étienne Moulron a créé la Maison du rire et de l'humour.

Ce que je préconise, confie-t-il, c'est bien entendu l'humour, et non pas l'ironie. L'humour, contraction des mots humain et amour, représente en fait toute ma conception de ce que ce thème signifie, qui ne se limite pas à s'en raconter une bonne ! « L'humour est amour, l'ironie est mépris », a-t-on coutume de dire. La question n'est pas de se moquer des autres, mais de les aider à prendre de la distance par rapport aux choses et aux événements à l'aide de la dérision. Pour essayer de remplacer les larmes par le rire, sachant que cela ne ne mettra pas un terme aux fins de mois difficiles ni aux problèmes quotidiens.

La Maison du rire et de l'humour est constituée d'une librairie, d'un café-théâtre, d'un espace muséographique consacré aux diverses expressions et manifestations du rire, de l'humour et de la dérision, ainsi que d'un centre de recherches et de documentation sur le rire et l'humour (le « Credorirhum ») et enfin d'une brigade du rire, ouverte 24 heures sur 24, en cas d'urgence !

Étienne Moulron a également créé le PHARE (Parti de l'Humour Attitude et d'en Rire Ensemble) et a lancé le premier salon de l'humour les 14, 15 et 16 septembre 2012, à Cluny.

À VOUS DE JOUER

Rire, en grec ancien, se dit *gelos*. En arabe, *dhahak*, en italien, *ridere*… Et en japonais ? En soninké ? En bambara ? En hindi ?

LE SAVIEZ-VOUS ?

Voici des proverbes chinois :

Rire fortifie le cœur.

Sourire, c'est rajeunir de dix ans ; s'attrister, c'est se faire des cheveux blancs.

Envoyez cinq à six des meilleurs humoristes du monde à une conférence internationale, donnez-leur des pleins pouvoirs et le monde sera sauvé.

Rochefort : la ville belge du rire ?

Rochefort, petite ville du sud de la Belgique, n'est pas seulement connue pour ses paysages, sa délicieuse bière trappiste ou son ancienne joueuse de tennis Justine Henin. *Est-ce parce qu'on trouve sur son territoire les fameuses Grottes de Han (c'est là qu'aurait été inventé – paraît-il – l'humour « grotesque ») ? Ou parce qu'on s'y souvient encore de l'arrestation en 1792 d'un célèbre général et marquis français (qui, comme à son accoutumée, avait amusé la galerie, La Fayette). Non, point de tout cela*, s'amuse le concepteur du projet, Benoit Dessaucy.

Rochefort est en fait aussi célèbre pour... son fameux rire. Chaque printemps, le Festival International du Rire y bat son plein pendant trois semaines de délicieuse folie. Ce rendez-vous reconnu pour sa qualité et sa convivialité, très apprécié du public et des artistes, existe depuis 1981. Il est le plus ancien festival du genre de toute la francophonie - du monde ? Les plus grands humoristes y sont montés sur scène, faisant chauffer les zygomatiques des spectateurs. Cerise sur le gâteau de cet événement rigolo, le « Tremplin du Rire », concours qui révèle de nouveaux talents de l'humour....

Rochefort est de ce fait désignée comme « la Ville du Rire ». Un titre bien sympathique qui a soufflé l'idée de la création d'une attraction touristique : le Zygocentre, futur lieu insolite pour découvrir le rire sous toutes ses formes, à travers un parcours-découverte des plus surprenants.

Ce ne devrait pas être uniquement un lieu de découvertes et d'amusement, même si, en soi, cela justifierait sa raison d'être, précise Benoit Dessaucy. *Cette attraction touristique aura un impact positif sur ses visiteurs en sensibilisant aux bienfaits du rire, de l'optimisme et de la joie de vivre et en proposant des pistes d'actions. Notre société actuelle en a plus que jamais besoin. Cela réduirait indubitablement les coûts de la sécurité sociale. Voltaire ne contredirait pas cela, lui qui écrivait :* J'ai choisi d'être heureux car c'est bon pour la santé. *Pour soutenir ce projet et sa réalisation, vous pouvez nous envoyer vos messages d'encouragement par e-mail sur info@Zygocentre.be ou à l'adresse « Le Zygocentre de Rochefort », 5, rue de Behogne, 5580 Rochefort, Belgique. Nous les relayerons avec plaisir et conviction à nos partenaires publics et privés.*

SOURIONS

Et des aphorismes rigolos :

L'humour, c'est de savoir que tout, absolument tout, est drôle : dès l'instant que c'est aux autres que cela arrive. Marcel Achard

Vouloir définir l'humour, c'est prendre le risque d'en manquer. Guy Bedos

L'humour, c'est la couverture chauffante de l'âme. Max Ernst

J'ai déjà essayé de payer mes impôts avec le sourire, ils préfèrent un chèque. Jean Yanne

L'humour, à chacun le sien

Stéphane aime faire des blagues. Il travaille loin de son domicile et prend sa voiture pour aller travailler. Il se retrouve donc régulièrement coincé dans des embouteillages.

« Quand ça arrive, je me retourne vers la voiture la plus proche de la mienne, je fais "coucou" avec la main à l'automobiliste et je lui souris en prenant l'air de dire : "Oh bah ça alors, toi ici ? Comment ça va ?", raconte-t-il malicieusement. Par réflexe, la personne lève la main pour répondre à mon salut et commence à sourire et, quasiment en même temps, une énorme interrogation se dessine sur son visage sur le thème : "Mais qui c'est, celui-là ?" Vous devriez essayer, c'est très drôle et ça marche – presque ! – à tous les coups ! »

Partout sur la planète les hommes rient, même si on ne rit nulle part pour les mêmes raisons. Au Mali, la tribu des Dogons organise depuis des siècles des séances de rire collectif pour extirper les maladies hors du corps des souffrants. Les Amérindiens, qu'ils soient Apaches, Hopis, Zuñis, Cherokees ou Sioux ont leurs « heyokas », leurs « hommes-médecine » qui jouent un rôle d'éveilleurs des consciences.

Le rire est universel, mais les peuples construisent leur sens de l'humour d'après leurs pratiques culturelles. Un habitant des Carpates n'est pas forcément accessible au *very british sense of humour* décliné dans les films des Monty Python ou chez Mr Bean… En utilisant l'humour, la dérision, le ridicule et même l'apparence de la folie, ils sont dotés d'un pouvoir très puissant.

Et bien que la paternité du mot *humor* soit attribuée aux Britanniques, il n'en a pas moins pour véritable origine le mot français « humeur » (du corps humain).

Un adage de l'Inde ancienne affirme *qu'un jeune homme qui n'a pas pleuré est un sauvage et un vieillard qui ne rit pas un insensé*. Et dans la langue des Bambaras d'Afrique, le mot *yélé* signifie à la fois « rire » et « ouvrir »…

Ironie française, humour chinois

Les Français utilisent sans cesse l'ironie, à tel point qu'ils ne s'en rendent même plus compte… jusqu'au jour où ils débarquent en Chine, explique-t-elle.

D'après Anne-Laure Monfret, les Chinois sont totalement réfractaires à l'ironie. On ne peut, dans l'Empire du milieu, perdre la face ! Taquiner quelqu'un en disant le contraire de ce que l'on veut entendre, c'est … du chinois pour un Chinois. Ce qui ne veut pas dire qu'ils n'ont pas le sens de l'humour : ils rient par exemple dans les situations très difficiles. Déconcertant pour un Français de voir un Chinois rire aux éclats en lui annonçant une mauvaise nouvelle !

Pour le coup, si les Chinois prennent parfois trop au sérieux certaines plaisanteries faites par les étrangers, certaines situations graves semblent prises à la légère.

Anne-Laure Monfret,
Comment ne pas faire perdre la face à un Chinois, Dunod, Paris, 2010

Dis-moi comment tu ris, je te dirai d'où tu viens

D'après Georges Minois, auteur de l'*Histoire du rire et de la dérision*, l'humour juif, libérateur de toutes les peurs, se serait développé tout au long d'une histoire tragique et parcourue de traumatismes. Il illustre cette théorie par une blague de Woody Allen : *Seigneur, tu nous as choisi entre tous les peuples. Pourquoi fallait-il que tu tombes justement sur les Juifs ?* ou encore, inventant un dialogue entre Dieu et Abraham, après que Dieu a suspendu le geste d'Abraham qui s'apprêtait à égorger son fils unique comme preuve de sa foi :

« Seigneur… On ne sait jamais quand tu plaisantes… »

Le Seigneur tonna :

« Aucun sens de l'humour… C'est incroyable !

– Mais cela ne prouve-t-il pas que je t'aime ? J'étais prêt à tuer mon fils unique pour te le prouver… »

Et le Seigneur parla, dans sa grande sagesse :

« Ça ne prouve qu'une chose : que les crétins suivront toujours les ordres, si imbéciles soient-ils, pourvu qu'ils soient formulés par une voix autoritaire, retentissante et bien modulée… »

Le rire des Noirs

Quant au rire explosif, vibrant, chaleureux, énorme, généreux, tonitruant, vrai, de l'homme noir – Antillais, Caribéen, Américain ou Africain –, il suscite des analyses diverses et nuancées. Le réalisateur et scénariste Mahamat Saleh Haroun estime que son pays, le Tchad, *n'est pas un espace de comédie*. Le rire des Africains en général est, selon lui, un *rire pour se donner du courage*. Pour la Cubaine Odalys Diaz, l'une des raisons possibles de ce « don » que possèdent l'homme et la femme noirs vient de la spontanéité :

Rire provoque une déconnexion immédiate du mental, propose-t-elle. *Les Blancs ont une certaine propension à intellectualiser et leur éducation les porte à retenir le rire. En Occident, on ne rit pas fort dans les lieux publics – musées, salles de conférences, soirées mondaines – ou à table. Dans la culture noire, quand le rire arrive, il est toujours le bienvenu, on ne l'empêche pas, on ne le retient pas ; on le laisse aller, venir, grandir le temps qu'il faut, sans que cela ne choque qui que ce soit.*

Dans *Apologie du rire*, Stanislas Y. Kpognon, ancien ministre des Finances du Bénin, ne craint pas de parler de rire nègre. Il propose : *Nous rions tous différemment, à l'intérieur des races et même d'une race à une autre. Le rire de l'Asiatique est moins expansif que le rire nègre. L'ancien secrétaire général de l'ONU, le Birman U Thant remuait ou bougeait à peine les lèvres quand il parlait, comme s'il économisait l'essence de son émotion, de sa pensée. Et que dire des Britanniques que l'époque victorienne a contraint, pendant longtemps, à un certain puritanisme dans le rire ? Le puritanisme s'est évanoui, l'humour a pris le dessus.*

Stanislas Y. Kpognon fustige les caricatures de l'époque coloniale dont l'une des plus célèbres est la photo publicitaire de la poudre chocolatée Banania. On y voit un homme coiffé d'une chéchia rouge, flanqué d'un immense sourire, les yeux écarquillés, qui vante les mérites du cacao en disant : « Y'a bon Banania ! » Plus raciste que ça, tu meurs !

Cette grossière image d'Épinal a provoqué l'indignation de Léopold Sédar Senghor dans Hosties noires*: « Je ne laisserai pas – non ! – les louanges de mépris vous enterrer furtivement. Vous n'êtes pas des pauvres aux poches vides sans honneur, a-t-il écrit. Mais je déchirerai les rires bananias sur tous les murs de France. »* (Stanislas Kpognon, *Apologie du rire. Rire pour mieux se porter*, Stars Editions, Porto-Novo, 2008)

Puis, l'homme de lettres béninois propose d'observer les ouvriers et les pêcheurs africains qui chantent et qui rient pour retrouver optimisme et énergie, et régénérer leur vitalité, de regarder la force de vie qui émanent d'eux alors qu'ils dansent joyeusement pendant les funérailles pour que communient morts et vivants...

Au Japon, il est interdit de faire de l'humour au travail, c'est irrespectueux, surtout à propos de la hiérarchie. Au Canada, les blagues sexuelles ou grivoises sont très mal vues. En Italie, on rit de tout…

Un Africain vient étudier en France. Au bout d'une semaine, il rencontre un membre d'une association qui le questionne :

« Tout va bien ?

– Oui.

– Pourtant, vous avez l'air soucieux...

– En effet, une chose m'inquiète : cette semaine, il y a un jour où je n'ai pas ri ! Vous ne savez pas rire dans votre pays ! Je ne sais pas si je vais pouvoir tenir... »

Rions, c'est « bienfaits » pour nous !

Le prix de la méchanceté

Un conte africain célèbre pour une leçon de vie : Il était une fois un homme qui s'appelait Kélénako. Dieu avait fait de lui un homme riche : il possédait en grand nombre de chèvres, de vaches, de moutons et d'ânes. Il avait également d'immenses réserves de nourriture, au point qu'il ne savait même plus quoi en faire.

Il n'avait qu'une seule sœur, Lafili, qui avait épousé un homme d'un autre village. Dans ce village, appelé Nianibougou, Lafili, son mari et leurs enfants vivaient misérablement et souffraient souvent de la faim.

Un jour, Lafili décida de rendre visite à son grand frère pour lui demander un peu de mil. Ses enfants n'avaient presque rien mangé depuis trois jours. Accompagnée de son plus jeune fils, Lafili marcha pendant quatre jours. Lorsqu'elle arriva chez son frère, elle fit les salutations habituelles, puis lui dit : « Grand frère Kélénako, me voilà aujourd'hui devant toi. Je ne vais pas bien, je suis malheureuse. Je n'ai plus rien à donner à manger à tes neveux. Je suis venue pour te demander un peu de mil. »

À ces mots, les yeux de Kélénako rougirent comme du sang. Il répondit : « Lafili, tu es venue ici. Tu as des problèmes, mais moi aussi... Je n'ai chez moi aucun grain de mil, si petit soit-il ! La nuit dernière, nous nous sommes couchés sans rien manger. Il ne faut pas m'en vouloir, mais je ne peux vraiment rien pour toi. Il ne faut même plus traîner par ici. Lève-toi vite et retourne chez toi, avant que le soleil ne se couche ! »

Le cœur gros, Lafili retourna sur ses pas. Immédiatement après son départ, Kélénako se leva et éclata de rire. Il rit beaucoup, il rit tellement qu'il versa des larmes. Il s'approcha de ses greniers de mil et s'exclama : « Eh ! Moi Kélénako ! Que je suis heureux ! Un grenier, deux greniers, trois greniers, quatre greniers, cinq greniers … Eh ! Impossible de les compter. Tous sont remplis de bon mil. Ce n'est à personne d'autre qu'à moi ! Je suis béni ! C'est là et ça ne finira jamais ! Ma petite sœur est venue me demander du mil. Je lui ai juré de n'avoir aucun grain chez moi. Je l'ai bien eu et elle l'a cru !

(suite)

C'est ça que j'aime faire : être méchant avec les gens. Pour être vraiment méchant, il faut commencer par l'être sans réserve avec sa propre famille. Comme cela, on n'hésite même plus avec les autres. »

Sur ces mots, Kélénako se glissa furtivement entre ses greniers en riant aux éclats. Tout en se promenant, il continua à faire l'éloge de la méchanceté. Tout à coup, il sentit une violente douleur à sa colonne vertébrale. Il eut l'impression que son corps s'étirait petit à petit. Peu après, il constata que ses membres inférieurs s'allongeaient. Tout son corps se mit à le faire souffrir et la douleur devint vite insupportable. Il poussa un hurlement et toute sa famille se regroupa autour de lui.

Alors, sous les yeux de ses femmes et de ses enfants, Kélénako se métamorphosa en un gros serpent. Seule sa tête se maintint. Il s'adressa à sa famille : « Allez me cacher dans ma case. Faites tout pour que les gens ne sachent pas que je me suis métamorphosé. Que s'est-il passé ? Écoutez, je vais vous le raconter... Ma petite sœur vient de partir à l'instant. Elle m'a supplié de lui donner un peu de mil et je l'ai chassée en lui disant que je n'avais rien. Mes enfants, qu'aucun d'entre vous ne fasse plus jamais de mal à une de ses sœurs. »

Jusqu'à aujourd'hui, les Bambara ont une grande considération pour leurs sœurs. Tout le monde sait que la méchanceté ne reste jamais impunie.

SOURIONS

Les championnats de France, c'est comme les Jeux olympiques, mais rien qu'avec des Français ! C'est plus facile, tout de même...

LE SAVIEZ-VOUS ?

Rire en néerlandais et en allemand se dit *lachen*, *ridere* en italien (*avere la ridarella*, avoir un fou rire !), *zahak* en arabe, *reír* en espagnol, *gülmek* en turc, *smiekli* en letton, *hlàtur* en islandais, *rir* en portugais, *râs* en roumain...

En Russie, en Belgique et au Costa Rica aussi...

Et voici encore d'autres formes d'humour :

- Le Club des joyeux et des débrouillards est une institution télévisuelle en Russie qui compte 5 millions de téléspectateurs annuellement, 40 000 participants rien que dans la *league* supérieure, une organisation dans 180 villes russes, 1 000 équipes estudiantines, 2 000 équipes scolaires... Le principe du jeu est assez simple : des équipes, composées au moins de deux membres, s'affrontent à coup de blagues, improvisations, chansons et sketches, pour être élue la meilleure.

- D'abord et avant tout une fontaine, le Manneken-Pis a joué dès le XVe siècle un rôle essentiel dans l'ancienne distribution d'eau potable de Bruxelles, un système renommé alors dans toute l'Europe. Rescapée du bombardement de Bruxelles en 1695, la statuette du petit garçon qui fait pipi jouit d'une gloire sans cesse grandissante. Associée aux grands événements, on la pare plusieurs fois dans l'année de vêtements somptueux. Depuis qu'il a perdu sa fonction principale dans le réseau d'adduction d'eau de la ville au XIXe siècle, le Manneken-Pis est progressivement devenu le symbole du folklore bruxellois, de la joie de vivre des habitants et de leur capacité d'autodérision. Il est de tradition d'offrir au Manneken-Pis des vêtements à des occasions spéciales, notamment pour honorer une profession. La garde-robe actuelle comprend 883 costumes. Le Manneken-Pis est revêtu d'un de ses costumes 36 fois par an, à dates fixes : par exemple, il revêt chaque 21 avril le costume de Spirou, chaque 27 avril la tenue de Nelson Mandela et début juillet le maillot jaune du Tour de France.
- De nouvelles méthodes d'analyse prometteuses circulent qui soulignent la relation entre l'économie matérielle et le bien-être réel. Des pays aussi divers que le Costa Rica, l'Islande, les Pays-Bas, le Sri Lanka et la Mongolie ont mis en place des indices de bien-être pour nuancer les chiffres du PNB. Il s'agit moins de mesurer le bonheur personnel, émotionnel que d'insister sur les paramètres relatifs au vrai bien-être. En clair : ne pas se focaliser seulement sur la quantité d'aliments achetée et vendue dans une économie, mais prendre en compte l'apport nutritionnel nécessaire par habitant, les soins de santé, l'éducation, etc. Au Bouthan également, petit pays pas plus grand que la Suisse, niché entre l'Inde et la Chine, le roi a décidé d'augmenter « le bonheur national brut » de ses habitants afin d'encourager le développement économique du pays. La Grande-Bretagne et le Canada travaillent sur un « index national de bien-être » afin d'aider les décideurs politiques à améliorer la législation et les réglementations.

L'un parmi tant d'autres, le rire inuit

Michèle Therrien a consacré de nombreuses pages à la qualité du sourire et du rire inuit. Une théorie met en regard ce rire et la difficulté de vivre dans des régions particulièrement hostiles, en apparence privées d'enchantement.

Rire signifie s'ouvrir à l'autre chez les Inuits. Les Inuits aiment jouer à se chatouiller, *le jeu exigeant du chatouillé qu'aucun de ses muscles faciaux ne se contracte. Ce difficile exercice de maîtrise de soi renvoie à un arrière-fond mythique où résister au rire s'inscrit dans la série des épreuves que devait affronter le chaman lors de son voyage cosmique. Lorsqu'il descendait au fond de la mer pour s'entretenir avec Takannaaluk, la déesse marine détentrice des mammifères marins, celle-ci demandait à son père de faire subir à l'intrus l'épreuve du rire. Le chaman était alors invité sous la couverture du père qui le chatouillait. Seuls les chamans dotés de réels pouvoirs avaient la force de résister. Les autres étaient condamnés à mourir prématurément!* (Michèle Therrien, *Les Inuits*, Guide Belles lettres des civilisations, Paris, 2012)

Michèle Terrien explique que le rire est fondamental dans le processus de maturité de l'enfant. Les mamans utilisent le rire et les larmes à des fins éducatives afin que leurs enfants soient aptes à vivre en société, à contrôler leurs émotions, à affronter l'inconnu, à percevoir les intentions cachées, à faire la part du vrai et du faux, à déjouer les pièges de la vie et à se moquer de ses désagréments. Rire chez nos amis du Grand Nord permet par ailleurs de mettre un terme à la colère et de dédramatiser des situations dans lesquels ils ont été mis en danger.

Pour eux, rire répond à des règles fondamentales et intangibles : il faut le faire à bon escient, les femmes doivent garder une attitude de retenue en présence de leurs aînés, de leur mari ou de leurs frères. Il leur est interdit de se moquer des handicapés physiques et mentaux et des animaux. Par ailleurs, rire et faire rire sont d'excellents moyens de chasser l'ennui, de vivre paisiblement et d'être apprécié. Sur la banquise, la mauvaise humeur est très mal vue....

Enfin, d'après Bruno Deschênes, dans son article du 14 mai 2005 « Jeux de gorges inuits » (`www.scena.org/lsm/sm10-8/gorge-inuits.htm`) les Inuits du Nord du Québec et de l'île de Baffin – ainsi que quelques peuples de la Sibérie incluant les Aïnous du Nord du Japon – maintiennent une bien curieuse tradition musicale: celle des chants de gorge (bannis par le clergé pendant plus de cent ans et sauvegardés en secret!). Ce sont en fait des jeux vocaux par lesquels les femmes amusent les enfants. Deux femmes sont face à face, debout; l'une dirige le jeu et l'autre répond. La première débute un thème rythmique; l'autre entame un motif rythmique différent qui s'imbrique avec celui de sa partenaire. Le jeu consiste à durer le plus longtemps possible. Celle qui ne peut maintenir le rythme, manque de souffle et se met à rire, perd. Ces chants durent généralement entre une et trois minutes. Traditionnellement, les lèvres des femmes se touchent, l'une utilisant la bouche de l'autre comme une sorte de caisse de résonance. Aujourd'hui, les chanteuses se tiennent debout, droites, en se tenant les bras et parfois en se balançant.

Une directrice d'école américaine qui partait en retraite a terminé son discours de départ en disant ce qui lui semblait le plus important: « Trouvez et restez en contact avec Mickey Mouse en vous ».

Il est de notoriété publique que Winston Churchill avait un sens de la repartie incroyable. On raconte qu'un jour, lors d'une réunion publique, il fut interrompu alors qu'il intervenait à la tribune par un opposant politique qui lui lança: « Voter pour vous ? J'aimerais mieux voter pour le diable! » Churchill lui répondit: « Et dans l'hypothèse où votre ami renoncerait à se présenter ? Puis-je compter sur votre soutien ? »

L'homme et la femme n'ont pas le même sens de l'humour

Lors d'une conférence, le patron du département de psychiatrie, à Stanford, en Californie, a affirmé entre autres que l'une des meilleures choses que l'homme puisse faire pour sa santé était d'avoir une épouse alors que pour la femme, la meilleure des choses à faire pour être en bonne santé était d'entretenir ses relations avec ses amies. Tout l'auditoire a éclaté de rire. Mais il était sérieux.

Car les relations qu'entretiennent les femmes sont très différentes de celles qu'entretiennent les hommes. Les femmes partagent leurs sentiments alors que les rapports amicaux entre hommes tournent souvent autour de leurs activités. Il est très rare que ceux-ci passent un bon moment ensemble pour parler de ce qu'ils ressentent ou du déroulement de leur vie personnelle. Parler du boulot ? Oui. De sport ? Oui. De voitures ? Oui. De pêche, de chasse, de golf ? Oui. Mais de ce qu'ils ressentent ? Rarement.

Le rire féminin

Les relations féminines impliquent souvent un soutien moral grâce auquel les femmes gèrent certains stress et certaines difficultés de la vie. Du point de vue physique, ces bons moments « entre filles » pour « se remonter le moral » aident à produire plus de sérotonine, le neurotransmetteur qui aide à combattre la dépression et qui déclenche une sensation de bien-être. Les femmes font cela depuis toujours, entre sœurs, mères et amies.

Le rire féminin n'a pas toujours été bien vu. La femme qui riait aux éclats avait mauvaise réputation et si l'on s'en tient à ce que nous avons écrit sur la respiration, qui prépare au rire, l'on ne peut s'empêcher de penser que le port du corset, en rendant difficile la respiration de la femme, l'empêchait forcément de rire. Nous aurions tendance à penser que lorsque nous faisons de l'exercice, nous soignons notre santé, notre corps, alors que lorsque nous passons du temps avec nos amies, nous perdons un temps précieux qui serait mieux employé dans des activités plus productives. Ceci est faux. Ne pas créer, ne pas entretenir des relations personnelles de qualité est toxique ! Chaque fois que vous passez du temps avec vos amies, pensez que ce que vous faites est bien, félicitez-vous de cet acte positif pour votre santé !

Les hommes plus drôles que les femmes ?

Quoi qu'il en soit, hommes et femmes, c'est certain, ne rient pas pour les mêmes raisons. Au club de rire de Vincennes, 90 % des participants sont des participantes ! Sociologues, psychologues, voici un bon sujet d'étude ! Le journal en ligne `www.atlantico.fr` du 27 juillet 2012 va beaucoup plus loin. Il cite une étude américaine qui aurait débouché sur le postulat que les hommes sont plus drôles que les femmes. *Pour arriver à une telle conclusion, les chercheurs ont montré 20 dessins non légendés à des étudiants, pour moitié des filles et pour moitié des garçons. Chacun d'entre eux a eu pour tâche d'écrire une légende drôle sous chaque dessin. Un jury indépendant a ensuite passé en revue les images légendées, et les a notées en fonction de leur potentiel humoristique. Les résultats démontrent qu'en majorité et tous genres confondus, les hommes sont considérés comme plus drôles que les femmes.*

Une information relativise tout de même le caractère pseudo-scientifique de l'étude : si les membres masculins du jury ont trouvé les légendes masculines légèrement plus drôles que les légendes féminines, c'est peut-être parce les femmes n'ont pas jugé utiles de mettre des légendes sexistes ! *Il existe aussi une asymétrie en termes d'humour,* poursuit l'auteur de l'article. *En général, les femmes cherchent un partenaire qui a le sens de l'humour, tandis que les hommes cherchent des femmes qui rient à leurs blagues.*

Le rire sacré des femmes

Marianne Grasselli Meier propose aux femmes plusieurs stages pour retrouver leur rire, qu'elle considère sacré, lié à l'essence de la vie. En effet, selon elle, les femmes peuvent par leur rire vaincre la peur et les épreuves, faire renaître la vie, la joie et le bonheur. Elle s'appuie lors de ces stages sur les éclats de rire de deux femmes : Sara et Demeter. Chacune d'elles a été confrontée à un événement désarmant : Sara, ménopausée et âgée, apprend qu'elle est enceinte, Demeter fait face au deuil de sa fille unique. Pour la première, l'annonce faite par Dieu de sa naissance prochaine provoque son rire franc et par ce même biais sa maternité. Pour la seconde, mélancolique, la danse d'une vieille servante et ses histoires lui procurent un rire libérateur, une porte ouverte sur une renaissance.

Lorsque nous parlons entre nous, il nous semble évident que la femme de tout temps, de toute guerre, de tout massacre, de tout vide, de toutes angoisses, a eu le pouvoir de poursuivre, de porter la vie en utilisant l'humour pour démystifier l'horreur et la peur, et s'accrocher aux seules étoiles qui pouvaient la guider.

Par Marianne Grasselli Meier,
« Le rire sacré des femmes » paru dans
la revue *Recto-Verseau* d'avril 2009

Femme qui rit...

D'après Frédéric Cosseron (extrait des Rencontres zygomatiques, Rassemblement international des rieurs 2011), *la sagesse (?) populaire célèbre les vertus séductrices du rire. Soit. L'original médecin israélien Shevach Friedler, spécialiste des problèmes de fécondité et de fertilité, a eu l'idée de faire venir des clowns dans la clinique où il exerce. Il a conduit une étude pendant un an 110 patientes qui reçurent la visite impromptue d'un clown hospitalier immédiatement après le transfert d'un embryon dans leur utérus, conçu par fécondation in vitro. Le clown restait avec les jeunes femmes un quart d'heure pour les faire rire.*

Surprise ! 36 % de ces femmes sont tombées enceintes et ont conduit leur grossesse à terme contre 22 % dans un groupe de femmes n'ayant pas reçu la visite d'un clown.

Les chercheurs restent prudents. Ils concluent que l'étude mériterait d'être poursuivie pour confirmer l'influence bénéfique du rire sur le traitement de l'infertilité. Leur première hypothèse est que le rire joue un rôle important dans la réduction du stress qui favorise le succès immédiat des premiers moments du traitement.

SOURIONS

Dans le jardin d'Éden, Ève appelle Dieu :

« Seigneur, j'ai un problème !

– Quel est ton problème, Ève ? demande Dieu.

– Seigneur, je sais que tu m'as créée, que tu m'as donné ce magnifique jardin empli de tous ces merveilleux animaux, de ce serpent très amusant, mais voilà, je ne suis pas heureuse.

– Qu'y a-t-il, Ève ?

– Seigneur, je me sens seule, et j'en ai assez des pommes, elles me rendent malade.

– Bon, Ève, dans ces conditions, je vais te créer un homme.

– Un homme ? Qu'est-ce que c'est, Seigneur ?

– Hé bien, c'est une créature légèrement défectueuse avec pas mal de défauts ; il ment, il triche, il est vaniteux. En gros, il va te donner beaucoup de travail. Mais... il est plus grand que toi, il court plus vite, il aime chasser et tuer. Il aura l'air un peu idiot quand il sera satisfait, mais puisque tu t'es plainte, je vais le créer de telle façon qu'il comble tes besoins physiques. Je te préviens qu'il n'aura pas beaucoup d'esprit et appréciera plutôt des choses puériles comme de se battre ou de donner des coups de pied dans une balle. Bref, il ne sera pas très intelligent, aussi il aura besoin de tes conseils pour penser correctement.

– Ça m'a l'air intéressant », dit Ève, le sourcil un peu ironique.

– Tu peux l'avoir tout de suite, Ève, mais à une condition.

– Laquelle Seigneur ?

– Comme je te le disais, il sera fier, arrogant et narcissique. Aussi devras-tu lui laisser croire que je l'ai créé en premier ! »

Le rire chez les animaux

Dans un souci de précision, Rabelais aurait pu écrire : *Pour ce que la dérision est le propre de l'homme* car, on le sait désormais, certains animaux rient : les singes, les orangs-outans, les gorilles, les chiens de prairies, les rats sans parler du kookaburra, un oiseau dont le cri évoque étrangement le rire...

Certains psychologues comportementaux expliquent que le vrai rire nécessite des prérequis tels que la conscience de soi ou l'aptitude à s'identifier à autrui, et qu'en conséquence les animaux ne rient pas vraiment de la même manière que l'humain. Ce faisant, ils définissent plus l'humour que le rire. Sur cette base, nous pouvons donc affirmer que c'est l'humour qui est le propre de l'homme, et non le rire !

Le rire fait partie de l'évolution

Des études soulignent la similarité du rire chez l'homme et chez certains singes. Le rire serait donc commun non seulement à tous les humains, quelles que soient la culture, la langue ou l'ethnie, mais aussi à leurs ancêtres primates depuis 10 à 16 millions d'années. Darwin avait déjà remarqué que de nombreux singes et autres mammifères, comme les dauphins, émettaient des bruits rythmés évoquant le rire durant le jeu social. Marina Davila-Ross, zoologiste et psychologue spécialisée dans l'étude des rapports entre primates et humains à l'université de Portsmouth, en Grande-Bretagne, a effectué dans divers zoos, avec ses collègues, plus de 800 enregistrements du rire de 22 jeunes gorilles, chimpanzés, bonobos, orangs-outans et d'un siamang. Ces animaux à leur stade juvénile se mettent très facilement à rire lorsque leurs gardiens leur chatouillent les pieds, les paumes des mains ou les aisselles. Ces rires ont ensuite été comparés à ceux de bébés humains enregistrés dans les mêmes conditions et provoqués par des *stimuli* identiques, avant d'être intégrés dans un classement phylogénétique (système de classification scientifique des êtres vivants qui a pour objectif de rendre compte des degrés de parenté entre les espèces et qui permet donc de comprendre leur histoire évolutive ou phylogénie) où est aussi prise en compte l'ancienneté de l'espèce concernée. Les chercheurs ont ainsi établi que le rire n'est pas une caractéristique nouvelle ni propre à l'homme. Selon eux, il s'inscrit dans l'évolution de l'espèce. Le rire de l'homme se distingue toutefois nettement de celui des grands singes, parce que son évolution a été plus rapide au cours des dernières cinq millions d'années.

LE SAVIEZ-VOUS ?

Tout le monde connaît Jean de La Fontaine et ses fameuses fables dont les animaux caricaturent les travers humains. Au Japon, c'est par le biais d'estampes de représentations animales que les artistes tels que Sengai Gibon ou Utagawa Kuniyoshi renversent les hiérarchies et soulignent le ridicule des comportements humains. Ils tournent ainsi en dérision la société en l'affublant de traits bestiaux…

Le rire social des singes

Dans un article intitulé « Le rire social du chimpanzé » (*Sciences Humaines* n° 227, juin 2011), Achille Weinberg révèle qu'en dépit des différences constatées entre le rire des grands singes et de l'espèce humaine, une similitude inattendue a été découverte. *Les gorilles et les bonobos expriment des rires d'une durée de trois à quatre fois supérieure à un cycle respiratoire moyen.* Autrement dit, ces animaux arrivent parfaitement à contrôler leur respiration, une étape essentielle selon les scientifiques pour aboutir à l'acquisition du langage chez les humains.

Les hommes, en règle générale, rient en expirant, les singes rient successivement en inspirant et en expirant. Essayez (devant un miroir), la démonstration est convaincante et irrésistible, nous dit Frédéric Cosseron (extrait des Rencontres zygomatiques. Rassemblement international des rieurs en 2010).

Quand les chimpanzés jouent ou quand on les chatouille, ils émettent de petits gloussements et grimaces de plaisir qui sont l'exact homologue du rire de l'humain. Il n'est pas exclu aussi que les chimpanzés aient le sens de l'humour. Quelques observations le suggèrent. Ainsi Frans de Waal raconte le cas d'un chimpanzé qui, dans un zoo, allait se remplir la bouche d'eau, s'installait calmement devant la grille et quand un visiteur s'approchait lui recrachait l'eau en pleine figure. Les cris et mimiques des autres chimpanzés se roulant sur eux-mêmes et se tapant le front ne lui laissaient guère de doute sur leur réaction. Il y a aussi le cas d'un bonobo du zoo de San Diego qui a été vu en train de faire une farce : retirer la chaîne qui servait aux singes à descendre dans une fosse, une fois que le mâle dominant y était descendu. Ce qui semblait beaucoup amuser les autres.

Mais comme chez les humains, le rire n'est pas simplement un signe de détente et de plaisir, il pourrait avoir une fonction sociale. C'est la théorie de l'éthologiste Marina Davila-Ross. La chercheuse et ses collègues de l'université de Portsmouth ont observé le comportement de 59 chimpanzés de l'orphelinat pour animaux de Chimfunshi, en Zambie. L'analyse de leurs jeux (enregistrés sur caméra vidéo) montre une distinction nette entre le rire spontané d'un singe en train de jouer et celui qui survient en réaction chez ces camarades. Quand ces rires d'imitation se produisent, les jeux durent plus longtemps, ce qui indique bien la fonction sociale de ce rire. De plus, Marina Davila-Ross a constaté que les chimpanzés intégrés dans un nouveau groupe ont tendance à copier beaucoup plus souvent les rires des autres. *Cela suggère que le rire mimétique renforce les liens sociaux,* remarque la chercheuse, tout en soulignant d'ailleurs que ce type de comportement n'est guère différent de ce qui se passe chez les humains.

Riez, nom d'un chien !

2012, l'année des « H » pour Ronron et Wouaf Wouaf…

Je commence par les mâles : Haïku, Halo (faudrait voir à lâcher un peu le portable !). Ma préférence va à Hatchi qui permet à son maître de bien expirer (attention à la déforestation tout de même !)

Pour les couples : il s'appelle Hop, elle s'appelle Hope pour la rime. On garde Hop Hope Hope…

Pour elles, nos favorites sont : Happy, Hawa (ça, ça s'appelle parler chien !), Hipipip et Hourra. (Chapeau bas pour ceux qui ont gardé les deux femelles, vous avez 14 ans de bonheur devant vous, surtout si vous levez les bras, à chaque fois que vous les appelez ensemble).

Pour 2013, c'est plus difficile et beaucoup moins drôle, vous pourrez toujours l'appeler « Iiiiii » en riant avec conviction.

Chaïli et Aluna

Joëlle se promenait avec sa petite chienne Chaïli quand elles ont croisé une petite fille dans sa poussette. En désignant Chaïli, la petite fille a dit à sa maman : « Regarde maman, le chien rit ! » Joëlle a regardé : effectivement, oreilles dressées, babines relevées en un joyeux rictus, gueule ouverte et langue haletante, l'œil brillant, Chaïli était effectivement en train de rire !

Martine affirme qu'Aluna, femelle labrador de 12 ans, rit en dormant certaines nuits, il n'y a aucun doute sur son hilarité et sur son ventre qui tressaute, son rire est communicatif et ils sont, son mari et elle, certains qu'il ne s'agit pas d'une autre expression que le rire.

Le test de la girafe

- Comment mettez-vous une girafe dans votre frigo ? Prenez le temps d'y réfléchir un instant… La réponse correcte est : ouvrir le frigo, y mettre la girafe et refermer la porte. Cette question évalue si vous avez plutôt tendance à faire les choses simples de façon compliquée.
- Comment mettez-vous un éléphant dans votre frigo ? Avez-vous répondu : ouvrir le frigo, y mettre l'éléphant et refermer la porte ? C'est faux. Voici la bonne réponse : ouvrir le frigo, virer la girafe de là, y mettre l'éléphant et refermer la porte. Ceci évalue votre capacité à tenir compte de vos actes précédents.

- Le roi lion organise la conférence des animaux. Tous les animaux y assistent sauf un… Quel animal n'assiste pas à la conférence ? Réponse correcte : l'éléphant. L'éléphant est dans le frigo, c'est vous-même qui venez de l'y mettre ! Cette question évalue votre mémoire. D'accord, même si vous n'avez pas répondu correctement aux trois questions, voici venir une chance de montrer vos vrais talents !
- Voici une rivière que vous devez traverser, mais elle est infestée de crocodiles et vous n'avez pas de bateau. Comment vous y prenez-vous ? Réponse correcte : vous vous jetez à l'eau et traversez la rivière à la nage. Vous n'avez donc pas écouté ? Tous les crocodiles assistent à la conférence des animaux ! Ce test a pour but de savoir si vous tirez des leçons de vos erreurs passées.

Selon l'institut Andersen Consulting Worldwilde, environ 90 % des professionnels qui l'ont testé ont faux à toutes les questions, alors que de nombreux enfants de maternelle ont trouvé plusieurs réponses justes. Andersen Consulting en déduit que cela infirme la théorie comme quoi les professionnels raisonnent comme des enfants de 4 ans.

Le monde entier connaît le célèbre petit triangle de fromage de la Vache qui Rit rendu célèbre grâce au dessin de Benjamin Rabier et aux boucles d'oreilles de Léon Bel. Un rire qui a rapporté gros à ses créateurs car, dès 1923, ses ventes ont grimpé à 12 000 boîtes par jour...

En rentrant à trois heures du matin d'une soirée chez des copains où elle avait délicieusement bu et mangé, Martine – qui vit à Paris – est joyeusement rentrée chez elle. Elle a ouvert la fenêtre de son salon qui donnait sur une petite cour et, pour saluer son état d'esprit et l'arrivée de l'aube, elle a fait : « Cocorico ! Cocorico ! Cocorico ! » Ses voisins se demandent encore d'où pouvait bien venir ce coq…

La ronronthérapie

Des recherches scientifiques menées sur le thème « santé et basses fréquences » confirment les vertus apaisantes et bienfaisantes de nos matous. Des vétérinaires ont constaté que le chat améliore son autoguérison en ronronnant lors de fractures, tendinites, problèmes musculaires et suites post-opératoires. Le secret de cette action réparatrice tient aux vibrations basses fréquences qui oscillent entre 25 et 50 hertz.

Attendu que les ronrons de nos minous nous décontractent et agissent sur les hypertensions dues au stress, il est vivement recommandé de câliner son chat. À quand les bars à chats parisiens ?

Même les poulpes s'y mettent...

Un institut de beauté et de bien-être propose des soins bien particuliers. Qu'on en juge...

Modelage énergisant avec des oursins, modelage crânien avec des crabes, réflexologie plantaire par des homards. Vivez une expérience insolite de relaxation au cœur du 10e arrondissement de Paris. Dans un univers marin subjuguant, une douce mélodie de la houle vous invite à la détente et au dépaysement. Choisissez votre poulpe vivant. Les petits sont idéals pour évacuer le stress, les plus grands possèdent des vertus énergisantes. Suivez bien les conseils de l'éleveur, indispensables pour répondre à vos attentes. Les poulpes originaires du Japon se déclinent en plusieurs couleurs : du gris au noir en passant par le rose et le brun.

Installez-vous ensuite dans une cabine en forme de bocal. Le praticien dépose deux poulpes sur votre dos. Au contact du corps, ils libèrent une huile de modelage visqueuse aux effluves marins. Ce produit riche en vitamines et magnésium possède des vertus revitalisantes. Les pressions et les effleurages réalisés par leurs tentacules munis de ventouses vous procurent un bien-être absolu...

Chapitre 12

Le rire et la vie sociale

Dans ce chapitre :

- Quand le refoulement émotionnel était « éducatif »
- Les fêtes et carnavals, soupapes aux explosions
- Qui es-tu quand tu ris ? Le rire, passeur de paix
- Comment est perçu le rire sur le lieu de travail ?

Dans la médecine hippocratique, la bonne humeur est un signe de bonne santé. Pour Hippocrate, la santé et le caractère dépendent étroitement de la combinaison des humeurs qui circulent dans le corps. Ces humeurs sont :

- le sang, correspondant au type sanguin ;
- la bile noire, correspondant au type mélancolique ;
- la bile jaune, correspondant au type colérique ;
- le flegme, correspondant au type apathique.

Ainsi, celui qui est de bonne humeur est en bonne santé, celui qui rit est de bonne humeur, et donc celui qui rit est en bonne santé. Un syllogisme imparable.

Au XVIIe siècle, on pensait que la rate accumulait de la bile noire ou humeur noire. Pour lutter contre cette mauvaise humeur, assimilée à la « mélancolie », les médecins désengorgeaient l'organe encombré, en quelque sorte ils désobstruaient la rate. Le mot « désopilant » vient d'ailleurs du latin *oppilare* qui signifie « obstruer ». Rire c'est, selon l'expression populaire, « se dilater la rate », ouvrir l'organisme aux échanges, au sens matériel comme au sens spirituel. Par voie de conséquence, le rire rajeunit le mental comme le physique ; il constitue à bon marché la meilleure, la plus efficace des cures de jouvence. Évitez comme la peste les médecins tristes. Comment voulez-vous qu'un médecin triste puisse juger objectivement de votre « bonne humeur » ?

Le rire relationnel

Ce sont nos liens sociaux qui nous font le plus rire. Le « rire relationnel » est celui dont nous avons le plus besoin (selon le chercheur Robert Provine, seulement 15 % de nos rires sont déclenchés par un événement drôle ou une blague). Si 85 % de nos rires naissent de nos simples relations aux autres, cela est à la fois rassurant et inquiétant car cela signifie que les peurs qui affectent nos relations, ou plus simplement notre peur de l'autre, peuvent réduire à peau de chagrin nos possibilités de rire au quotidien. Dans certains endroits du monde, le relationnel lubrifié par les rires fonctionne bien, notamment dans les pays pauvres où existe la solidarité. Dans les pays industrialisés, inquiétudes et stress, amplifiés par l'individualisme, créent une pénurie de rires relationnels. Les meilleurs humoristes et les bêtisiers les plus drôles ne peuvent la combler : le rire généré par un spectacle n'est pas le rire relationnel.

Pour rire souvent donc, il convient de soigner notre relationnel : en faisant le ménage en soi, en nous ouvrant aux autres et en nous emparant à bras-le-corps des chantiers qui menacent notre vie et celles de nos descendants. Certes, on peut toujours se dire que les clubs de rire ne devraient pas exister, tout comme on pouvait se demander quelle était l'utilité des salles de sport à l'époque où nos grands-pères exerçaient surtout des travaux physiques dans l'agriculture, les mines, la pêche, etc. – le secteur tertiaire, c'est-à-dire l'administration ou l'informatique, n'occupait pas le même espace qu'aujourd'hui !

Les clubs de rire

Si nos terres n'étaient pas polluées, nous ne serions pas tentés d'acheter des produits bios, si nos relations étaient plus solidaires, nous ne serions pas déshydratés de rire relationnel. Dans les clubs de rire, nous cultivons sous serre un produit rare et en voie de disparition : nous semons, arrosons et ensoleillons nos rires pour les replanter, une fois fortifiés dans nos terres quotidiennes, dans nos familles et dans tous nos liens sociaux. La bonne humeur est très fragilisée dans le marasme journalier et il faut une grande force pour ne pas sombrer dans la sinistrose ambiante. Prendre le risque d'être positif n'est pas nécessairement bienvenu et encouragé par l'entourage, on trouve toujours des compagnons de plaintes, des victimes qui accusent le monde entier de leurs malheurs. Il est plus rare, parce que plus difficile, d'assumer ses responsabilités et de décider d'être heureux. Comme un sportif de haut niveau, il faut chaque jour réaffirmer son choix, choisir le verre aux trois quarts plein et le remplir même si, au début, on peut avoir la sensation qu'il fuit comme le tonneau des Danaïdes. À force de persévérance, le regard s'ouvre, les priorités sont revisitées, l'entourage se transforme en même temps que « l'esprit du rire » prend place en soi. Venir rire une fois par semaine au club de rire et ne rien changer dans sa vie revient à consommer sans se remettre en question. Il y a beaucoup mieux à vivre à partir de cette proposition, car le rire relationnel qui se réhabilite par la fréquentation assidue d'un club de rire, où l'on rit sans raison, conduit à l'amour de soi et à l'attention portée aux autres. Ce dont nous manquons farouchement aujourd'hui…

LE SAVIEZ-VOUS ?

Enkû (1632-1695), moine itinérant de l'école bouddhique Tendai, est resté célèbre dans l'histoire du rire japonais pour avoir sculpté, d'après la légende, 120 000 statues de Bouddha, un sourire flottant sur toutes ses lèvres…

Quand refouler le rire était éducatif

Aussi absurde que cela puisse paraître, rire en public n'a pas toujours été approuvé socialement sur le vieux continent. L'expression sauvage du rire rappelant notre condition primaire animale, à certaines époques, il était de bon ton de retenir des expressions telles que la peur, la colère ou l'hilarité. Ce fut le cas en France jusqu'à la fin du XVIIIe siècle. Ces refoulements émotionnels ont provoqué la maîtrise de nos expressions et la capacité à tout mentaliser. Mais en rationalisant nos échanges, nous nous sommes enfermés dans des codes sociaux et des jargons, et nous avons substitué au naturel le jugement de valeur et le masque social (la « persona » selon Jung) ; dans certains milieux et dans certaines circonstances, il faut parfois une bonne dose d'alcool pour que les gens lâchent le contrôle de leur image et s'amusent. La répression émotionnelle commence dès le plus jeune âge, à la maison et à l'école – les garçons ne doivent pas pleurer, il ne faut pas parler ou rire la bouche pleine, contrôle ta colère, etc. L'éducation émotionnelle devrait à l'inverse pouvoir s'inviter dans les écoles et permettre à chacun de mieux se comprendre et de mieux s'accepter. Toutes nos émotions sont utiles. Il est important de ne plus en avoir peur car elles nous parlent, à charge pour nous d'entendre leurs messages, d'apprendre à les décoder, et de reconnaître que toutes nos émotions, y compris les plus sombres comme la peur, la honte ou la culpabilité, sont nos alliées et ne doivent pas être tues ou refoulées.

Des rassemblements pour rire

Il est amusant – et intéressant – de remarquer que les hommes, aussi éloignés soient-ils géographiquement les uns des autres, optent pour des comportements similaires dans de très nombreux domaines, notamment dans celui du rire.

Poisson d'avril !

La tradition du poisson d'avril trouverait son origine en France au XVIe siècle, en 1564 plus précisément. Cette année-là, le roi Charles IX décida que l'année débuterait désormais le 1er janvier, marque du rallongement des journées. Or, nombreux furent ceux qui eurent des difficultés à s'adapter au nouveau calendrier. Quant à ceux qui n'étaient pas au courant du changement de dates, ils continuèrent à célébrer le 1er avril comme date du nouvel an. Pour se moquer, on s'amusa à leur jouer des tours. Les cadeaux que l'on s'offrait à l'époque étaient le plus souvent alimentaires, et comme le 1er avril tombait à la fin du Carême, période de jeûne durant laquelle la consommation de viande était interdite chez les Chrétiens, l'un des cadeaux les plus fréquents était le poisson. Une des plus fameuses blagues du 1er avril consistait donc à offrir de faux poissons aux étourdis. Ainsi naquit la tradition du fameux poisson d'avril.

Parmi les meilleures blagues de poisson d'avril 2012, le magazine *Le Nouvel Observateur* a sélectionné : l'enseignement de l'accordéon dispensé au collège dès la rentrée 2012, la robe de mariée de Britney Spears en papier toilette, le retour des ours dans les Vosges, et le fait qu'il faudra désormais payer pour voter…

Le carnaval

Partout dans le monde chrétien, de Rio à La Havane en passant par Dunkerque ou les îles Canaries, on célèbre la fin du Carême par de joyeuses manifestations avec fête, rire, danse, et musique. Le carnaval de Binche est le plus célèbre de Belgique. Sa spécificité ? Les « Gilles » qui défilent en dansant accompagnés par une fanfare de cuivres et de tambours. Leurs costumes aux couleurs du drapeau belge – noire, jaune et rouge – sont ornés de vingt lions, de blasons, de couronnes, d'étoiles, de drapeaux, de bandes feutrées ainsi que d'un masque d'Arlequin et sont remplis de paille pour former des bosses. La collerette portée aux épaules est confectionnée à partir d'environ 150 mètres de ruban blanc plissé. Ils portent également à la taille une ceinture garnie de 7 à 9 petites cloches appelée « apertintaille » ainsi qu'un grelot sur la poitrine. Ils sont chaussés de sabots en bois de peuplier et arborent un énorme chapeau d'environ 3 kg, fabriqué avec des centaines de petites plumes d'autruches. Quand ils défilent, ils lancent dans la foule des oranges.

La « fête des fous »

Cousine des carnavals et très répandue dans toute la France au Moyen Âge, la « fête des fous » se manifestait par toutes sortes d'extravagances avec l'église pour théâtre et les ecclésiastiques pour acteurs. Les prêtres, barbouillés, masqués et travestis, dansaient en entrant dans le chœur et y chantaient des chansons obscènes ; les diacres et les sous-diacres mangaient des boudins et des saucisses sur l'autel, jouaient aux cartes et aux dés, et brûlaient dans les encensoirs de vieilles savates. Ils allaient ensuite dans les rues, transportés parfois dans des tombereaux pleins d'ordures où ils prenaient des poses lascives et faisaient des gestes impudiques. Ces comportements très particuliers étaient également pratiqués dans les monastères des deux sexes.

La coutume s'est ensuite étendue du clergé à la rue. Devenue un événement public, elle est devenue, comme le carnaval, l'occasion de réjouissances populaires ; on y buvait, on y dansait, on y donnait des spectacles de mime, de magie, des tours, des saynètes de théâtre, on y faisait des farces. Les jongleurs, les acrobates, les voyous de tout poil prenaient possession de la rue.

Au point culminant de la fête, les farceurs élisaient le « pape des fous », la plupart du temps un diacre, quelquefois un profane ou un étudiant, qui conduisait ensuite à travers les rues de la ville une procession débridée où les bagarres n'étaient pas rares… Paillarde, exubérante, bruyante, subversive, cette fête dérivait d'une ancienne fête romaine dédiée à Saturne, *Saturnalia*, où, durant trois jours, les tribunaux et les écoles étaient fermés et les esclaves étaient les égaux de leurs maîtres.

La fête des fous

Victor Hugo ouvre son célèbre roman *Notre-Dame de Paris* avec une splendide description de la fête des fous :

Le 6 janvier, ce qui « mettoit en émotion tout le populaire de Paris », comme dit Jehan de Troyes, c'était la double solennité, réunie depuis un temps immémorial, du jour des Rois et de la Fête des Fous.

Ce jour-là, il devait y avoir feu de joie à la Grève, plantation de mai à la chapelle de Braque et mystère au Palais de Justice. Le cri en avait été fait la veille à son de trompe dans les carrefours, par les gens de M. le prévôt, en beaux hoquetons de camelot violet, avec de grandes croix blanches sur la poitrine.

La foule des bourgeois et des bourgeoises s'acheminait donc de toutes parts dès le matin, maisons et boutiques fermées, vers l'un des trois endroits désignés. Chacun avait pris parti, qui pour le feu de joie, qui pour le mai, qui pour le mystère. [...]

Le peuple affluait surtout dans les avenues du Palais de Justice, parce qu'on savait que les ambassadeurs flamands, arrivés de la surveille, se proposaient d'assister à la représentation du mystère et à l'élection du pape des fous, laquelle devait se faire également dans la grand-salle.

Ce n'était pas chose aisée de pénétrer ce jour-là dans cette grand-salle, réputée cependant alors la plus grande enceinte couverte qui fût au monde. La place du Palais, encombrée de peuple, offrait aux curieux des fenêtres l'aspect d'une mer, dans laquelle cinq ou six rues, comme autant d'embouchures de fleuves, dégorgeaient à chaque instant de nouveaux flots de têtes. Les ondes de cette foule, sans cesse grossies, se heurtaient aux angles des maisons qui s'avançaient çà et là, comme autant de promontoires, dans le bassin irrégulier de la place. Au centre de la haute façade gothique du Palais, le grand escalier, sans relâche remonté et descendu par un double courant qui, après s'être brisé sous le perron intermédiaire, s'épandait à larges vagues sur ses deux pentes latérales, le grand escalier, dis-je, ruisselait incessamment dans la place comme une cascade dans un lac. Les cris, les rires, le trépignement de ces mille pieds faisaient un grand bruit et une grande clameur. De temps en temps cette clameur et ce bruit redoublaient, le courant qui poussait toute cette foule vers le grand escalier rebroussait, se troublait, tourbillonnait. C'était une bourrade d'un archer ou le cheval d'un sergent de la prévôté qui ruait pour rétablir l'ordre ; admirable tradition que la prévôté a léguée à la connétablie, la connétablie à la maréchaussée, et la maréchaussée à notre gendarmerie de Paris.

Aux portes, aux fenêtres, aux lucarnes, sur les toits, fourmillaient des milliers de bonnes figures bourgeoises, calmes et honnêtes, regardant le palais, regardant la cohue, et n'en demandant pas davantage ; car bien des gens à Paris se contentent du spectacle des spectateurs, et c'est déjà pour nous une chose très curieuse qu'une muraille derrière laquelle il se passe quelque chose.

S'il pouvait nous être donné à nous, hommes de 1830, de nous mêler en pensée à ces Parisiens du quinzième siècle et d'entrer avec eux, tiraillés, coudoyés, culbutés, dans cette immense salle du Palais, si étroite le 6 janvier 1482, le spectacle ne serait ni sans intérêt ni sans charme, et nous n'aurions autour de nous que des choses si vieilles qu'elles nous sembleraient toutes neuves.

Si le lecteur y consent, nous essaierons de retrouver par la pensée l'impression qu'il eût éprouvée avec nous en franchissant le seuil de cette grand-salle au milieu de cette cohue en surcot, en hoqueton et en cotte-hardie.

Victor Hugo, *Notre-Dame de Paris*, Gallimard, Folio Classique, Paris, 2009

Dis-moi comment tu ris, je te dirai qui tu es

Le rire agit comme véritable lien social. Et s'il y a une nouvelle résolution à inscrire au retour des vacances d'été ou le premier jour de la nouvelle année, c'est bien d'apprendre à faire du rire notre meilleur ami : celui qui ouvre toutes les portes, rend extrêmement sympathique, attire les regards… Celui que l'on peut emmener partout avec soi, en vacances, dans le métro, au travail, chez les parents, les voisins, au ciné, chez le médecin, l'épicier… Celui dont il faudrait faire une priorité absolue, un lien unique et précieux qui nous relie magiquement aux autres, à tous les autres, ceux qui parlent notre langue et ceux qui ne la parlent pas… Le rire est une mine d'informations aussi bien sur vos voisins que sur vous-même : dis-moi comment tu ris et je te dirai qui tu es ! Il y a les expansifs, qui explosent littéralement en se tapant sur les cuisses, ceux qui gloussent timidement, bouche déployée ou rictus figé, ceux qui rient silencieusement, les tonitruants, ceux qui gloussent, hoquettent, ricanent, hennissent…

Mieux encore, la résolution de la Saint Sylvestre pourrait être : « Et si j'apprenais à me moquer de moi-même, cette année ? » Histoire de remettre les pendules à l'heure, d'en finir avec la course dérisoire et inutile à la perfection. Savoir se moquer de ses propres erreurs permet d'être plus à l'aise et d'avoir moins d'inhibitions. Et puis recadrer son ego de temps à autre ne peut pas faire de mal ! Le monde individualiste d'aujourd'hui, survalorisé dans certaines émissions – reality-shows, témoignages d'expériences individuelles télévisées, etc. –, le diktat de plus en plus écrasant de la publicité sur l'image de soi – être plus mince, plus beau, plus cool, plus jeune, plus, plus, plus… – génère de nouvelles attitudes psychologiques, parmi lesquelles le très antipathique narcissisme échevelé. Il faut bien reconnaître que si tant de gens ont recours aux psys, c'est d'abord et avant tout qu'ils ne sont plus entendus, ni dans leurs familles ni sur leur lieu de travail…

Rencontrer une personne qui écoute vraiment ce que vous dites sans aussitôt lâcher sa propre anecdote, voire couper la parole pour en placer une bien bonne, c'est hélas devenu précieux. Et si rire de soi va relativiser l'importance que vous pourriez avoir tendance à vous accorder, il va provoquer une envie similaire chez votre interlocuteur. Au diable si votre conversation ne passe pas par les mots, mais par les grelots du rire !

La contagion du rire

Dans le roman de l'auteur italien Alessandro Barrico, *Océan mer*, l'action se situe à la pension Almayer ou sept personnages étranges et loufoques se retrouvent. Chacun d'eux porte une histoire qui a un lien avec les autres. Et chacun d'eux a un but qu'il ne pourra atteindre que dans cette pension du bout du monde…

Bartleboom, lui, se mit à rire.

Mais à rire pour de bon, à s'en péter la panse, à s'en plier en quatre de rire, impossible de l'arrêter, avec les larmes et tout, un spectacle, un rire babélien, océanique, apocalyptique, un rire qui n'en finissait plus. Les domestiques des Ancher ne savaient plus que faire, impossible qu'il se taise, ni de gré ni de force, et lui, il continuait à se démantibuler de rire, une chose embarrassante, et contagieuse qui plus est, on le sait, l'un commence et tout le monde suit, c'est la loi du fou rire, c'est comme un poison, tu veux essayer de garder ton sérieux, mais tu ne peux pas, c'est inexorable, rien à faire, ils s'écroulaient les uns après les autres […]

Quelle formidable description de fou rire, comme on en lit – hélas ! – trop peu dans la littérature contemporaine.

Alessandro Barrico, *Océan mer*,
Gallimard, Folio, Paris, 2002

Les trois passoires

Le philosophe Socrate avait, dans la Grèce antique, une grande réputation de sagesse. Quelqu'un vint un jour le trouver et lui dit :

« Sais-tu ce que je viens d'apprendre sur ton ami ?

– Un instant, répondit Socrate. Avant que tu ne me racontes tout cela, j'aimerais te faire passer un test très rapide. Ce que tu as à me dire, l'as-tu fait passer par le test des trois passoires ?

– Les trois passoires ?

– Mais oui, reprit Socrate. Avant de raconter toutes sortes de choses sur les autres, il est bon de prendre le temps de filtrer ce que l'on aimerait dire. C'est ce que j'appelle le test des trois passoires. La première passoire est celle de la vérité. As-tu vérifié si ce que tu veux me raconter est vrai ?

– Non, pas vraiment. Je n'ai pas vu la chose moi-même, je l'ai seulement entendue dire…

– Très bien ! Tu ne sais donc pas si c'est la vérité. Voyons maintenant. Essayons de filtrer autrement, en utilisant une deuxième passoire, celle de la bonté. Ce que tu veux m'apprendre sur mon ami, est-ce quelque chose de bien ?

– Ah non ! Au contraire ! J'ai entendu dire que ton ami avait très mal agi.

– Donc, continua Socrate, tu veux me raconter de mauvaises choses sur lui et tu n'es pas sûr qu'elles soient vraies. Ce n'est pas très prometteur. Mais tu peux encore réussir le test, car il reste une passoire, celle de l'utilité. Est-ce utile que tu m'apprennes ce que mon ami aurait fait ?

– Utile ? Non, pas réellement, je ne crois pas que ce soit utile.

– Alors, conclut Socrate, si ce que tu as à me raconter n'est ni vrai, ni bien, ni utile, pourquoi vouloir me le dire ? Je ne veux rien savoir et, de ton côté, tu ferais mieux d'oublier tout cela ! »

Rire, un signe de paix

Le rire et la guerre ne font pas bon ménage, on peut même pousser l'idée que rire avec l'autre peut difficilement conduire à autre chose qu'à la paix. Sans parler de l'idée que le rire favorise la paix intérieure. Aristote dit même que *le rire est la meilleure arme de paix*.

L'homme réputé pour avoir le rire le plus contagieux au monde, Doug Collins, homme de cœur et de paix, conducteur de bus scolaire au Tennessee, est devenu célèbre grâce à sa participation en tant que bénévole à un spectacle comique local : le Pigeon Forge Tennessee. Un micro placé sur la scène avait alors capté le rire nerveux de Collins qui avait complètement ébloui la foule. Collins et le public ont ri pendant plus de dix minutes sans s'arrêter ! La vidéo de l'événement postée sur le site de partage `www.youtube.com` a attiré à ce jour plus de 18 millions de visiteurs et les médias américains ont surnommé Collins « l'homme au rire le plus contagieux au monde ». Dans *Laughology*, le documentaire d'Albert Nerenberg, Collins est conduit à Londres ou il est « testé » par une équipe de neuroscientifiques anglais pour voir s'il y a quelque chose de différent dans son cerveau. *Laughology* pose un drôle de regard et un regard très drôle, neuf et nouveau, sur les causes de la contagion du rire et la naissance du mouvement international du rire.

Albert Nerenberg, rigologue, est journaliste et réalisateur et l'inventeur du « laughercize ». Il a été primé en mai 2009 pour son documentaire *Laughology* dans lequel il explique que le rire est un signe de paix et que la capacité humaine de partager et de transmettre les rires peut constituer l'une des clés des origines de la civilisation. Partant du constat que les effets du rire sont semblables pour le cerveau à ceux de certaines drogues, Albert Nerenberg s'est demandé si l'on pouvait substituer ces effets du rire à ceux de l'addiction. Cette technique a été expérimentée auprès de centres de désintoxication pour des populations dépendantes à l'alcool et aux drogues. Albert va même jusqu'à se poser la question des effets du rire sur la maladie de Lou Gehrig ou maladie du motoneurone (maladie neurologique).

Quand Albert Nerenberg aperçoit deux combattants éclater de rire avant un combat, il lui vient une idée folle. Au lieu d'un championnat de combat extrême, pourquoi ne pas organiser un championnat de rire extrême ? C'est ainsi qu'il crée le premier championnat mondial du rire. La mission : trouver le meilleur rieur du Québec. Alors que certains considèrent le concept comme invérifiable et imbécile, Albert Nerenberg poursuit ses investigations : ses résultats sont révolutionnaires et hilarants.

En 2011 a eu lieu la première édition du festival d'humour Antigel, dans les Yvelines, en France.

En voiture ou en moto, ralentissez et envoyez des bisous telle une star avec la main à un automobiliste et poursuivez votre chemin sans vous arrêter. La personne qui vous verra ainsi va chercher qui vous êtes et ne plus penser à ses soucis pendant au moins 10 minutes… Vous êtes formidable !

Amour et paix

Mata Amritanandamayi, communément appelée *Amma* – « mère » en hindi – parcourt le monde pour prendre dans ses bras tous ceux et toutes celles qui se présentent à elle. Depuis plus d'un quart de siècle, des millions de personnes sur la planète attendent cette étreinte. Elle aime à dire que, *comme il est dans la nature d'une rivière de couler, il est dans la nature d'Amma d'exprimer un amour maternel pour ses enfants.*

Considérée comme l'une des plus importantes figures spirituelles contemporaines de l'Inde, elle a fondé une ONG, Embracing the World, qui intervient dans des domaines aussi variés que la protection de la planète, la promotion du droit des femmes ou l'éducation des plus jeunes, et ce sur tous les continents.

Le père, l'enfant et l'âne

Un conte bien connu, pour connaître le secret du bonheur : Un enfant demande à son père : « Dis papa, quel est le secret pour être heureux ? »

Alors le père demande à son fils de le suivre ; ils sortent de la maison, le père sur leur vieil âne et le fils suivant à pied. Et les gens du village de dire : « Mais quel mauvais père qui oblige ainsi son fils d'aller à pied ! » « Tu as entendu mon fils ? Rentrons à la maison », dit le père.

Le lendemain ils sortent de nouveau, le père ayant installé son fils sur l'âne et lui marchant à côté. Les gens du village dirent alors : « Quel fils indigne, qui ne respecte pas son vieux père et le laisse aller à pied ! » « Tu as entendu mon fils ? Rentrons à la maison. »

Le jour suivant, ils s'installent tous les deux sur l'âne avant de quitter la maison. Les villageois commentèrent en disant : « Ils ne respectent pas leur bête à la surcharger ainsi ! » « Tu as entendu mon fils ? Rentrons à la maison », dit le père.

Le jour suivant, ils partirent en portant eux-mêmes leurs affaires, l'âne trottinant derrière eux. Les gens du village trouvèrent encore à redire : « Voilà qu'ils portent eux-mêmes leurs bagages maintenant ! C'est le monde à l'envers ! » « Tu as entendu mon fils ? Rentrons à la maison », dit le père.

Arrivés à la maison, le père dit à son fils : « Tu me demandais l'autre jour le secret du bonheur. Peu importe ce que tu fais, il y aura toujours quelqu'un pour y trouver à redire. Fais ce qui te plaît et tu seras heureux ! »

SOURIONS

Il existe deux vérités absolues : la première est que les hommes sont plus intelligents que les femmes. Et la seconde ? Que la terre est plate.

Rire au travail, les préjugés : réactions et témoignages

En partant de l'idée que ce qui est drôle ne peut pas être sérieux, il a longtemps été admis que le rire n'avait pas droit de cité dans la sphère professionnelle. De là à convoquer la sinistrose, il y avait un pas, un grand pas même que n'ont pas hésité à franchir de nombreuses entreprises, hélas. Nous ne les citerons pas, ce sont toutes celles qui ont récemment et tragiquement fait la une de l'actualité à cause du suicide de leurs employés. Les médias s'en sont chargé. Nous préférerons rappeler qu'au-delà de ces faits insoutenables, la pratique du harcèlement moral sévit malheureusement partout. Ils sont nombreux, les petits chefs imbéciles – pas heureux – qui usent et abusent de leur pouvoir et profitent du système hiérarchique pour mépriser, humilier, contraindre. La psychiatre Marie-France Hirigoyen a été en France l'une des premières à dénoncer ces pratiques dans un formidable réquisitoire, *Le Harcèlement moral*, lequel met en relief les graves préjudices qui découlent de cette violence au travail.

Une entreprise modèle

On sait pourtant qu'un employé et/ou un ouvrier heureux, signifie une productivité améliorée. Clare Hart l'a compris, qui dirige depuis 1993 la société ILO (International Language Organisation) qu'elle a fondée. Labellisée ISO 9001 ISO 14001, cette entreprise a été la première de la région Languedoc-Roussillon à recevoir le label « Égalité Diversité » couronnant une politique favorable à ses employés, en grande majorité des femmes. *Nous avons réalisé qu'il nous fallait embaucher des hommes et leur offrir les mêmes aménagements*, explique-t-elle. Elle a donc fait le choix de l'organisation en binôme pour être libre de ses horaires et concilier sans stress vie privée et vie professionnelle, préparation minutieuse du départ en congé parental et du retour, choix des fournisseurs engagés, sensibilisation des clients à la parité. Très engagée dans la vie associative para-professionnelle, Clare Hart est notamment membre du conseil d'administration d'une association d'aide aux femmes victimes de violence ; elle est membre du conseil d'administration de Qualipole Languedoc-Roussillon et présidente depuis 2008 de FACE Hérault (Fondation Agir Contre l'Exclusion) qui est un club d'entreprises socialement responsables.

Le bonheur au travail, c'est facile !

Voici quelques propositions qui se dégagent pour du bonheur en entreprise :

- Saluer tout le monde le matin ;
- Souhaiter la bienvenue à un nouvel entrant, y compris par le biais du journal interne ou bien par un mail rédigé par l'intéressé lui-même, et le présenter à l'ensemble de l'équipe afin de favoriser une intégration plus conviviale ;
- Faire ce que l'on dit et dire ce que l'on va faire ;
- Écouter les représentants du personnel ;
- Accompagner les départs et les retours de longues absences ;
- Proposer aux salarié(e)s des entretiens de retour de longue absence (maladie, congé parental) ainsi que des entretiens réguliers afin d'anticiper et de planifier de façon sereine leur retour dans l'entreprise ;
- Communiquer de manière claire et transparente sur les modalités d'attribution des primes ;

- Lors d'un entretien individuel, être à l'heure, écouter le salarié, transférer les appels téléphoniques vers le secrétariat pour être disponible ;
- Permettre autant que faire se peut d'accorder aux salarié(e)s le mois de congés qu'ils souhaitent, dans l'année ;
- S'assurer que les grilles de salaires sont accessibles à tous afin d'éviter les sentiments d'injustice ou de discrimination ;
- Centrer les entretiens sur les compétences ;
- Éviter les questions personnelles lors des entretiens d'embauche ou d'évaluation afin d'éliminer les biais subjectifs qu'elles représentent ;
- Évaluer la perception des valeurs de l'entreprise par les salarié(e)s ;
- S'assurer de la connaissance de ces valeurs par les nouveaux salarié(e)s et recueillir régulièrement la représentation des salarié(e)s ;
- Inviter les compétences extra-professionnelles des salarié(e)s à s'exprimer ;
- Organiser des ateliers créatifs, de cuisine, d'initiation à un art ou un sport, de rigologie ou mettre en place un marché des créateurs internes à l'occasion des fêtes de fin d'année ;
- Proposer un cadre de travail attractif et non bruyant ;
- Et, bien évidemment, proposer des salaires décents et des possibilités d'avancement, de promotion interne et de formation.

Le rire comme outil de prévention des risques psycho-sociaux au travail

Dans son mémoire de recherche à l'Institut d'études politiques de Toulouse, Clémence Lataste s'est penchée sur la question du rire comme outil de prévention des risques psycho-sociaux au travail. Elle retrace notamment l'histoire de la place du rire au sein de l'entreprise. Pendant l'ère industrielle, celui-ci était tout bonnement interdit car non productif et peu sérieux. Avec l'apparition de l'école des relations humaines et de la théorie des besoins, le rire est admis au sein de l'entreprise car il est vu comme un liant au sein des groupes.

Puis Jawad Mejjad, montre comment dans les années 1980 le rire est devenu un enjeu et un outil de pouvoir. En orientant le rire et en l'utilisant, les dirigeants réussissent à créer un esprit d'équipe propices à la domination. De l'interdit de l'ère industriel, le rire devient une obligation permettant de « faire rentrer dans le rang » les éléments perturbateurs par le rire contre l'autre. On est très loin alors du rire synonyme de liberté d'Auguste Penjon.

Humour dans le management et le marketing

Une marque de soda ultracélèbre a fait installer dans des magasins des machines à boissons très hautes, le temps d'une seule journée. Pour une canette achetée, l'autre était offerte, mais il était impossible pour une personne de taille normale ou de petite taille de mettre la pièce dans la fente. Les gens ont dû redoubler d'astuces et de coopération pour participer à ce qui ressemblait à un jeu qui a permis à la célèbre marque de sodas de multiplier ses ventes. À l'issue de cette expérience, la firme a passé le message suivant : « À plusieurs, on est plus performants ». Les syndicats disent exactement la même chose, formulée différemment : « L'union fait la force. »

Humour et management

D'après Marco Sampietro, professeur à l'école de management SDA Bocconi de Milan, le manager a tout intérêt à faire passer ses messages avec humour au cours de négociations, dans la gestion de conflits et pour rendre la vie plus agréable dans une équipe. *Rire au travail est bénéfique à l'ambiance de travail, permet une réduction du stress, favorise la créativité et facilite la transmission des messages (même critiques)*, propose-t-il.

Selon les conclusions de ses travaux, l'humour est perçu comme un élément positif d'influence et de performance. Une équipe détendue, qui se sent bien, a meilleur moral. Bien utilisé, l'humour a un effet positif sur l'ambiance et les relations humaines, quel que soit le contexte. L'impact de l'humour sur la capacité de leadership est positif à plusieurs égards. Par exemple, une personne appréciée a plus de chance d'être suivie et écoutée par ses collaborateurs. L'humour peut permettre de créer ce lien. Ensuite, il est plus aisé de mener une négociation ou de gérer un conflit par un comportement positif. Le message humoristique est particulièrement recommandé dans ces deux cas de figure.

En revanche, utilisé dans le mauvais contexte ou au mauvais moment, l'humour a l'effet inverse à celui espéré. Il est donc à manier avec subtilité. Il est également mal perçu lorsqu'il est utilisé dans le cas d'une prise de décision risquée. En effet, l'humour diminue la perception du risque. Or, certaines situations imposent une compréhension très pointue (et très sérieuse) des enjeux.

Attention aux susceptibilités nationales !

Marco Sampietro s'est également intéressé à la capacité de faire rire au sein d'équipes multiculturelles. Il a, dans son son étude « *Humor in International Project Team* » (L'humour dans les équipes internationales de projets), expliqué que *dans les équipes multiculturelles, l'humour est jugé bénéfique à la performance, à la condition de ménager les susceptibilités nationales*, faute de quoi le risque est grand de commettre un impair. Il insiste sur le fait que l'humour « national » peut créer de la confusion, de la gêne, ou des phénomènes de rejet contre-productifs. Alors que jouer avec les mots ou rire de soi-même en faisant appel à l'autodérision rend populaire, car c'est une façon de dire : « Je suis comme vous » et de réduire la distance avec les interlocuteurs.

À l'usage des amateurs internationaux, voici sa proposition de classement sur 5 des types d'humour par fréquence d'usage (et donc de succès) par nation.

Tableau 12-1 : L'humour par nation

	Italie	*France*	*Allemagne*	*États-Unis*	*Royaume-Uni*	*Japon*
Jouer avec les mots	4,7	4,1	4,8	4,9	4,8	4,9
Rire de soi-même	4,6	4,1	4,3	5,1	5,3	4,6
Se moquer des autres	4,4	4,4	3,2	2,7	3,8	2,4
Recourir au comique gestuel	4,1	2,8	3,5	3,2	3,6	2
Plaisanter des différences culturelles	3,8	2,8	3,5	3	3,2	2,6
Dire des grossièretés	3,5	2,6	2,2	2,3	2,9	2,4
Raconter des blagues sexuelles	3,5	3,4	2,2	1,7	2,7	2,6
Jouer avec les codes sociaux	2,4	2,9	2,2	2,1	2,7	2,4
Blaguer sur la religion	2,1	1,8	1,8	1,8	1,8	1,7

Le sourire de la guichetière

Sabine, guichetière à la SNCF, s'est donné pour objectif de faire sourire les grincheux qui viennent acheter leur billet. « Et ça marche ? » lui demandent ses collègues. « Oui, presque à chaque fois, s'enthousiasme-t-elle. J'adore faire cela, le temps passe mieux et plus vite. Cela me permet de ne pas subir la mauvaise humeur des clients, mais au contraire d'avoir un impact positif sur eux. »

Ah ! les DRH...

Une blague bien connue pour rire en entreprise : Une jeune employée, son collègue et leur DRH déjeunent ensemble. Sur la table du restaurant d'entreprise, à côté de la carafe d'eau, se trouve une curieuse petite lampe. Pour rire, la jeune employée la frotte avec sa manche. Immédiatement, un génie surgit. Il s'exclame : « D'habitude, j'offre trois vœux à la personne qui m'a délivré de la lampe. Mais comme vous êtes trois, je vais donc vous accorder un vœu à chacun... »

La jeune employée s'empresse de prendre la parole la première : « Je voudrais me retrouver sur une île paradisiaque, entourée d'hommes, ne pas avoir de problèmes financiers et respirer le bonheur. »

Aussitôt, elle disparaît. Son collègue prend alors la parole : « Je voudrais me retrouver sur la Côte d'azur, avoir une femme magnifique, une voiture de sport, une maison avec plage privée et aucun souci d'argent. »

Aussitôt, il disparaît. Puis vient le tour du DRH qui dit : « Je voudrais que ces deux-là soient de retour avant 14 heures ! »

Oser le rire en entreprise

Définition d'un bon sermon par un paroissien : « Pour moi, un bon sermon me passe par-dessus la tête pour aller toucher mon prochain... »

Témoignage

Martine témoigne : Simone me fait intervenir dans son entreprise. Elle aime le yoga du rire, mais a du mal à se lâcher au moment de la méditation et à se laisser gagner par le fou rire. Nous sommes huit personnes et Simone, qui s'était beaucoup démenée pour faire venir du monde, est déçue. Pendant la séance, elle s'amuse moins que d'habitude, contrariée par le faible nombre de participants. Lors de la méditation du rire, contre toute attente, elle part dans un fou rire phénoménal. Au moment du tour de paroles sur les sensations, elle dira qu'elle a imaginé son chef entrant dans la salle, voir tout le monde rire allongé par terre et que cela a été irrésistible pour elle. Elle dira aussi que sa déception s'est envolée, dissoute par le rire. Par la suite, elle aura plus de facilité à rire lors des méditations du rire.

Réintroduire du rire dans l'entreprise, c'est réintroduire de l'humain. Le rire rapproche les équipes, augmente la motivation, stimule l'enthousiasme et le dynamisme positif nécessaires pour relever les défis. Il crée une bonne ambiance permettant de venir facilement à bout des petits conflits et économisant l'énergie pour faire face aux grosses difficultés. Il booste la créativité et permet d'innover. Ses bienfaits sont aussi puissants sur le plan individuel que sur le plan collectif.

Augmentation de la productivité

Il semble que de plus en plus d'entreprises prennent très au sérieux les retombées d'une ou plusieurs interventions d'un professionnel du rire au sein de leur établissement.

Comme l'affirme Corinne Cosseron : *Dix minutes par jour suffisent pour maintenir la bonne humeur et… gageons-le, diminuer l'absentéisme. Tout naturellement, avec une meilleure ambiance de travail dans l'entreprise, des conflits moins nombreux et résolus plus facilement, des salariés épanouis, moins stressés et malades, plus charismatiques et plus créatifs, il est évident que la productivité ne peut être que favorisée. Introduite au cœur même des conduites managériales, la rigologie permet donc de meilleures performances et une augmentation de la productivité.* (Corinne Cosseron, *Remettre du rire dans sa vie. La Rigologie mode d'emploi*, Éditions Robert Laffont, Paris, 2009)

L'amélioration du vécu entraîne logiquement une amélioration de la rentabilité, explique quant à lui le docteur Étienne Jalenques. *On n'obtient pas la meilleure efficacité en faisant régner la terreur ou la suspicion. En revanche, si les contacts humains marchent, tout marche. S'il devient un jeu, le travail devient plus créatif que lorsque la hiérarchie dicte des ordres arbitraires. Il faut inciter les membres de l'entreprise à mener une vie agréable, à aménager leurs rapports travail/vie privée…* (Étienne Jalenques, *La Thérapie du bonheur*, Marabout, Paris, 2007)

L'émission diffusée sur M6 le 31 janvier 2013 « J'ai décidé d'être heureux » a testé deux équipes de même niveau pour jouer au bowling. L'équipe habillée en orange avait pour consigne de noter uniquement les actions positives des joueurs et l'équipe habillée en rouge les actions négatives. Aucune ne connaissait les consignes attribuées à l'autre équipe. L'équipe orange s'amuse et gagne haut la main tandis que l'équipe rouge perd, joue de plus en plus mal car chacun est démobilisé et certains se sentent « nuls ». Cette expérience confirme les travaux plus élaborés et chiffrés des chercheurs et des praticiens de la psychologie positive.

Après être arrivé au bureau, décrochez votre téléphone et simulez une conversation avec un interlocuteur imaginaire. Exclamez-vous, jetez des « Quoi ? » des « Hein ! » des « Noooooooon ! » tonitruants, levez les yeux au ciel, tapotez nerveusement sur votre bureau sourcils froncés, puis éclatez de rire...

Rire au bureau, l'arme antistress préférée des salariés

Un article publié sur www.Capital.fr, le 31 août 2011, explique que l'humour est l'antidote favori des salariés contre le stress au travail dans un sondage : 37 % des 2000 salariés interrogés par le spécialiste du recrutement en ligne, Monster, disent jouer de la dérision pour détendre l'atmosphère et, pour rester zen, 26 % se défoulent grâce au sport.

Comment notre rire est-il perçu et interprété ?

Faire rire autrui par la simple vertu d'un rire communicatif est un talent très apprécié que je vous conseille de cultiver car il vous rendra de nombreux services, notamment celui de transformer une soirée sinistre en partage festif. Il se peut que votre rire ne soit pas communicatif, il est peut-être trop fort ou pas assez extériorisé, un peu comme la voix d'un apprenti chanteur. Or, votre rire mérite autant de soin que votre voix car c'est un pont entre vous et les autres. Après avoir animé de nombreux stages « corps, voix et rire », Martine a constaté qu'il n'est pas rare que des adultes n'osent plus chanter. Ils ont trop entendu une phrase assassine du type : « Arrête de chanter, il va pleuvoir. », « Tu chantes comme une casserole. », « Tais-toi, tu me saoules avec ta voix. » Chanter, c'est révéler l'intime de soi – chacun possède l'intuition que pour bien chanter, mieux vaut chanter avec son cœur. Je le confirme : c'est cela qui touche, plus qu'une technique bien maîtrisée. Il n'est donc pas facile de retrouver sa voix et de la faire entendre. De la même façon, nombreux sont ceux parmi nous qui ont été réprimandés pour leurs jeux, leurs rires ou leur joie de vivre durant leur enfance. La peur du jugement, la crainte du ridicule, voire de l'humiliation ont asséché leurs élans de vie, d'audace et de créativité. Retrouver le paradis de la libre expression relève en général d'un long parcours, qui peut parfois épouser le cours entier d'une vie. Cela en vaut vraiment la peine. Qu'est-ce qui vous empêche de rire ou de chanter ? Qui est à l'origine de ce blocage ? Saisissez ces deux questions comme pistes d'exploration…

Témoignage

Alex est ingénieur. Le directeur de son entreprise a fait intervenir Martine pour que les salariés retrouvent de la spontanéité dans les contacts car, d'après lui, « ils sont coincés, trop sérieux et pris au dépourvu s'il faut improviser ». Lors d'une séquence corporelle et vocale, Alex n'arrive pas à ouvrir la bouche et ressent l'esquisse d'une colère, Martine tire avec lui le fil de cette émergence : la colère devient phénoménale, puis Alex fait le lien avec son enfance, lorsque son frère répétait ses cours de violon alors qu'il essayait, lui, de faire ses devoirs. Il n'y parvenait pas, c'était insupportable, mais ses parents soutenaient le petit prodige en herbe, sans prendre en compte l'énervement du cadet, ni chercher avec lui une solution. Cet homme, tout à coup, réalisait qu'il n'y avait ni musique ni chansons dans sa vie d'adulte, et il venait de comprendre pourquoi… Cette prise de conscience a permis à Alex de se poser la question du choix : voulait-il, oui ou non, remettre de la musique dans sa vie aujourd'hui ? Sa réponse, prononcée avec un énorme sourire, fut oui, sous les applaudissements émus de ses pairs.

Cher rire,

À VOUS DE JOUER

Prenez une feuille et un crayon ou votre ordinateur et faites en sorte d'être au calme. De même que vous pourriez écrire une lettre à un ami avec en-tête, date et signature, écrivez une lettre à votre rire. Je sais, cela peut sembler étrange, mais *just do it* à l'instar de l'exemple ci-dessous, proposé lors d'un stage sur « rire et écrire » à Vincennes, en mars 2012.

« Cher rire,

J'ai voulu rire sans toi et je n'ai pas pu. J'ai tenté le gloussement, le ricanement, l'esclaffement ; ce n'était pas pareil. J'ai agité les épaules, secoué le ventre, fait vibrer ma glotte : aucun son n'est sorti. J'ai tenté les subterfuges – avec le subjonctif : j'ai vu que vous rîtes : rien. Pas le moindre éclat, plus rien de fou, pas même de forcé ou de jaune. J'ai stigmatisé mes zygomatiques, programmé mon diaphragme, me suis chatouillé les doigts de pied. Zéro rictus à l'horizon. J'ai juré à voix haute : « Cornegidouille ! Bricorama ! Gare au gorille ! Malabar ! Poil au… »

De rire, point.

J'ai commencé à avoir peur, les chocottes, les miquettes, les foies. Sans toi donc, je ne pourrais pas, je pourrais plus ? »

Allez à la boulangerie et au moment de dire « merci », dites « mheuuuu ! ».

L'idiot et le théologien

Voici un délicieux conte zen qui en dit long sur notre vision du monde, notre « grille de lecture », nos interprétations et les quiproquos qui en découlent. Si vous croyez encore après cela qu'une bonne communication dépend de la clarté de l'émetteur, ou de l'attention du récepteur…

Un moine zen vivait avec son frère borgne et idiot. Un jour, alors qu'il devait s'entretenir avec un théologien fameux, venu de loin pour le rencontrer, il se trouva dans l'obligation de s'absenter. Il dit alors à son frère : « Reçois et traite bien cet érudit. Surtout, ne lui dis pas un mot et tout ira bien ! »

Le moine quitta alors le monastère. Dès son retour, il alla promptement retrouver son visiteur.

« Mon frère vous a-t-il bien reçu ? » s'enquit-il.

Plein d'enthousiasme, le théologien s'exclama :

« Votre frère est absolument remarquable. C'est un grand théologien. »

Le moine surpris bégaya :

« Comment ?… mon frère… un théologien ?…

– Nous avons eu une conversation passionnante, reprit l'érudit. Uniquement en nous exprimant par geste. Je lui ai montré un doigt, il a répliqué en m'en montrant deux. Je lui ai alors répondu, comme c'est logique, en lui montrant trois doigts, et lui m'a stupéfait en arborant un poing fermé qui concluait le débat… Avec un doigt, je professai l'unité de Bouddha. De deux doigts, il a élargi mon point de vue en me rappelant que Bouddha était inséparable de sa doctrine. Enchanté par la réplique, avec trois doigts, je lui signifiai Bouddha et sa doctrine dans le monde. Il eut alors cette sublime réplique, en me montrant son poing : Bouddha, sa doctrine, le monde, tout cela fait un. La boucle était bouclée. »

Quelque temps plus tard, le moine alla retrouver son borgne de frère :

« Raconte-moi donc ce qui s'est passé avec le théologien.

– C'est très simple, dit le frère. Il m'a nargué en me montrant un doigt pour me faire remarquer que je n'avais qu'un œil. Ne voulant pas céder à la provocation, je lui ai retourné qu'il avait de la chance, lui, d'en avoir deux. Il s'est obstiné, sarcastique : "De toute façon, à nous deux, cela fait trois yeux." Ce fut la goutte d'eau qui fit déborder le vase. En lui montrant mon poing fermé, j'ai menacé de l'étendre sur-le-champ s'il ne cessait pas immédiatement ses insinuations malveillantes. »

Faire sourire ou rire les garçons de café stressés ou grognons (si vous n'y arrivez pas laissez 20 euros de pourboire après avoir bu votre café, ils devraient vous décocher une petite grimace).

Chapitre 13

Le rire et la politique

Dans ce chapitre :

- Comment va le monde ? Faut-il en rire ou en pleurer ?
- La première présidente du rire en France, une réalité, un symbole.
- Les drôles de politiques et leur humour.
- L'humour peut-il inciter les citoyens à s'intéresser davantage à la vie politique ?

Les politiciens, il y en a, pour briller en société,
ils mangeraient du cirage.
(Coluche)

On associe rarement la politique – *l'art et la pratique du gouvernement des sociétés humaines*, selon *Le Petit Robert* – au rire. Et quand quelques personnages se mettent en tête d'orchestrer ce qui régit nos actes les plus quotidiens, ils en soulignent plutôt l'aspect grave, solennel, voire « bonnet de nuit », que l'aspect ludique ou loufoque. On vous l'accorde : prendre des décisions en matière de santé, de logement, d'emploi, d'éducation, de culture, d'environnement, d'urbanisme ou de sport ne porte a priori pas à rire… Mais, mais, mais… Peut-être faut-il éviter de confondre l'importance d'une décision et le plaisir, la créativité, la joie qui préludent à son application. Pourquoi les élus ne pousseraient pas un cri de joie en voyant le formidable résultat d'une réhabilitation de logements sociaux, attendue depuis des années par les locataires ? Pourquoi ne hurleraient-ils pas « Youououououou ! » en apprenant que l'État consent enfin à attribuer des fonds pour la réalisation d'un lieu de vie pour enfants handicapés ? Pourquoi toujours ces airs graves et empesés ? Oui, bien sûr, le vote du budget de la nation, c'est important. Mais c'est sympa aussi, non, de savoir que tous ces milliards vont permettre la réalisation d'écoles, d'hôpitaux, d'universités, vont servir à créer des postes, à payer les artistes, à développer l'économie, etc. ?

Le monde va mal ? Riez !

Le rire est le propre de l'homme, Plus on est de fous, plus on rit, Mieux vaut rire que pleurer, Avoir toujours le mot pour rire...

La vie est dure...

Ô paradoxe de l'humanité ! Comme nous venons de le voir tout au long de ces chapitres, en dépit de ces aphorismes qui nous rappellent que notre véritable nature est portée vers la joie, nous avons une vraie capacité, au quotidien, à nous noyer dans des verres d'eau. Certes, la vie n'est pas toujours parsemée de pétales de rose. En Europe, la crise, le chômage, l'insécurité sociale, l'effondrement de valeurs structurantes comme la cellule familiale ou la solidarité nationale sont des faits indéniables : *Le contraire du rire n'est pas le sérieux, c'est la réalité*, résume à ce propos très philosophiquement Hegel.

Mais la réalité n'est pas non plus que tristesse et l'imaginaire n'a pas seul l'apanage de la joie. La face obscure de la planète, de la nation, du quartier, du couple, certes, existe. Avec son pendant, une face lumineuse, celle qui nous intéresse. On peut toujours essayer d'améliorer ce qui peut l'être. Et, face aux obstacles, préférer la lutte, la résistance, la parole juste qui s'élève, la protestation, plutôt que les jérémiades stériles. On peut toujours se réjouir de ce qui le mérite, chaque fois que l'occasion se présente.

... Riez !

Aussi délétère que puisse être le contexte dans lequel nous vivons, il ne faut jamais perdre de vue qu'en chacun de nous coule une source intarissable, rafraîchissante, formidable antidote à la morosité : le rire. L'auteur des *Essais*, le malicieux philosophe Michel de Montaigne, était de santé fragile. Il a passé la majeure partie de sa vie à souffrir de crises de coliques néphrétiques à répétition. Il a vécu les guerres de religion et ses folies meurtrières et une très grande instabilité politique.

Cela ne l'a empêché ni de s'amuser ni de devenir… maire de Bordeaux, côtoyant les plus grands de son époque, s'amusant de tout malgré le sérieux de sa fonction et se moquant de lui-même – l'une de ses antiennes les plus « croquignolettes » est quand même : *Et au plus élevé trône du monde, nous ne sommes assis que sur notre cul !* (à repasser en boucle mentalement chaque fois qu'un cheffaillon insupporte, qu'un dirigeant prend une mesure vexatoire, qu'un professeur tyrannise, etc. Ou, mieux, à exprimer à haute voix en accompagnant la saillie d'un grand rire rafraîchissant… en citant le « grand » Montaigne.)

Faites l'humour, pas la guerre

L'humour existe-il aujourd'hui en Palestine ? Telle est la question abordée par la jeune réalisatrice Vanessa Rousselot, qui a sillonné la Cisjordanie avec un projet de documentaire pour le moins surprenant, *No Laughing Matter, a voyage into Palestine*, en français *Blague à part, un voyage en Palestine*. La jeune femme est partie à la rencontre des différentes strates de la société palestinienne à la recherche de l'humour.

Rire en Palestine, l'idée peut sembler paradoxale dans une nation qui baigne dans le chaos depuis plus de soixante ans. Pourtant, Vanessa Rousselot a filmé des restaurateurs, des enfants, des étudiants, des femmes au foyer, des personnes âgées ou des personnes lambda prises au hasard dans la rue. Tous ont raconté devant la caméra une blague, une histoire drôle, révélant la force de l'humour d'un peuple que des années de conflit n'ont pas terrassé...

Présidente du rire de France

Dimanche 6 mai 2012 a eu lieu le deuxième tour des élections présidentielles en France (élection de François Hollande) et, pour la première fois, le Championnat du rire extrême, animé par Albert Nerenberg en France.

Un jury de quatre professionnels du rire et le public ont élu la première présidente du rire, Martine Medjber-Leignel, rigologue expert, lors du dixième Rassemblement international des rieurs (RIR), à Frontignan, organisé par l'École internationale du rire et du bonheur.

Martine, à cette occasion, a promulgué son premier décret : un fou rire journalier incontournable pour tous.

Elle a ensuite constitué comme suit son gouvernement :

- **Premier ministre** : Joëlle Cuvilliez (*L'utopie ne signifie pas l'irréalisable, mais l'irréalisé.* Théodore Monod)
- **Secrétaire d'État aux Câlins rieurs** : Baloo (*Il en faut peu pour être heureux, vraiment très peu pour être heureux, sachez vous satisfaire du nécessaire.*)
- **Ministre du Rire** : Clémence Lataste (*Il n'existe rien de constant si ce n'est le changement*, Bouddha).
- **Secrétaire d'État à l'Hilarité** : Guillaume Mouton (*Passons d'une civilisation de l'avoir à une civilisation de l'être.*)

- **Ministre de la Gaieté** : Henri Salvador (*Faut rigoler, Faut rigoler, Avant qu'le ciel nous tombe sur la tête, Faut rigoler, Faut rigoler, Pour empêcher le ciel de tomber.*)
- **Secrétaire d'État à la Douceur** : Roger Ladoucette (*Oublie ton passé, qu'il soit simple, imparfait ou composé* ; *Participe à ton présent, pour que ton futur soit plus-que-parfait !*)
- **Ministre de la Bonne Humeur** : Annie Cordy (*La passion fait la force.*)
- **Secrétaire d'État au Développement humain durable** : Sandra Leite, de l'association Nicole Leuret, club de rire d'Appoigny, Auxerre (89), rire.appoigny.over-blog.com, www.eponacoach.com (*Alors, passionnez-vous durablement pour le meilleur et pour le rire.*)
- **Ministre de l'Éducation formidable** : Mary Poppins (*Soyez vous-même et surtout, amusez-vous !*)
- **Secrétaire d'État aux Tendres Câlins** : Amma (*La cause fondamentale de tous les problèmes qui existent dans le monde d'aujourd'hui est le manque d'amour et de compassion.*)
- **Ministre du Bonheur et de la Joie de vivre** : Corinne Cosseron, fondatrice de l'École internationale du rire et du bonheur (*Que chacun démarre sa journée par ce petit rituel de 20 secondes : Je m'assois les yeux fermés, je sens l'air qui circule dans mon corps, je prends conscience que je suis en vie, je laisse mon cœur se dilater et s'ouvrir à l'énergie d'amour, j'ouvre les yeux en riant aux éclats, trop heureuse d'appartenir à l'univers.*)
- **Secrétaire d'État à la Pétillante Joie de vivre** : Véronique Arrondel, rigologue expert, atelier du rire à Houilles (78) (*1, puis 10, puis 100 puis 1 000 minutes par jour, pour ouvrir nos cinq sens à la symphonie de la vie et prendre soin de soi pour que la joie s'épanouisse...*)
- **Ministre des Nouvelles rafraîchissantes** : Fred Cosseron (www.clubderire.fr)
- **Secrétaire d'État à l'Humour** : Omar Sy (Pas d'bras, pas d'chocolat !)
- **Ministre de l'Enfance et des Jeux coopératifs** : Julien Peschot (rigologue expert et enseignant à l'École internationale du rire.)
- **Secrétaire d'État à la Musique et à la Danse** : Céline Peschot (rigologue experte et enseignante à l'École internationale du rire.)
- **Ministre du Bien-Être des animaux** : Marie-Laure Bourbon, association rire et mieux-être, Lempdes (63), www.rireetmieuxetre.fr (*Au minimum une heure une fois par semaine, chacun mettra en congé son petit juge personnel afin de laisser libre cours à sa créativité spontanée dans un art manuel de son choix.*)
- **Secrétaire d'État à la Peinture et au Dessin d'art** : Jérémy Von Saurma (*Surtout amusez-vous !*).

- **Ministre de l'Amour et de l'Engagement** : Nacer Medjber (*L'Amour ? C'est TOI !*)
- **Secrétaire d'État à la Tendresse** : Aluna (*Waff ! Waff !*)
- **Ministre du Zen Rire** : Matthieu Ricard (*Nous ressemblons parfois à ces oiseaux qui, ayant longtemps vécu en cage, retournent à celle-ci alors même qu'ils ont la possibilité de s'envoler dans l'espace. Nous sommes habitués depuis si longtemps à nos imperfections, que nous avons du mal à imaginer ce que serait la vie sans elles : le ciel du changement nous donne le vertige.*)
- **Secrétaire d'État aux Couleurs qui enchantent la vie** : Brigitte Pierre-Thomas, rigologue experte à Beauvais (*Développez votre humanité en rendant un service par jour à un inconnu.*)
- **Ministre de l'Agriculture biologique et des Abeilles** : Pierre Rabhi (*Incarner l'utopie, c'est avant tout témoigner qu'un être différent est à construire, un être de conscience et de compassion*)
- **Secrétaire d'État aux Jardins fleuris et aux Citrouilles** : Line Romanteau, atelier Rigoline à Niort (79), `line.romanteau@wanadoo.fr`, `http://rigoline.hautetfort.com` (*Semez des graines de joie, elles deviendront des champs de bonheur.*)
- **Ministre du Bien-Être énergétique** : Philippe Dressen, rigologue expert à Bruxelles.
- **Secrétaire d'État à la Tartiflette et à la Cuisine faite avec amour** : Corine Schillinger, `www.joiequilibre.com`.
- **Ministre de l'Éducation émotionnelle** : Nathalia Vergnault, rigologue experte à Niort.
- **Secrétaire d'État à la Clarté et à la Bienveillance** : Françoise Dorn (auteure, entre autres, du *Cahier d'exercices pour apprivoiser votre stress*).
- **Ministre de l'Art d'écrire et de Photographier** : Marie-Thé Sentenat, rigologue experte au Puy-du-Fou.
- **Secrétaire d'État à la Comédie** : Jos Houben, comédien, auteur et interprète de la pièce *L'Art de rire* (*Depuis qu'il est devenu homo erectus, l'homme associe dignité et verticalité. La preuve ? Des expressions : « tomber bien bas », « remonter dans l'estime », « s'élever dans l'échelle sociale »... Des constatations : la Tour Effel inspire l'admiration, la tour de Pise... l'affection !*)
- **Ministre de l'Énergie positive** : Annick Kopyto, rigologue experte en Bretagne.
- **Secrétaire d'État à la Guérison** : Suzanne Ollivier Vergès, `www.joie2vivre.net`, centre Joie de Vivre à Toulouse (31).

Après la présidence, le « ministère du Rire »

Ils sont tous trois animateurs de yoga du rire : Clémence Lataste, Guillaume Mouton (qui est aussi réalisateur) et Fabrice Renucci (qui est aussi producteur-réalisateur).

Fabrice et Guillaume se regardent, complices, les joues gonflées, les yeux pétillants. Une seconde passe. Grand éclat de rire ! Clémence les interroge du regard, surprise de les voir rire sans aucune raison apparente.

– « Au début, on riait de nos blagues », explique l'un.

– « Puis, au fur et à mesure, il ne suffisait plus que d'un mot pour faire allusion à ces plaisanteries », enchaîne l'autre.

– « Et maintenant, vous n'avez même plus besoin de ce mot ? » comprend Clémence.

– « Oui, il suffit qu'on se regarde ! D'ailleurs, maintenant, je ne sais même plus pourquoi on rit ! » s'esclaffe Fabrice.

Les trois amis se questionnent alors sur le rire. Pourquoi aurions-nous besoin d'un prétexte puisque nous arrivons à rire simplement en le décidant et en entretenant cette faculté entre nous ?

Quand ils ne s'appellent pas sur Skype en commençant leur communication par un rire, d'abord forcé, puis de plus en plus naturel, nos trois amis se retrouvent régulièrement pour voyager et intégrer des techniques d'écoute active, de communication et de méditation.

Rire, méditation et communication : un tiercé gagnant dans l'ordre ou le désordre qui permet de partager de bons moments ou de joyeuses expériences – comme d'apaiser des tensions présentes ou passées. L'outil prend forme, que nos trois compères décident de proposer à des amis – les premiers « cobayes » ! Même le métro toulousain devient leur champ d'expérimentation. C'est alors que le constat s'impose de devoir se former.

Ils font des recherches et, à leur grande surprise, découvrent que le rire sans raison existe et s'appelle le « yoga du rire ». Sans hésiter, Fabrice se forme à Montréal où il vient d'emménager, Clémence et Guillaume à Toulouse où ils vivent.

Leurs formations respectives, pour le moins sérieuses – sciences politiques, Éducation nationale et ingénierie – les mettent sur une piste :

« Ça y est, j'ai trouvé ! "Le ministère du Rire : prenons le rire au sérieux !" Qu'est-ce que vous en pensez ? » propose Fabrice.

Aujourd'hui, le ministère du Rire propose des ateliers de yoga du rire à Montréal et à Toulouse, pour particuliers et entreprises.

En parallèle, afin de mieux comprendre et faire découvrir ce qu'est cet outil, les ministres sillonnent la France à la rencontre de celles et ceux qui font vivre le rire. En stop et hébergés chez les rieurs, ils réalisent un documentaire pour partager leur diagnostic ministériel !

`www.leministeredurire.com`

En Birmanie aussi...

Les Moustache Brothers sont un groupe de trois comédiens birmans assignés à résidence par la junte dans leur minuscule théâtre, à Mandalay, eu égard à leurs blagues critiques vis-à-vis du pouvoir en place. Le genre de théâtre qu'ils ont choisi est le *Pwe* (un genre satirique, entre vaudeville et théâtre dansé), mais ils n'ont le droit de jouer leur spectacle qu'en anglais, et non en birman, et pour les touristes seulement... Le spectacle qu'ils proposent se passe chez eux, dans une petite salle ressemblant à un garage, avec seulement quelques chaises en plastique. La troupe s'est vue décernée en 2010 le prix « humour de résistance » par la Maison du rire et de l'humour de Cluny et le PHARE (Parti de l'Humour Attitude et d'en Rire Ensemble).

LE SAVIEZ-VOUS ?

On rit trente fois moins seul qu'avec les autres !

Drôles de politiques

À défaut de pouvoir profiter d'un rire politique, il faut souvent se contenter de rire des politiques, histoire de rappeler à ceux qui se croient puissants qu'ils ne sont que des hommes à qui d'autres hommes, par le biais de l'élection, ont confié une mission. C'est probablement ce qui a poussé Coluche à *être candidat à la candidature* aux élections présidentielles de 1981, en France (pour être candidat tout court, il faut réunir 500 signatures d'élus de la République, ce qu'il n'a jamais fait...). Sa plaisanterie a vite tourné court. À partir du moment où les sondages l'ont crédité de plus de 15 % d'intentions de vote, l'humoriste à la salopette rayée a subi des pressions, puis reçu des menaces de mort. Il a donc abandonné sa soi-disant course à l'Élysée – pas folle, la guêpe ! – mais l'incident a tout de même souligné l'absence totale d'humour quand il s'agit de briguer les plus hautes fonctions de l'État, voire l'inquiétante violence qu'elles peuvent induire...

Les Italiens, qui pratiquent l'art de gouverner comme tous les peuples du monde, mais aussi celui de la *commedia dell'arte*, posséderaient-ils ce fameux sens de la dérision qui fait défaut aux Français ? L'élection à la Chambre des députés de la célèbre actrice de films pornographiques, Ilona Anna Staller, dite « la Cicciolina », le laisse entendre. Candidate officielle en 1979 du *Lista del Sole*, le premier parti écologiste italien, elle rejoint le *Partito radicale* en 1985 et, en 1987, alors qu'elle est candidate dans la circonscription du Latium, elle obtient un siège au Parlement, tout en continuant d'exercer son métier...

Invictus, « Je suis le capitaine de mon âme »

Dans un tout autre genre, où l'enthousiasme et la joie l'emportent sur la gaudriole, souvenons-nous du discours d'investiture de cet autre drôle de politique qu'est Nelson Mandela. Le 10 mai 1994, l'homme au sourire radieux, premier président noir d'Afrique du Sud (1994-1999) et prix Nobel de la paix, lance : *À mes compatriotes, je dis sans hésiter que chacun d'entre nous est aussi intimement enraciné dans le sol de ce pays magnifique que le sont les fameux jacarandas de Pretoria et les mimosas de la brousse. Chaque fois que l'un de nous touche le sol de ce pays, il ressent un profond sentiment de bonheur et d'exaltation. L'humeur nationale change avec les saisons. Nous sommes transportés de joie et d'enthousiasme quand l'herbe reverdit et que les fleurs s'ouvrent.*

Premier président noir d'Afrique du Sud ou pas, en 1999, lors du concert du chanteur sud-africain Johnny Clegg, celui que les siens surnomme « Madiba » monte sur scène et se met à danser en riant. Il récidive lors de la cérémonie des Kora Awards 2001, destinée à récompenser les meilleurs musiciens d'Afrique de l'année, en dansant avec la chanteuse sud-africaine Brenda Fassie sur la musique de *Vul'indlela*, chanson populaire sud-africaine. Homme de joie et de combat, merci à toi ! Nous ne résistons pas au plaisir de citer ces perles :

- *On m'a souvent demandé : « Qui est votre héros ? » et je réponds : « Je ne choisis pas mon héros en fonction de la position qu'il occupe. Mes héros sont ces hommes et ces femmes qui se sont impliqués pour combattre la pauvreté où qu'elle soit dans le monde.*
- *Être libre, ce n'est pas seulement se débarrasser de ses chaînes ; c'est vivre d'une façon qui respecte et renforce la liberté des autres.*

Comme l'écrivait Marianne Williamson, que Mandela aime aussi citer : *Notre peur la plus profonde est que nous sommes puissants au-delà de toute limite.* [...] *En faisant scintiller notre lumière, nous offrons aux autres la possibilité d'en faire autant.* [...] *Lorsque nous sommes libérés de notre propre peur, notre présence libère automatiquement les autres.*

Gandhi

Rendons hommage à un autre « drôle » de politique, Mohandas Karamchand Gandhi, alias le Mahatma Gandhi, grand défenseur des immigrants indiens en Afrique du Sud, où il fonda une doctrine basée sur la désobéissance civile, la non-violence et la maîtrise de soi. Rappelons pour la petite, et surtout pour la grande histoire, que Gandhi, de retour en Inde, lutta contre la pauvreté, pour l'abolition du système des castes, la fraternité entre les différentes communautés ethniques et mena son pays à l'Indépendance par la lutte pacifique.

Celui que Winston Churchill qualifiait très aimablement de « fakir à moitié nu » proclamait beaucoup plus poétiquement : *La fibre la plus coriace doit s'amollir dans le feu de l'amour. Si elle ne fond pas, c'est que le feu n'est pas assez fort. Puisque j'ai rejeté l'épée, il n'est plus rien d'autre que la coupe de l'amour que je puisse offrir à ceux qui se dressent contre moi. C'est en leur offrant cette coupe que j'espère les rapprocher de moi. La vie est un mystère qu'il faut vivre, et non un problème à résoudre.*

Et les femmes !

Coup de chapeau également à Clara Zetkin (1857-1933), figure historique du féminisme qui proposera en août 1910, lors de la deuxième conférence internationale des femmes socialistes à Copenhague, la création de la « journée internationale des femmes », une journée de manifestation annuelle afin de militer pour le droit de vote, l'égalité entre les sexes, et le socialisme. Cette initiative est à l'origine de la journée internationale de la femme qui se déroule tous les ans le 8 mars.

Enfin, chapeau bas à la Birmane Aung San Suu Kyi, prix Nobel de la paix 1991, qui s'est inspiré de la philosophie et des idées du Mahatma Gandhi et de Martin Luther King, avant de participer à la fondation en 1988, de la Ligue Nationale pour la Démocratie (LND). *La vérité, la justice et la compassion sont souvent les seules défenses contre le pouvoir impitoyable*, a-t-elle proclamé. Son engagement non-violent en faveur de la mise en place d'un régime démocratique lui a valu un grand succès auprès de la population et une riposte immédiate et brutale de la junte militaire au pouvoir : elle est assignée à résidence en 1989. Cette mesure n'empêchera pas son parti de remporter quasiment 80 % des sièges lors des élections de 1990, un résultat que les militaires refuseront, augmentant répression et persécutions. Vingt-deux ans plus tard, le 27 septembre 2012, le président birman Thein Sein lui rend un hommage sans précédent devant l'assemblée générale de l'ONU : *En tant que citoyen birman, je voudrais la féliciter pour* [...] *ses efforts en faveur de la démocratie*, a-t-il déclaré. De quoi se réjouir, non ?

En 2001, le chien de l'écrivain Serge Scotto, Saucisse, est tête de liste aux élections municipales de Marseille dans le premier secteur (1er et 7e arrondissements). Son slogan : « Pour une société plus humaine, contre une vie de chien ! ». Sa liste se classera 6e, avec 4,5 % des suffrages exprimés...

En prenant le métro ou le bus, bâillez bruyamment sans mettre la main devant votre bouche (mais après vous être lavé les dents et si vous n'avez pas la grippe, un peu de courtoisie tout de même !) et faites ainsi bâiller une personne chaque matin de la semaine.

Le prix de l'humour politique

Depuis 1988, un « prix de l'humour politique » est décerné par le Club de l'humour politique fondé par Jacqueline Nebout, conseillère de Paris. Ce prix récompense des hommes politiques français ayant prononcé une phrase volontairement ou involontairement (très) drôle dans l'année. La remise de ce prix est interrompue en 1997 et reprend après l'élection présidentielle de 2002, sous l'égide du Press Club de France et la présidence du journaliste Jean Miot. Il est rebaptisé « Prix Press Club, humour et politique ». L'ensemble de ces réjouissantes petites phrases sélectionnées par le prix depuis cette date se trouve regroupé dans *Humour & Politique*, préfacé par Jean Miot, introduit par Bruno Fuligni et illustré par Cabu.

En 1988 :

- *Quand le moment est venu, l'heure est arrivée.* (Raymond Barre, député du Rhône, candidat à l'élection présidentielle)
- *Même en avion, nous serons tous dans le même bateau.* (Jacques Toubon, secrétaire général du RPR)
- *La droite et la gauche, ce n'est pas la même chose.* (Pierre Mauroy, premier secrétaire du PS)
- *Voici que s'avance l'immobilisme et nous ne savons pas comment l'arrêter.* (Edgard Faure, sénateur du Doubs)

En 1990 :

- *En 1974, les Français voulaient un jeune : ils ont eu Giscard. En 1995, ils voudront un vieux : ils auront Giscard.* (Philippe Seguin)
- *Monseigneur Decourtray n'a rien compris au préservatif. La preuve, il le met à l'index.* (André Santini)

En 1997 :

- *La meilleure façon de résoudre le chômage, c'est de travailler.* (Raymond Barre)
- *Il est plus facile de céder son siège à une femme dans l'autobus qu'à l'Assemblée nationale.* (Laurent Fabius)

En 2003 :

- *Cette semaine, le gouvernement fait un sans-faute ; il est vrai que nous ne sommes que mardi.* (François Goulard, président du conseil général du Morbihan)
- *Il doit bien rester un angle de tir pour la paix.* (Bernard Kouchner)

En 2004 :

- *La moitié du nuage d'ozone qui sévit dans la région parisienne est d'importation anglaise et allemande.* (Roselyne Bachelot, ministre de l'Écologie)
- *Heureusement qu'on vous a ; et, en plus, je suis sincère.* (Bernadette Chirac, à Nicolas Sarkozy)
- *Quand vous êtes aux affaires, vous manquez de souffle ; quand vous êtes dans l'opposition, vous ne manquez pas d'air.* (Xavier Darcos s'adressant à des élus du PS)

En 2005 :

- *C'est un texte facilement lisible, limpide et assez joliment écrit : je le dis d'autant plus aisément que c'est moi qui l'ai écrit.* (Valéry Giscard d'Estaing, ancien président de la République, au sujet de projet de la Constitution européenne)
- *J'étais partisan du non, mais face à la montée du non, je vote oui.* (Manuel Valls, député de l'Essone et maire d'Évry)
- *Les veuves vivent plus longtemps que leurs conjoints.* (Jean-Pierre Raffarin, Premier ministre)

En 2006 :

- *Même quand je ne dis rien, cela fait du bruit.* (Ségolène Royal, présidente de la région Poitou-Charente)
- *Le pétrole est une ressource inépuisable qui va se faire de plus en plus rare.* (Dominique de Villepin, Premier ministre)
- *Je trouve qu'on a tellement de choses à se mettre dans la tête qu'il est inutile de s'encombrer le cerveau.* (Nelly Olin, ministre de l'Écologie)

- *Le Hamas a voulu faire une croix sur Israël.* (Philippe Douste-Blazy, ministre des Affaires étrangères)
- *Je ne parlerai ni des attentats ni des incendies, je ne parlerai que de la Corse qui travaille.* (Ségolène Royal, en visite en Corse)

En 2007 :

- *La Royal a coulé la Marine.* (Pierre Lellouche, député de Paris)
- *J'ai été longtemps un jeune conformiste, et sans doute « formiste » était-il de trop.* (François Bayrou, fondateur du MoDem)
- *Quand on va m'entendre et que l'on va me voir, ça va se voir et ça va s'entendre.* (Philippe de Villiers, président du conseil général de la Vendée)

En 2008 :

- *Le bobsleigh, c'est comme l'amour : on hésite au début, on trouve cela très bien pendant et on regrette que cela soit déjà terminé après.* (Roselyne Bachelot, ministre de la Santé)
- *Je vous le promets, nous aurons d'autres victoires.* (François Bayrou, le soir de sa défaite aux municipales)
- *Je voulais voir les Antilles de vive voix.* (Bernard Laporte, secrétaire d'État auprès de la ministre de la Jeunesse et des Sports)
- *Il faut avoir conscience de la profondeur de la question du sens.* (Jean-Pierre Raffarin, ancien Premier ministre)

En 2009 :

- *Le chef de l'État appelle parfois Brice Hortefeux pour ne rien lui dire. C'est la preuve de la qualité de leurs relations.* (Luc Chatel, ministre de l'Éducation nationale)
- *J'ai inspiré Obama et ses équipes m'ont copiée.* (Ségolène Royal)

En 2010 :

- *Une touche de rose, vert, rouge : c'est le retour de la gouache plurielle.* (Luc Chatel)
- *J'ai bien pensé à démissionner, mais je n'ai pas voulu déserter.* (Bernard Kouchner, ministre des Affaires étrangères)
- *C'est moi qui maîtrise la rareté de ma parole politique, pour dire des choses intelligentes quand j'ai besoin de les dire.* (Ségolène Royal)
- *Le Villepin nouveau sera gouleyant, fort en bouche et il aura de la cuisse.* (Dominique de Villepin, ancien Premier ministre)

En 2011 :

- *Les Verts sont capables du meilleur comme du pire ; mais c'est dans le pire qu'ils sont les meilleurs.* (Gabriel Cohn-Bendit, frère de l'eurodéputé Daniel Cohn-Bendit)
- *Passer de ministre à promeneur de son chien suppose un énorme travail sur soi-même.* (Renaud Donnedieu de Vabres, ancien ministre)
- *Quel est le féminin de candidat aux cantonales ? C'est suppléante.* (Cécile Duflot, secrétaire nationale d'Europe Écologie-Les Verts)

En 2012 :

- *Eva Joly, c'est un pour tous, tous pour un et deux pour cent.* (Pierre Charon, sénateur de Paris)
- *Me faire passer pour quelqu'un de raciste, je trouve cela choquant... Ma meilleure amie est tchadienne, donc plus noire qu'une Arabe.* (Nadine Morano, ancien ministre)
- *Je ne voulais pas être parachuté d'en haut.* (Jack Lang, député du Pas-de-Calais)
- *L'heure d'été aura surtout un avantage : c'est une heure de moins de Nicolas Sarkozy.* (Bernard Cazeneuve, député-maire de Cherbourg, porte-parole de François Hollande)
- *Ce n'est pas plus mal que ce soit une femme qui soit élue pour faire le ménage.* (Ségolène Royal, à la veille de la primaire socialiste)

L'ombre du fou rire

En attendant la sortie prochaine de *L'Homme qui rit*, le nouveau film de Jean-Pierre Améris d'après le roman de Victor Hugo, il est possible de découvrir le peintre chinois Yue Minjun, star de la peinture chinoise contemporaine, qui s'expose jusqu'en mars 2013 à la Fondation Cartier pour l'art contemporain.

Dans les 40 tableaux et 100 dessins proposés, un seul et même homme rit, décliné dans diverses situations. *Le fait de sourire, de rire pour cacher son impuissance a une grande importance pour ma génération* explique Yue Minjun dans sa biographie. Il a ajouté lors d'une conférence de presse : *On me dit toujours : « Tu devrais sourire car c'est là l'expression du bonheur ». C'est vrai. Le sourire peut devenir une cérémonie. Vous riez, je ris à mon tour, mais nous ne rions pas vraiment de la même façon. Face à certaines personnes, ça ne sert à rien de lancer des regards de haine, il suffit d'avoir recours au rire. En fait, j'éprouve parfois une sorte de perplexité : je me demande si ma façon de peindre ne risque pas d'être trop facilement interprétée comme une critique sociale ni d'être trop facilement simplifiée. Car cela ne correspondrait pas exactement à ce que je veux exprimer.*

Cinquième partie

Faire rire : Qui ? Comment ? Pourquoi ? Quand ?

Dans cette partie…

« Enseigner le rire, quelle drôle d'idée ! » pense-t-on souvent.

Chanter est naturel. Et pourtant, les gens s'inscrivent dans des cours de chant et dans des chorales. Courir est naturel. Et pourtant, les gens vont jogger en groupe, à des moments déterminés de la semaine, et suivent pour cela des consignes pour un bon entraînement. Respirer est naturel. Et pourtant, nous avons envie de nous inscrire à des cours de yoga, d'haptonomie, de sophrologie pour réapprendre à écouter notre souffle et à bouger en harmonie avec lui. Danser est naturel. Dansez-vous spontanément, même seul, pour exprimer votre joie ou votre gratitude ? Si vous le faites, vous savez comme c'est bon. Rire aussi est naturel. Alors, pourquoi ne pas s'inscrire en club pour « pratiquer », s'entraîner ou réactiver des réflexes oubliés ?

Chapitre 14

Le rire comme loisir

Dans ce chapitre :

- Les origines du genre comique
- Les déclinaisons du genre, du burlesque à la caricature
- Un clin d'œil spécial pour les clowns
- Grâce à Internet, les performances des (nombreux) humoristiques se savourent aujourd'hui en temps réel

Vivez joyeux, les gens joyeux guérissent plus vite.
(Rabelais)

Rire et faire rire, en faire une activité professionnelle à plein-temps, est une épopée qui a toujours tenté les hommes, quels que soient les continents et les époques : troubadours, ménestrels, bouffons, marionnettistes ont sillonné la grande scène du monde, du plus petits des villages aux plus grandes des capitales avant que la radio, la télévision, puis les nouvelles technologies ne fassent irruption dans la plupart des foyers du monde entier. Aujourd'hui, les métiers du rire représentent une part importante des pratiques culturelles internationales et bénéficient du formidable essor d'Internet, ainsi que de l'explosion du monde du spectacle.

Vous souhaitez rebondir ? Soyez concret : pratiquez le trampoline ! Vous rebondirez dans la bonne humeur...

Savoureuses de Pierre Desproges

Célèbre humoriste français totalement anticonformiste et provocateur, Pierre Desproges est connu pour ses traits d'humour à la radio et à la télévision, entre autres dans le « Tribunal des flagrants délires », sur France Inter, ou il tient le rôle d'un procureur.

- *Jésus Christ : célèbre illusionniste palestinien de la première année du premier siècle pendant lui-même.*
- *Plus précoce que Mozart, tu meurs ! Songez que Mozart était tellement précoce qu'à 5 ans, il avait déjà composé le Boléro de Ravel ! À 11 ans, accompagné par le quatuor Amadeous, il avait déjà déshonoré sa cousine, la petite Köchel 506. Mozart était tellement précoce, et là vous pourrez vérifier, qu'à 35 ans, il était déjà mort, ce con !*
- Sur le cancer dont il se savait atteint : *Plus cancéreux que moi... tumeur ! Noël au scanner, Pâques au cimetière !*
- *Au bout de neuf mois, le petit d'homme vient au monde. L'accouchement est douloureux. Heureusement, la femme tient la main de l'homme. Ainsi, il souffre moins.*
- *L'amour... Il y a ceux qui en parlent et il y a ceux qui le font. À partir de quoi, il m'apparaît urgent de me taire. Quel animal, en dehors de l'homme, est capable d'amour ? La femme, peut-être ? Le « tendre penchant » peut se manifester à tout moment et en tout lieu, au bal, à la fête foraine, dans l'autobus, plus rarement au cours d'une mêlée ouverte dans le Tournoi des cinq nations.*

Comique, késako ?

Comique : nom masculin et adjectif qui pourrait avoir pour origine le mot grec *kômos* qui signifie : « procession rituelle festive en l'honneur de Dionysos ». D'après *Le Petit Robert*, le comique est *un genre qui provoque le rire et appartient à la comédie.*

- **Dans le comique de gestes**, l'effet comique est produit par les mimiques, les vêtements, le décor, les accessoires, les chutes, les attitudes – comme dans *Guignol*, où gifles et coups de bâtons sont les bienvenus. Les grimaces sont drôles parce qu'elles déforment horriblement et... provisoirement : *Notre-Dame de Paris*, de Victor Hugo, s'ouvre sur la journée de la « fête des fous » où chacun doit faire la plus terrible des grimaces. C'est Quasimodo qui remporte l'élection haut la main et qui est élu « pape des fous ». La foule rit de ses grimaces jusqu'à ce qu'elle s'aperçoive que ladite grimace n'en est en fait pas une, mais que son visage est naturellement difforme. L'effroi fait alors place au rire...
- **Le comique de situation** est l'effet comique produit par les surprises, les rebondissements, les quiproquos, les coïncidences, les retournements de situation, les malentendus, etc. Une maman qui va chercher ses enfants à la sortie de l'école, un plombier qui installe une tuyauterie, un écrivain penché sur la feuille blanche : aucune de ces situations ne prête à rire. Mettez un heaume à votre ménagère, un costume de toréador à votre plombier et un bonnet d'âne à votre écrivain et le tour est joué !

- **Le comique de caractère et de mœurs** vient de la satire du comportement social, de la caricature du ridicule et de certains traits de caractère. Prenez un valet qui se fait passer pour son maître, un faux dévot, un avare, une femme savante, un carabin qui se prétend médecin et vous aurez l'univers social de Molière ; des hommes qui barrissent en se transformant en rhinocéros, celui de Ionesco.
- **Le comique de langage** est très vaste. Il repose sur les jeux de mots et les calembours, mais aussi sur la déformation de la langue (imitation d'accents et de patois), les fautes d'expression, la manière dont certains « jargonnent », la création de néologismes, la mise en relief de comportements langagiers ridicules comme la vantardise ou l'exagération.

L'ironie, l'humour (et l'humour noir), le trait d'esprit ou encore le burlesque sont autant de registres par lesquels passe la comédie.

Ironisons un peu...

L'ironie, incisive, mordante, parfois féroce, est un procédé intellectuel qui repose sur une figure de style nommée « antiphrase » dont le principe est de dire le contraire de ce que l'on pense, comme en atteste à lui seul le titre du recueil de textes de Pierre Desproges, *Les Étrangers sont nuls*, pamphlet qui s'attaque aux racistes de tout poil. Reconnaissons que si le titre avait été *Les Racistes sont nuls*, l'effet comique et volontairement provocateur aurait fait flop ! Voici quelques extraits de cet opus pour le moins acide : *Les Espagnols sont un peuple fier et ombrageux avec un tout petit cul pour éviter les coups de corne*, ose Desproges. Et aussi : *Les deux caractéristiques de l'Anglais sont l'humour et le gazon. Sans humour et sans gazon, l'Anglais s'étiole et se fane.* Ou encore : *Il y a deux sortes de Belges : les Wallons, qui sont assez proches de l'Homme, et les Flamands, qui sont assez proches de la Hollande.* Et enfin : *Il y a deux sortes d'Israéliens. Les Juifs d'Europe de l'Est et du Centre, qui ont l'air intelligent avec le front dégarni, et même quelquefois les yeux bleus, les Juifs moyen-orientaux qui ont souvent le genre étranger.*

Noir et pique

L'humour est moins railleur que l'ironie. Il ne cherche pas à blesser, mais à prendre du recul par rapport à la réalité. Il désarme l'interlocuteur et constitue en ce sens un bon moyen de désamorcer une situation tendue.

L'humour noir prend appui sur des réalités lugubres comme la maladie, la souffrance, la mort. Si un condamné à mort affirme, le jour de son exécution : « Voilà une journée qui commence bien », c'est de l'humour noir, si c'est son geôlier qui le dit, c'est de l'ironie.

Très spirituel

Le trait d'esprit est une formule brève et brillante à partir de laquelle le locuteur joue sur les mots comme sur les idées. Aux XVIIe et XVIIIe siècles, ces « piques » étaient très appréciées dans les salons littéraires où étaient organisées de véritables joutes oratoires (où l'on gagnait l'estime et l'admiration de l'assistance !). On le voit parfaitement dans *Ridicule*, le film de Patrice Leconte (1996) adapté du roman de Rémi Waterhouse. L'esprit du film est tout entier résumé dans la citation du duc de Guines, placée en exergue du roman : *Dans ce pays-ci, les vices sont sans conséquence, mais un ridicule tue.* Alors que l'un des personnages, Vilecourt, cherche à mettre dans l'embarras le héros, Ponceludon de Malavoy, en l'invitant à jouer aux cartes pour vingt sols le point, ce dernier lui répond : *Les boucles d'argent de mes souliers sont ma seule richesse. Vous pouvez les estimer de plus près en vous courbant bien.* Et au vicomte de Blaireveau qui clame : *Il est moins sot qu'il en a l'air !*, il lance : *C'est toute la différence entre nous, Monsieur.* Et quand le baron de Malenval essaie de définir par un exemple ce qu'est *un art de conversation qui fait rire* et qu'il s'excuse en disant : *Pour l'instant, c'est le seul exemple qui me vient à l'esprit, Ponceludon réplique : Vous voulez dire… « à la bouche » ?*

Burlesque, parodie et autres…

Le burlesque, « comique extravagant et déroutant », fait rire grâce à l'absurde et à l'irrationnel, à des événements extraordinaires qui ne cessent de faire irruption sans raison. C'est un pur genre cinématographique qu'affectionnaient les géniaux Buster Keaton, Charlie Chaplin, Jacques Tati, etc.

La parodie (ou pastiche) s'appuie sur l'imitation ou le détournement de sens. Cela suppose que le lecteur ou le spectateur connaisse les situations ou les personnages caricaturés pour pouvoir rire. C'est la spécialité des *Guignols de l'info* et le thème de films comme *Frankenstein Junior* de Mel Brooks, *Le Bal des vampires* de Polanski, *Mars Attacks* de Tim Burton… Un genre qui se rapproche de la caricature – laquelle utilise la déformation ou l'exagération pour dénoncer un état de fait ou simplement se moquer.

La contrepèterie est l'art d'inverser deux lettres ou deux syllabes d'une phrase afin d'en transformer le sens pour un résultat souvent grivois. La légende veut que ce soit Rabelais l'inventeur du genre…

Enfin, l'autodérision – la faculté de se moquer de soi-même, de se prendre comme objet du rire – implique une prise de distance de soi par rapport à soi-même, mais aussi une bonne connaissance de ses travers.

Woody Allen est l'un des meilleurs spécialistes du genre cinématographique…

Contrepèteries

À VOUS DE JOUER

On vous aide pour les deux premières :

- La malheureuse s'est tordu l'humérus (*La malheureuse s'est mordu l'utérus*) ;
- À Beaumont-le-Vicomte… (*À beau con, le vit monte…*).

C'est à vous :

- Une femme folle de la messe ;
- La berge du ravin ;
- J'ai vu les populations laborieuses du Cap ;
- La jeune paysanne rêve devant un beau vendeur ;
- L'éditeur aimerait bien que ce bouquin rende ;
- Et, pour les anglicistes : Encore Daffy Duck !

Retrouvez les réponses à ces contrepèteries en fin d'ouvrage, p. 275 !

Presse et littérature

Impossible d'établir la liste exhaustive de tous les grands livres comiques ou de tout ce qui a pu être écrit dans la littérature sur le sujet… Puisque partials il nous faut être, soyons-le. S'il ne fallait citer qu'une œuvre, ce serait *Rire*, la nouvelle de l'écrivain algérien Aziz Chouaki, qui raconte comment les politiques ont décidé d'éliminer le rire, en emprisonnant les comiques et en brûlant toutes les productions littéraires et audiovisuelles drôles pour, à la fin, emprisonner le rire dans un bocal…

Et côté journaux, ce serait *Le Rire*, publié par Félix Juven à partir de 1894, qui se porta au premier rang de la presse humoristique avec une diffusion hebdomadaire de 100 000 exemplaires. La première série met côte à côte la bande dessinée et le dessin d'humour. *Le Rire* publie alors des textes de Tristan Bernard, d'Alphonse Allais, de Jules Renard, des histoires drôles, des échos sur l'actualité théâtrale et littéraire, des dessins humoristiques, des feuilletons… Il publie également chaque semaine une sélection de dessins parus dans les principaux journaux humoristiques étrangers. (Source : `http://collections.citebd.org/lerire/www/`)

Et la satire dans tout ça ?

Jean-Marc Moura, professeur à l'université Paris Ouest Nanterre-La Défense et auteur de *Le Sens littéraire de l'humour*, dans un article publié dans *Le Monde* du 29 mai 2010 et intitulé « Quelle politique du rire ? » donne ainsi les précisions suivantes : *On ne prend pas le temps de distinguer ces trois formes du rire et du faire rire que sont le comique, le satirique et l'humoristique.* [...] *Depuis ses origines, la comédie a cultivé deux types de rire : l'un dévoué à l'hilarité sans souci de mesure ni de vraisemblance, ressortit à la farce et aux mécanismes simples, l'autre cultive en revanche une représentation enjouée de la réalité dissimulant une critique des mœurs.*

La satire, c'est la dénonciation des excès ou des ridicules, déclinés sur une infinité de thèmes et de cibles. Jamais injurieuse, elle peut en revanche être féroce. Souvez-vous de *Les bigotes* de Jacques Brel :

Elles vieillissent à petits pas
De petits chiens en petits chats
Les bigotes
Elles vieillissent d'autant plus vite
Qu'elles confondent l'amour et l'eau bénite
Comme toutes les bigotes...

La satire s'en prend surtout aux puissants en mettant à nu la petitesse de ceux qui paradent et se glorifient et voudraient faire croire à leur supériorité. Elle attaque les « grands de ce monde » afin d'en dénoncer les travers. L'un des exemples les plus connus en la matière est *Le Dictateur* de Charlie Chaplin qui parodie Adolf Hitler et le ridiculise. Une manière de réduire la distance entre la prétention à la grandeur de certains dirigeants et le soi-disant « petit » peuple des gouvernés...

Il était une fois...

L'humour, c'est sûr, est déjà présent chez Aristophane, au ve siècle avant J.-C. Le célèbre auteur grec tourne en dérision hommes politiques, personnalités et guerriers. En témoigne son célèbre *Lysistrata* : alors qu'Athènes et Sparte sont en guerre, la belle Athénienne Lysistrata convainc les femmes de toutes les cités grecques de déclencher et de poursuivre une grève totale du sexe, jusqu'à ce que les hommes cessent le combat. Dans *Les Nuées*, il ridiculise Socrate : un paysan confie au philosophe l'éducation de son fils, lequel ruine son père et finit par le battre en lui démontrant qu'il a raison.

De leur côté, les Romains ne s'en laissent pas compter avec l'« atellane » où les acteurs masqués improvisent des scènes de la vie quotidienne, souvent grivoises, qu'ils caricaturent. La comédie latine est illustrée par Plaute qui campe des figures dont Molière se souviendra. C'est notamment le cas de la pièce *Amphitryon*, histoire d'un mari berné, adaptée par Molière en 1668.

Au Moyen Âge, en Europe de l'Ouest, les comédies utilisent comme ressort principal la farce avant d'être influencées par l'italienne *commedia dell'arte*, arrivée en France au milieu du XVIe siècle. Celle-ci privilégie la gestuelle et le jeu. Question : y a-t-il de l'humour dans les bacchanales de cette époque, bacchanales qui, comme leur nom l'indique, célèbrent Bacchus, le dieu du vin et des jeux ? Une certitude : ces fêtes s'achèvent la plupart du temps en danses et débauches… Toujours au Moyen Âge, les entremets permettent de présenter une mascarade burlesque lors des banquets pour divertir les invités entre les services. La fonction de bouffon, à partir du XIIIe siècle, est à la fois raffinée et délicate puisqu'il s'agit de dire à haute voix au souverain ce que tout le monde pense tout bas et ce, sans se faire condamner à mort.

Au début du XVIIe siècle, la comédie cède la place à la tragédie ou la tragi-comédie. En France, il faudra attendre Corneille et Molière pour voir se développer la comédie classique.

Le XVIIIe siècle est celui des mots d'esprit. Deux auteurs illustrent un tournant dans le genre comique : Marivaux : *Moi l'épouser ! Je t'assure que non ; c'est bien assez qu'il m'épouse* et Beaumarchais : *Je me presse de rire de tout, de peur d'être obligé d'en pleurer.*

Le XIXe voit, en parallèle du théâtre de boulevard ou des vaudevilles de Courteline, Feydeau ou Labiche, la naissance de la presse satirique dans les journaux d'opinion.

Le XXe est celui du théâtre d'auteurs, assombri par les deux guerres mondiales, même si parfois la légèreté s'exprime, chez des auteurs comme Guitry. Dans les années 60, les nouvelles technologies – radio, télévision, cinéma – apparaissent : elles permettent une large diffusion du comique. À partir des années 70, les humoristes se mettent à foisonner et caricaturant à tour de langues, ils déploient leurs talents pour nous rappeler que lorsque tout semble aller mal, on peut toujours opposer des crises de rire aux crises tout court…

LE SAVIEZ-VOUS ?

Le *stand up*, né aux États-Unis, arrive sur les planches françaises. Il s'agit d'un spectacle sans accessoire ni décor pour permettre à de jeunes talents de se faire connaître.

L'art du rire

Seul en scène, Jos Houben anime une *master class* d'un genre particulier, entre philosophie et anthropologie, ayant pour titre *L'Art de rire*. Dans ce spectacle présenté *de New York à Brétigny-sur-Orge*, il dissèque les mécanismes du rire, en analyse leurs causes et leurs effets. Rien ne résiste à la perspicacité de son exposé : nos mimiques, nos gestes, nos comportements recèlent un potentiel comique que son œil expert et son art de comédien savent retranscrire sur scène en révélant leur caractère saugrenu et burlesque.

Et franchement, rester sérieux face à un homme qui s'adresse à son public en disant : *Vous pensez : Quel décor minable ! Quel bel homme !*, c'est compliqué. Jos s'appuie sur des exemples puisés dans notre vie de tous les jours, en parodiant notre quotidien. Il imite à la perfection une poule contemplant une œuvre au musée d'art contemporain ; mieux encore un crottin de fromage de chèvre immobile et un camembert qui dégouline ! Et explique comment la manière dont on place le bassin en marchant peut être drôle. Enfin, il démontre que, depuis que le singe est devenu homme, il associe dignité et verticalité. La preuve ? Des expressions : « Tomber bien bas », « remonter dans l'estime », « s'élever dans l'échelle sociale »... Des constatations : la Tour Eiffel inspire l'admiration, la tour de Pise... l'affection ! Et trébucher, puis tomber, forcément, cela fait « s'écrouler » de rire : ce qui est, bien sûr, l'antithèse absolue de la dignité...

Dans les métiers du rire, je voudrais le clown...

Ah, le clown ! On l'attend sur la piste aux étoiles, entre un tour de magie et le dressage des fauves. Sans lui, le cirque ne serait pas ce qu'il est. Mais, attention ! En dehors du chapiteau, pas question de clown sur la scène sociale : « Arrête ton cirque ! » « Ne fais pas le pitre à l'école ! », « Arrête de faire le clown à table ! » Eh oui, les « clowneries », tout le monde adore, à condition qu'elles ne débordent pas dans le sacro-saint et si sérieux cadre social...

Clown, comme homme d'affaires, c'est un métier ! L'un porte le costume cravate, l'autre une salopette et des chaussures trop grandes, un nez rouge, et un chapeau rigolo : l'un a pour public le monde des adultes, l'autre celui des enfants. Et pour voir le clown « en vrai », il faut donc, dans notre société si marchande, payer. Clown juste pour rigoler, ça ne se peut pas...

Clowns sans Frontières

Cette association créée en France par Antonin Maurel en janvier 1994, en a décidé autrement. Cette sympathique association mène des projets auprès des enfants les plus défavorisés aux quatre coins du monde. Les artistes membres de Clowns sans Frontières – comédiens, danseurs, acrobates, jongleurs, musiciens, marionnettistes – ont ainsi joué pour les populations victimes de la misère, de l'exclusion ou de la guerre, et tout particulièrement pour les enfants, en Bosnie, en Inde, en Uruguay, au Rwanda, à Madagascar, en Algérie, en Afghanistan, aux Philippines, en Birmanie, en Thaïlande, en Moldavie, dans les territoires palestiniens, en République Démocratique du Congo, au Maroc… À ce jour, 3 200 spectacles ont été présentés dans 36 pays, dans des bidonvilles, des camps de réfugiés, des centres d'accueil pour enfants des rues, des prisons pour mineurs, des orphelinats, des hôpitaux : « Si tu ne vas pas au clown, le clown ira à toi ! » Et les spectacles sont toujours gratuits et ouverts à tous…

LE SAVIEZ-VOUS ?

Le personnage clownesque est non seulement un passeport pour le rire, mais c'est aussi un formidable moyen de communication. Voilà comment l'association Rires sans frontière (qui a pour objet d'agir avec le rire sur des problématiques sociales et environnementales) définit le clown.

Le Bataclown, fil rouge et nez rouge des réunions

Certaines entreprises s'offrent le regard des fous du roi, ce sont les clowns analystes qui ont une triple vocation :

- **Ludique** : des moments de rire et de détente qui dynamisent les travaux.
- **Réflexive** : le miroir candide qui révèle les enjeux et resserre les liens.
- **Prospective** : des situations symboliques qui incitent à imaginer ensemble ce que sera demain.

Ces regards d'artistes introduisent un espace de jeu théâtral dans les réunions de travail et créent en direct une parole libre, un point de vue décalé, singulier, teinté de naïveté et d'impertinence jubilatoire.

Petite histoire de la « clownanalyse »...

Tout début des années 80, le trio fondateur du Bataclown donne des spectacles, certes... mais Anne-Marie, Jean-Bernard et Bertyl cheminent aussi sur les terrains de l'improvisation clownesque : l'acteur-clown se nourrit de la situation présente, donne à voir ce qu'il ressent, s'appuie sur ses doutes, ses joies de l'instant, pour rebondir et jouer. Viennent les premières aventures : ils improvisent à la sortie des congrès, dans les halls.

En attendant le moment de « chausser le nez », curieux du monde et de la vie, ils s'installent dans le public « en civil » pour écouter les conférences... écoute active des contenus théoriques, mais aussi du vécu des participants, des émotions bridées, des non-dits parasites !

Pour des improvisateurs, le terreau est fécond. Les clowns s'en saisissent.

Les congressistes, sortant de la plénière, trouvent dans le hall un miroir décalé, fascinant, de ce qu'ils viennent de vivre à l'intérieur. La pratique de l'intervention sociale « clownesque » pointe son nez rouge. En 1984, un « roi » décide de les inviter à sa table : les clowns sont conviés à la tribune pour donner leur point de vue sur la table ronde qui vient de se tenir ! Succès : deux siècles après leur disparition, les « fous du roi » sont de retour.

Nos trois pionniers formalisent le concept et le nomment « clownanalyse ».

Impro ? Un pro !

Martine raconte : « À 20 ans, j'ai réussi le concours de l'École nationale supérieure des Arts et Techniques du Théâtre (ENSATT) qui se situait rue Blanche à Paris pour me former au métier de comédienne. J'avais un cours de clown par semaine et je n'y arrivais pas. Les semaines et les mois passaient sans que j'arrive à réunir tous les paramètres nécessaires à une bonne improvisation. J'admirais ceux qui réussissaient car c'était drôle et magique. Jusqu'au jour où, tel un apprenti conducteur affolé par tous les gestes à faire en même temps (regarder dans le rétroviseur, débrayer, passer les vitesses, etc.), tout s'est mis en place lors d'une improvisation (regard public, corporalité non réaliste, émotion outrancière, etc.). J'ai ressenti la joie du public, je captais son attention, mon corps et ma voix restituaient tout le travail accompli lors des entraînements de ces longues semaines. Mon imagination trouvait le bon rythme, le geste approprié, le ton juste, la parole et l'onomatopée qui font rire. Ce fut un moment de liberté et de plaisir absolus. L'improvisation a duré très longtemps : les gens riaient à gorge déployée. C'est l'un des moments artistiques les plus beaux de ma vie : être totalement clown, des orteils aux cheveux. Aucun rôle écrit au théâtre ne m'a donné cette sensation. Le clown m'a également permis des rencontres formidables car il m'a suivi de près ou de loin durant ces trois dernières décades. Le clown et le rire sont des espaces merveilleux où toutes les audaces sont conviées pour le meilleur et pour le rire. »

Test : Où en êtes-vous avec votre rire ?

À VOUS DE JOUER

Aujourd'hui :

Êtes-vous un adulte drôle (c'est-à-dire reconnu par les autres comme étant drôle) ?

Dans quelles circonstances, sur quels sujets et avec qui vous sentez-vous le plus drôle ?

Quelles sont les personnes dans votre entourage familial, amical ou professionnel avec qui vous riez souvent ?

Quelles sont, autour de vous, les personnes qui vous font rire ?

Quels sont vos humoristes préférés ? Qu'est-ce qui vous plaît dans leur humour ?

Hier :

Vos parents aimaient-ils rire ?

Riaient-ils entre adultes et/ou avec vous ?

Avez-vous des souvenirs de fous rires avec la famille ou la fratrie ?

Avez-vous un ou plusieurs souvenirs drôles de votre enfance ?

Quel est votre plus mémorable fou rire d'adolescence ?

Demain :

Aimeriez-vous rire davantage ?

Pouvez-vous envisager de rire chaque jour au moins dix minutes ?

Si oui, comment vous y prendrez-vous ?

Y a-t-il quelqu'un que vous aimeriez faire rire plus souvent ?

Si oui, et sans vous décourager, comment vous y prendrez-vous ?

Écrire aux éclats

Lors d'un atelier d'écriture consacré au rire et organisé par l'association Tu connais la nouvelle, à Saint-Jean de Braye, en mai 2012, Ariel, Doric, Geneviève, Christiane 1, Christiane 2, Sophie, Éliane, Alain, Christophe, Aline, Régine, Edwige et Françoise ont joyeusement concocté quelques morceaux d'anthologie. Ils se sont amusés à détourner des proverbes pour proposer :

- Qui s'y flotte, s'y mouille.
- C'est la goutte d'eau qui met le feu aux poudres.
- Bière qui coule n'amasse pas mousse.
- Rien ne sert de mourir, il faut partir avant.
- Si sexe sonne (sea, sex, and sun) ; vite, ouvre la porte !
- On a souvent besoin quand on n'est pas chez soi.
- Vache qui rit vendredi, munster dimanche.
- Qui vole un keuf, prend un pain.
- Un saint vaut mieux que Dieu tu l'auras.
- Après la pluie, ferme ton parapluie !
- Qui rit ensemble se rassemble.

Ils ont tous écrit un court texte humoristique dans lequel les verbes, noms, adverbes et adjectifs devaient obligatoirement commencer soit par la lettre « R », soit par la lettre « H ». Voici la proposition d'Alain : « Le rire, réputé création rigolote et réjouissante, rendu réciproque en réunion, se révèle rasoir par la répétition. Le récit rabâché rebute. Le récitant redondât remercié, se retire, l'R de rien... »

Rire cathodique : rire cathartique ?

À la une des grands quotidiens, des dessins humoristiques reprennent sarcastiquement les grands faits d'actualité. Toutes les radios font la part belle aux comiques, aux jeux de mots. Une radio est même consacrée entièrement aux rires et chansons. À une heure de grande écoute, juste après le journal télévisé, quasiment toutes les chaînes de télévision proposent une récréation de quelques minutes sous forme de sketches et de traits d'esprit d'humoristes. Contrepoint aux nouvelles catastrophistes ? Antidote à la crise partout ressassée ?

Dans un article intitulé « Ce rire qui peut changer le monde » publié sur `www.atlantico.fr` le 12 décembre 2011, Jawad Mejjad, docteur en sociologie, auteur de *Le Rire dans l'entreprise*, s'interroge :

Aujourd'hui, le rire semble être partout, comme une obligation, mais aussi comme une force politique insoupçonnée. Mais pourquoi et de quoi rit-on en période de crise ? [...] *Comment peut-on encore rire par les temps qui courent ?*

N'est-on pas en crise, en guerre, au bord du gouffre ? L'explication donnée alors est que c'est un rire pour résister et lutter contre l'apocalypse annoncée. Et s'il n'en était rien, et si ce rire, en fait, était le signe d'une mutation plus profonde ?

L'auteur constate que le rire est partout et d'une force politique insoupçonnée. Selon lui, cette concomitance de la crise sociale et de la généralisation du rire indique qu'une transition est en train de s'opérer : le passage de la modernité à la postmodernité. Et de citer les fêtes débridées de la décadence romaine ou le carnaval à la Renaissance. Le rire aurait alors la *caractéristique fondamentale de détruire et construire dans le même mouvement* [...]*: mourir de rire équivaut à une renaissance. Rire pour ne pas mourir, réagir au désespoir par un rire libératoire et cathartique. Un rire vitaliste en somme.*

La comédie sociale, un drôle de genre

Après les cinéastes italiens (*Le Fanfaron*, *Les Monstres* ou *Les Nouveaux Monstres* de Dino Risi, *Affreux, sales et méchants* d'Ettore Scola), américains comme Frank Capra (*La Vie est belle*, *Arsenic et vieilles dentelles*, *Monsieur Smith au Sénat*) ou britanniques, comme Ken Loach (*Raining Stones*, *Riff Raff*), réalisateurs et scénaristes français se réapproprient enfin la comédie sociale, déclinée à partir de thèmes d'actualité – problèmes sociaux, crise des banlieues, difficultés économiques, problème d'identité, lutte des classes, immigration, etc. C'est ainsi qu'on a pu avoir le récent plaisir de découvrir, bien longtemps après *Smoking/No Smoking* d'Alain Resnais (1993) ou *Le Goût des autres* d'Agnès Jaoui (2000) : *Les Femmes du 6e étage*, de Philippe Le Guay ; *Potiche*, de François Ozon, *Mammuth*, de Benoît Délépine et Gustave Kervern, *L'Arnacœur*, de Pascal Chaumeil et, bien évidemment, *Intouchables*, d'Olivier Nakache et Éric Toledano.

Humour et plateau télé

L'humour s'invite avec régularité sur les plateaux de télé. En septembre 2010, Laurent Ruquier anime une émission sur France 2, tous les soirs à 18 heures, « On n'demande qu'à en rire ». Le principe consiste à inviter sur un plateau de jeunes humoristes inconnus, professionnels, qui cherchent à percer. Ils sont notés à la fois par un jury et par le public. Objectif : repérer les nouvelles stars de l'humour. Les meilleurs ont le droit de revenir régulièrement pendant l'année dans l'émission. Le samedi 4 février 2012, à 21 heures, dix concurrents se sont affrontés et les cinq meilleurs ont gagné la certitude de pouvoir jouer au Casino de Paris.

L'animateur Frédéric Lopez, de son côté, lance en 2011 « Les secrets du bonheur », une émission qui nous touche par ses témoignages et nous instruit sur les dernières recherches en matière de psychologie positive. Hélas, l'émission s'est arrêtée après trois épisodes.

Heureusement l'émission « J'ai décidé d'être heureux » apporte au début de l'année 2013 une bouffée d'oxygène et des clefs simples à conceptualiser. Mais le grand challenge c'est ...la pratique, pas seulement une fois pour voir mais de façon répétée pour créer de nouveaux circuits neuronaux, soit de nouvelles croyances, et apporter un changement d'habitudes.

Le but de l'aventure proposée par M6 est d'apprendre aux participants et aux téléspectateurs à être plus heureux... en appliquant au quotidien ce que les recherches scientifiques notamment les neurosciences nous enseignent. Ces découvertes chiffrées et fascinantes permettent aux plus sceptiques et à ceux qui se sentent malheureux d'inverser la tendance. Combien d'entre nous ont rêvé d'avoir quelques recettes ou une connaissance plus éclairée des ressorts liés au sentiment d'être heureux, voilà qui est chose faite !

Lors du protocole de huit semaines, six volontaires âgés de 24 à 52 ans sont encadrés par trois professionnels : Jordi Quoidbach, docteur en psychologie et chercheur à l'université d'Harvard aux États-Unis, sa spécialité : le bonheur et les mystères du cerveau humain, Laurence Bibas, spécialiste de la pleine conscience, formatrice en gestion du stress et en accompagnement du changement, et enfin Karim Ngosso coach et Maître en arts martiaux, spécialiste des émotions positives et de l'hygiène de vie.

Épreuves collectives et coaching individuel permettront aux participants de retrouver l'élan et le goût de concrétiser leurs rêves, auront-ils la sensation d'être plus heureux ? Déjà à mi- parcours soit au terme de quatre semaines tous déclarent se sentir plus vivants et les tests le prouvent. La psychologie positive est une révolution car il s'agit de renforcer le meilleur de soi et de générer un cercle vertueux à partir de nos aptitudes. Elle permet d'aller au-delà de nos croyances limitantes habituelles comme le montre l'exercice qui consiste à marcher sur les braises. Sur le net vous trouverez le guide pratique du bonheur et tous les exercices proposés lors de l'émission aux six candidats, plus à Stéphane Plaza qui s'est prêté au jeu d'expérimenter le processus en entier.

LE SAVIEZ-VOUS ?

Dans son film *Une Histoire naturelle du rire*, Jacques Mitsch rappelle que la science officielle a longtemps négligé le rire et que la plupart des questions posées quant à son origine, sa fonction et son mécanisme restent encore sans réponses. Il met en lumière le travail de chercheurs non-conformistes, de pionniers qui ont inventé « la science du rire », qui ont la conviction que le rire est déterminant pour la compréhension de l'homme et de son évolution.

Juste pour rire

En 1983, Gilbert Rozon crée le festival Juste pour rire, à Montréal, au Québec. Il s'agit du plus gros événement du genre sur la planète. En 2012, le festival a accueilli 1 700 artistes en provenance de 19 pays et plus de 2 millions de festivaliers, a offert 1 600 représentations, dont 1 200 performances extérieures gratuites.

De son côté, l'humoriste Jamel Debbouze lance en 2011 la première édition du festival Marrakech du Rire.

La filiale française du groupe Juste pour rire ouvre ses portes en 1990. Elle produit des spectacles et des émissions de télévisions. Elle produit et manage des artistes comme Arturo Brachetti, Franck Dubosc, Stéphane Rousseau, Max Boublil, Christophe Alévêque, Élisabeth Buffet, Philippe Lellouche, Kheiron, Vérino, Yacine Belhousse, Isabelle Vitari, Florence Foresti, etc.

Chapitre 15

Des lieux pour réapprendre à rire

Dans ce chapitre :

- Le yoga du rire, c'est du yoga ?
- Le yoga du rire, c'est du rire ?
- Comment devenir animateur d'un club de rire, un rigologue expert…
- Bonne nouvelle : toute activité humaine peut faire l'objet d'un jeu

Certaines personnes font valoir le fait qu'elles ne peuvent rire que spontanément, et non pas quand c'est « le moment de rire ». Cette réflexion est valable quand on est enfant ou adolescent car, à ces époques de la vie, les complicités amicales font fuser les rires. Mais un adulte avec des responsabilités, qui doit faire face à toutes sortes d'obligations quotidiennes, a-t-il encore la possibilité de tant de fous rires que cela ? De temps en temps, oui : mais est-ce assez ? Le développement de clubs de rire correspond à une demande, à une attente et à une envie symptomatiques d'une époque qui aurait plutôt tendance à mettre les éclats de rire sous cloche. Dans les clubs de rire, a contrario, les fous rires, fréquents, chouchoutés, sont cultivés « sous serre » pour qu'ils résistent au gel et deviennent plus forts…

Le yoga du rire

Le yoga du rire a été créé en Inde, en 1995, par le médecin généraliste Madan Kataria. Ses premières séances se déroulent dans le parc de Bombay. Des joggers s'arrêtent pour rire avec lui quelques minutes, puis continuent leur entraînement. Rapidement, Madan Kataria constate que l'humour – mental et culturel – ne fédère pas et, en observant des enfants jouer, le médecin se convainc de l'intérêt qu'il y a à « rire sans raison ». Il invente alors des exercices ludiques entrecoupés de respirations, d'étirements et d'applaudissements qui stimulent les méridiens dans les paumes des mains.

Après avoir vérifié les vertus du yoga du rire auprès de nombreuses personnes dans le monde entier, le docteur Madan Kataria organise des formations d'animateurs pour leur apprendre à rire de soi (dans un groupe d'une vingtaine de personnes, après s'être succinctement présenté, il invite chacun à dire son prénom et son activité professionnelle et … à rire, un exercice très simple qui annihile le trac, permet de briser la glace, provoque les rires, permet à tous de participer et coupe court au jugement et à l'autocritique). Il est venu pour la première fois en France, invité par Daniel Kiefer, qui créa, en mai 2001 à Mulhouse, le premier club de rire français.

L'histoire de Madan Kataria telle qu'il l'a racontée à Martine en 2007

« J'étais le plus jeune d'une famille de huit enfants. Ma mère s'est bien occupée de moi et j'ai beaucoup ri étant enfant car les agriculteurs savent rire des petites choses. Nous n'avions pas la télévision. J'ai vu ma première ampoule électrique en 1977. Ma mère voulait et disait à tous que je serais docteur. Être étudiant en médecine n'est pas facile en Inde pour un fils d'agriculteur. Toutefois, je me suis vu docteur. Tous les étudiants parlaient anglais et portaient de beaux vêtements, ce qui était humiliant pour moi, mais j'étais animé par une forte conviction, je voulais devenir excellent, j'ai donc été accepté comme étudiant et cela a été le plus beau jour de ma vie. Bombay était pour moi la ville des rêves, je suis devenu très ambitieux et je voulais gagner beaucoup d'argent. Heureusement, je portais en moi une grande valeur familiale : l'honnêteté. Cela m'a aidé, mais ne suffisait pas à mon bonheur. Lorsque je retournais dans ma campagne natale, ma mère me disait : « Que se passe-t-il, mon fils ? Tu ne ris plus… » Je répondais : « C'est vrai, quelque chose me manque. ». J'étais à l'époque très stressé par mon travail. Ma mère m'a proposé de quitter la ville, j'ai dit : « D'accord. », mais lors des deux années qui ont suivi, mon état de mal-être a empiré. J'étais riche et célèbre, tel que je l'avais souhaité, mais cela avait tué ma joie de vivre.

Le 13 mars 1995, ma vie a changé à 180°. Je devais écrire pour un magazine de santé un article sur les bienfaits du rire et l'évidence m'apparut : rire était capital. À cinq, nous avons échangé nos premières blagues dans le parc de la capitale. Mon expérience avec les gens du village m'avait enseigné que le rire peut se manifester facilement et abondamment en connectant l'amour et l'innocence qui sont dans notre cœur. En ville, le rire est bloqué car ce qui prévaut est l'image, et les gens se privent des bienfaits du rire alors que la vie nous a faits à tous ce merveilleux cadeau : la capacité de rire tous nos rires.

Lorsque j'ai ri de nouveau, mon sens de l'humour s'est amélioré et beaucoup de gens m'ont dit que le rire avait changé leur vie. Ils me faisaient des offrandes et pleuraient de joie : j'étais estomaqué. J'ai pleuré en continu pendant deux jours et mon cœur s'est ouvert, j'ai pris la décision de me soumettre à la force du rire, de ne plus être un loup dans ce monde et d'y apporter ma contribution. Mon rêve fut alors un bateau de la Paix nommé *Peace Boat Asashankti* dans lequel la danse, le rire et la musique auraient toute leur place. Je voulais aussi un club dans chaque entreprise, chaque école et chaque prison. Ainsi que des universités du rire. C'est pourquoi j'ai choisi de ne plus perdre mon temps avec ceux qui ne veulent pas rire, mais de donner et de partager beaucoup avec ceux qui choisissent le rire dans leur vie, car il est l'expression d'un bonheur interne : la paix viendra de là. C'est pourquoi aussi j'ai décidé d'enseigner : je forme des animateurs de clubs de rire. Et il semblerait qu'à ce jour, il y ait entre 10 000 et 12 000 clubs de rire dans le monde… »

Les *free hugs*

C'est l'histoire d'un homme, Juan Mann, qui a perdu sa mère. Il rentre chez lui, à Sydney, en Australie. En arrivant à l'aéroport, il voit tous ces gens qui se retrouvent et se prennent dans les bras, alors que personne ne l'attend. Il achète alors à la papeterie un grand carton et un marqueur et il se balade dans la rue la plus animée de la ville en brandissant son panneau : *free hugs*, « câlins gratuits » ou « abbracci gratis ». Un groupe de musiciens australiens, les Sick Puppies, met alors en musique la vidéo des *free hugs* de Juan et celle-ci tourne sur Youtube. Des millions de personnes vont être touchées après l'avoir visionnée. Le concept s'envole à travers le monde. Puis, deux amis, Gyr et Fox, se disent qu'il faut absolument le préserver contre d'éventuelles récupérations commerciales ou politiques. Ils fondent en janvier 2006 un forum : Free Hugs Francophone, qui durera près de trois ans, avec des sorties régulières de câlins gratuits dans la rue.

L'École internationale du rire et du bonheur

Corinne Cosseron, fondatrice de l'École internationale du rire et du bonheur, a eu un véritable coup de cœur en découvrant en 2001 le docteur Madan Kataria à la télévision. Il expliquait qu'il avait constaté que ses patients joyeux guérissaient mieux que les tristes et que, du coup, il avait décidé de fermer son cabinet médical pour ouvrir des clubs de yoga du rire à travers le monde. Elle se forma aussitôt auprès de lui et mit en place deux séances de rire gratuites par semaine, l'une en plein air, sur la plage de Frontignan près de Sète, et l'autre en salle.

Les débuts

La première année, à sa grande surprise, 500 personnes viennent de tout le pays expérimenter le rire et exprimer leurs ressentis à la fin de ces courtes séances. Comprenant qu'il fallait allonger les séances indiennes d'une vingtaine de minutes, Corinne Cosseron, inspirée à la fois par les méditations dynamiques d'Osho et par la sophrologie, ajoute une méditation du rire suivie d'une relaxation permettant d'intégrer durablement les bienfaits des séances hebdomadaires. Lors d'une séance de rigologie, Corinne Cosseron a demandé à des moines présents si le mot « méditation » était adapté ou usurpé : ces « méditants » ont répondu que la méditation du rire est la Rolls-Royce des méditations car elle permet, en un temps record, de se déconnecter du mental et d'être en connexion avec ses ressentis corporels et émotionnels tout en étant en « égrégore » – en esprit de groupe – avec les personnes qui rient autour de soi.

Au bout d'un an, au cours d'un feed-back où elle avait demandé aux participants ce qui avait changé dans leur vie après une année de pratique, elle prit conscience que le rire avait bouleversé non seulement leur rapport à la joie, mais aussi toutes leurs autres émotions : depuis qu'ils riaient davantage, certains pouvaient aussi pleurer ou assumaient de se mettre en colère et dire non, ou encore voyaient parfois leurs phobies diminuer. Elle réalisa alors que le rire permettait d'ouvrir, avec légèreté et douceur, une porte conduisant au plus profond de nous-même.

La naissance de la rigologie

Stimulée par Fred, son rigolo mari-muse, elle se forma tous azimuts, échangea avec des rieurs du monde entier, organisa des rassemblements internationaux, des symposiums, de grands éclats de rire puis s'immergea dans sa baignoire entourée de gels douche de toutes les couleurs où, parmi les bulles de savon – « Eureka ! » – elle donna naissance à la rigologie : *La rigologie, rencontre entre sagesses ancestrales et récentes découvertes scientifiques, est une technique psychocorporelle complète et originale de développement du bonheur qui vise, à travers une approche globale, l'harmonie du corps, des émotions et de l'esprit afin de stimuler joie de vivre, optimisme, créativité et d'une manière générale bonne santé mentale et physique*, explique Corinne Cosseron, qui simplifie aussi en disant : *C'est rigolo et ça fait du bien !*

En l'an 2000, Corinne Cosseron décide que désormais, elle vivra en conformité avec ses valeurs de joie de vivre chaque jour de la semaine et non plus seulement durant le week-end. C'est ainsi qu'elle quitte sa vie parisienne pour s'installer au bord de la Méditerranée et démarre son incursion dans le monde professionnel du rire et du bonheur par le yoga du rire.

Aujourd'hui, le yoga du rire ne représente plus que 10 % de la rigologie qui s'est enrichie de la sophrologie ludique d'Amérique latine, créée par Claudia Sanchez et Ricardo Lopez, de jeux coopératifs du monde entier, de techniques d'improvisations théâtrales et de clown, de chant, de musique, de danse, de psychologie positive, etc.

LE SAVIEZ-VOUS ?

Il est impossible de rire de bon cœur et de penser en même temps.

L'École internationale du rire et du bonheur en chiffres

Aujourd'hui, l'École internationale du rire et du bonheur peut se synthétiser en quelques chiffres pour le moins parlant :

- **10 ans d'existence** (école française, puis école internationale) ;
- **15 pays pratiquant la rigologie** ;
- **20 000 rieurs contaminés** par l'école (stages, entreprises, rassemblements annuels d'éclats de rire) ;
- **2 000 animateurs formés** par l'école ;
- **200 rigologues** ont suivi au moins une formation de 7 jours (2 jours de formation d'animateurs de club de rire plus 5 jours de « module 1 » en rigologie) ;
- **20 rigologues experts** ont suivi la formation complète (2 jours de formation d'animateur de club de rire et les « modules 1, 2 et 3 » en rigologie), ont effectué un stage gratuit en entreprise, dans un hôpital, une maison de retraite et ont soutenu un mémoire ;
- **10 rassemblements internationaux de rieurs à Paris et à Frontignan**, dans l'Hérault (depuis 2002, autour du premier week-end de mai, l'École internationale du rire et du bonheur organise un grand rassemblement de rieurs pendant une semaine). La Journée mondiale du rire, célébrée le 1er dimanche de mai dans les cinq continents, a été initiée en 1998 par le docteur Madan Kataria. Ce jour-là, à Frontignan, sont organisés : le « plus grand éclat de rire de France » et des ateliers gratuits pour tous : rigologie, chatouilles collectives, marche arrière, toucher ludique, défilé déguisé, câlins gratuits, danses folkloriques, chants, matches de rire, etc. par tous les clubs du pays et des invités étrangers ;
- **10 rencontres zygomatiques** ;
- **10 journées mondiales du rire** ;
- **15 « plus grands éclats de rire »** ;

- **15 Rires d'or** ont été remis dans le monde :
  - Docteur Henri Rubinstein pour la *Psychosomatique du rire*, France, 2003 ;
  - Docteur Madan Kataria pour la création du yoga du rire et des clubs de rire, Inde, 2004 ;
  - Claudia Sanchez et Ricardo Lopez pour la création de la sophrologie ludique, Colombie, 2005 ;
  - Kinou le Clown pour *Un Clown à l'hôpital*, France, 2006 ;
  - Steve Wilson pour ses séminaires sur l'humour au travail, États-Unis, 2007 ;
  - Jean-Michel Ribes pour sa carrière et pour Le *Rire de résistance*, France, 2008 ;
  - Docteur Christian Tal Schaller pour *Le rire, une formidable thérapie !*, Suisse, 2009 ;
  - Lionel Ketchian pour avoir fondé le premier club du bonheur, États-Unis, 2009 ;
  - Roland Schutzbach pour la création de La Coalition de la joie, Suisse, 2010 ;
  - Marc Jolivet pour son association Rire pour la planète, France, 2011 ;
  - La Lach académie du rire pour les « danses à rire » , Belgique, 2011 ;
  - Le Zygocentre de Rochefort pour le musée du Rire et de l'Humour, Belgique, 2011 ;
  - David Ken pour le LOL Project, France, 2012 ;
  - Katy Franco pour *Chemorella*, Porto-Rico, 2012 ;
  - Albert Nerenberg pour le documentaire *Laughology* et pour la création du championnat du rire extrême, Canada, 2012.
- **L'école a reçu 4 récompenses internationales**. Reconnue par ses pairs, Corinne Cosseron a reçu deux *World Laughter Tour Awards* des mains du psychologue américain Steve Wilson (États-Unis, 2002 et 2004). Elle a été nommée ambassadeur du Rire (Allemagne, 2006) par le docteur Madan Kataria et a été invitée à rejoindre La Coalition de la Joie par son fondateur, le foulosophe suisse allemand Roland Schutzbach (Suisse, 2010).

Joëlle raconte : Je visitais le Musée d'art moderne. Il faisait chaud, très chaud et, au bout de deux heures d'étendoir à linge de César, de bunkers en feutre kaki de Joseph Beuys et d'urinoir de Marcel Duchamp, j'avais les pieds un peu gonflés. J'ai retiré une de mes sandalettes… et je l'ai posée au milieu de la grande salle, puis je suis allée m'asseoir sur les marches pour rire un peu. Ça n'a pas manqué. Au bout de deux minutes, un couple tournicotait autour de la chaussure orpheline pour trouver l'étiquette qui indiquait le nom de l'œuvre et de l'artiste. Au bout d'un quart d'heure de rire sous cape, je me suis levée, je me suis excusée – « Pardon ! Pardon ! » – et j'ai récupéré ma sandalette au nez et à la barbe des visiteurs attroupés.

La rigologie

Corinne Cosseron offre une version féminine du yoga du rire. Pour elle, le regard ouvert aux autres et la bienveillance amènent un climat de bien-être qui va permettre à la détente, au sourire, puis au rire de s'installer. Pas de forcing : du contact, du feeling. Les acteurs savent bien que si la posture crée l'émotion, l'émotion crée la posture. C'est ainsi qu'en jouant et en bougeant en groupe avec des interactions ludiques, le vrai rire peut jaillir car le rire est communicatif et les situations incongrues prêtent à rire… Corinne a un point de divergence avec Madan Kataria : elle déteste le rire forcé et elle est experte dans l'art de conduire en douceur les participants à rire. Contrairement à Madan Kataria, Corinne Cosseron considère que se forcer à rire revient à se forcer à éprouver une émotion, ce qui, pour elle, est contre-productif : pas de faux-semblant donc pour cette experte dans l'art d'amener de façon naturelle les participants à rire sincèrement. *En rigologie, le rire n'est jamais forcé car il n'est pas le but, mais un outil joyeux parmi d'autres permettant de se reconnecter, en profondeur et à son rythme, à sa véritable joie de vivre*, précise-t-elle. *La rigologie est une technique de développement du bonheur qui nous connecte au meilleur de nous-même et nous permet de vivre notre vie au mieux, quelle qu'elle soit. C'est une philosophie de vie qui consiste à faire le choix conscient de la joie et du bonheur.*

La rigologie est une marque déposée qui correspond à une formation de l'École internationale du rire. Cet ensemble de techniques psychocorporelles, d'éducation émotionnelle destiné à stimuler la joie de vivre, l'optimisme, la créativité et, d'une manière plus générale, la bonne santé mentale, émotionnelle et physique regroupent yoga du rire, sophrologie ludique, jeux coopératifs, hygiène émotionnelle, relaxation, méditation, thérapie de l'amour. L'objectif est de remettre de la joie de vivre là où il n'y en a plus, de rendre optimiste, créatif et de stimuler l'énergie pour affronter le quotidien avec plus de légèreté.

La rigologie ne se substitue pas à une formation psychologique ou thérapeutique, mais elle constitue un apport original grâce à des intervenants et thérapeutes de pratiques et d'horizons différents (médecin, psychologue, psychothérapeute, coach, sophrologue, musicothérapeute, clown, comédien, metteur en scène, auteur dramatique, professionnelle du toucher ludique, danseuse et chanteuse) et d'intervenants ponctuels mondialement reconnus (docteur Madan Kataria, Kinou le Clown, Steve Wilson, Claudia Sanchez et Ricardo Lopez).

La méditation du rire

Une séance de yoga du rire ou de rigologie se termine toujours par une « méditation du rire ». C'est la cerise sur le gâteau, le feu d'artifice de la séance : un fou rire collectif, possible après que les participants ont fait connaissance, se sont amusés ensemble en faisant taire leur juge intérieur et se sont rendu compte qu'ils n'étaient pas morts de ridicule. De la même manière que des musiciens accordent leurs instruments avant de jouer ou d'improviser, ce temps de méditation est exceptionnel car les corps et les esprits se sont rendus disponibles. Lors des exercices interactifs de début de séance, on joue à rire, on peut même se forcer un peu ; lors de la méditation du rire, chacun accueille le rire qui vient naturellement, stimulé par les autres rieurs. Deux consignes lors de cette séquence : ne pas forcer le rire, ne pas parler. En effet, l'expérience proposée ne se passe pas dans le champ de la parole, ni dans celui du mental, mais dans celui des sensations auditives : dans notre cerveau, ce sont les espaces limbique et reptilien qui sont sollicités, et non plus le cortex. L'expérience va au-delà des mots, elle est sensitive, sensorielle et relationnelle, puisque le rire des autres peut éveiller le nôtre et nous faire repartir de plus belle en éclats de joie.

Le chant de l'âme

Rigologue, « experte ès émotions » et animatrice de yoga du rire Sandra Leite est parfois confrontée à une situation délicate : comment animer une séance de yoga du rire si elle est triste, énervée... ? Comment recentrer son esprit sur la joie sincère ?

La solution pour elle ? Une boîte à musique. Elle se remémore toutes les chansons qui lui font du bien, rire, sourire, la mettent de bonne humeur ou lui rappellent un événement heureux. Cela est aussi pour elle une grande source de créativité et d'émotion. Pourquoi ne pas faire comme elle et vous constituer votre boîte à musique personnelle ? Votre « chant de l'âme » à convoquer dès que le besoin s'en fait sentir ? Et surtout n'hésitez pas à chanter à haute voix !

Pourquoi les clubs de rire sont utiles

Les clubs de rire existent en France depuis 2001, année où le docteur Madan Kataria a initié les premiers rieurs à Mulhouse. Un club de rire est un lieu où l'on peut rire sans plaisanterie, humour ou comédie, un lieu où se réunissent régulièrement des adultes en bonne santé – et souhaitant le rester ! – pour rire sans raison, grâce à la pratique du yoga du rire. La fonction du club est sociale : elle permet également aux participants de cultiver leur bonne humeur. La séance débute en général par un échange de « bonnes nouvelles » : l'une est partie en vacances, un autre a trouvé un travail plus épanouissant, l'une est devenue grand-mère, l'autre se fait moins de soucis au quotidien et rit plus souvent (tous ses collègues le trouvent changé, plus relax), une autre encore a osé se produire en spectacle pour la première fois. La pratique de cet exercice montre, lors des premières séances, que l'on peut avoir du mal à se remémorer un événement agréable récent (soit que les participants « oublient » ces moments, soit qu'ils les dévalorisent en pensant qu'ils ne sont pas si importants que cela). Au fur et à mesure des séances, la réminiscence de bons moments ou de bonnes nouvelles reviennent plus spontanément à l'esprit et les participants en éprouvent reconnaissance et gratitude. En dehors du club, la pratique de cet exercice facile est recommandée en famille ou au bureau.

Témoignages

Martine raconte : « Parfois, je demande aux participants de piocher dans un chapeau des petits morceaux de papier sur lesquels sont écrits les « devoirs à faire pendant la semaine » : prendre une personne dans ses bras, planter des fleurs dans ses jardinières, préparer un super gâteau pour la famille ou les amis, s'habiller avec des couleurs plutôt qu'en noir ou en gris, prendre le temps d'un soin corporel, apprendre une chanson par cœur ou un poème, etc. Ces « devoirs » maintiennent un contact direct avec l'esprit du rire et permettent de mettre en pratique dans « la vraie vie » des changements de comportements positifs.

Puis, le rire est initié grâce à un mélange de respirations inspiré du yoga, de jeux et d'exercices dont la finalité est de déclencher le rire spontané et enfantin enfoui en chacun des membres du club. Quand le moteur a démarré, plus rien ne peut l'arrêter. Au fur et à mesure que progresse la séance, le rire, contagieux, devient naturellement collectif…

À la fin de la séance, chacun se concentre sur ce qu'il ressent corporellement et l'exprime en un mot. Voici quelques exemples récoltés au club de rire de Vincennes : détendu, libéré, léger, pétillant, fatigué, zen, trop bien, heureux, pas de mental, légère, communion, frustration (je n'ai pas ri), plénitude, joie, cacophonie, harmonie…

Puis viennent les réflexions plus approfondies. Les participants s'étonnent, en général, de réaliser que ce qui fait rire n'est pas ce qui se dit, que rire ensemble brise les barrières sociales, place chacun au même niveau que son voisin, annihile la peur, et notamment celle du ridicule ! Ils découvrent avec bonheur que l'on peut rire quand on veut, où l'on veut et autant que l'on veut, même si l'on n'est pas heureux. Ils racontent qu'ils rient de plus en plus souvent en dehors du club, dès que l'occasion se présente, et puis même quand elle ne se présente pas ; ils rient au cinéma, au théâtre, avec leurs enfants, devant la télévision, dans les embouteillages, etc.

Les rieurs réguliers du club de rire de Vincennes sont unanimes. Tous disent attendre avec impatience ce moment privilégié de la semaine où, durant une heure, ils vont se relaxer, se détendre, lâcher le mental et rire ensemble sans complexe. »

Depuis septembre dernier, le club de yoga du rire de Vincennes a été une révélation, témoigne aussi Aurélie. « Ça m'a tout de suite « parlé », je m'y suis senti à l'aise et surtout, cela m'a fait du bien immédiatement et dans les jours suivants. Ouaouh ! Que de bénéfices en si peu de temps, sans avoir l'impression de faire un effort particulier, si ce n'est peut-être de lutter contre ma peur de paraître ridicule et complètement loufoque aux yeux de mes proches. Je remarque que les gens autour de moi me voient toujours un peu comme une originale, mais pas complètement à côté de la plaque. Je m'explique : je ne pourrais pas dire si mon entourage me fait plus de compliments depuis que je vais au club tous les mardis, mais on me complimente quand même beaucoup pour mon sourire, ma joie de vivre et mon côté optimiste. Je crois d'ailleurs que le yoga du rire apporte beaucoup de légèreté dans ma vie. Il me permet même de prendre le contre-pied de certaines paroles ou de certains actes, et d'être beaucoup plus détachée qu'auparavant, plus forte et davantage en confiance et en accord avec moi-même. Je crois que j'ose plus de choses qu'avant, avec cette impression d'avoir encore plus envie de vivre. Faire de beaux voyages, être davantage avec mes proches, prendre le temps de lire, faire du bénévolat, et surtout rire davantage avec les autres ! »

Eh bien, jouons, maintenant !

Le jeu, à l'instar du rire, est candidat au statut de propre de l'homme. En effet, l'homme serait la seule espèce à jouer à l'âge adulte. Roger Caillois, dans *Les jeux et les Hommes*, s'est essayé à une définition du jeu. C'est, selon lui, une activité qui doit être libre, c'est-à-dire choisie pour son caractère ludique ; incertaine, en ce sens que l'issue du jeu n'est pas connue à l'avance ; improductive ; soumise à des règles qui suspendent les lois ordinaires, et fictive. Cette soumission à des règles, limitée dans le temps et au nombre de joueurs de la partie, en fait une... institution, comme l'école ou le parlement. Le jeu institue un espace de liberté au sein d'une légalité particulière définie par la règle (du jeu). Pratiquement, donc, toute activité humaine peut être l'objet d'un jeu et, réciproquement, tout jeu peut cesser de le devenir (selon la juste expression enfantine : « Sè pu du jeu ! »).

« Je voudrais témoigner de quelques ressentis, raconte à ce propos Julien Peschot, comédien et intervenant « jeux » à l'École internationale du rire et du bonheur. Au fur et à mesure de ma pratique, je me suis rendu compte que le plus drôle dans les jeux, c'est lorsque l'on est perdu. J'ai bien dit perdu et non perdant… On peut se permettre dans un jeu d'être en échec en toute sécurité, d'avouer son incompétence et d'en rire ! Pour moi, les gens qui n'aiment pas les jeux n'existent pas, je pense qu'ils n'ont pas trouvé de jeux qui leur plaisent … Proposer un jeu coopératif à un adolescent, jouer avec ses parents à un jeu de découverte personnelle, faire rencontrer différentes générations autour d'un plateau de jeu, autant de plaisirs, autant de rencontres. »

Récit d'une adepte du « hoho, hahaha ! »

Moi, Stéphanie F., 33 ans, mariée, un enfant… Je suis devenue accro à la rigologie depuis quelques années. Comment ? En 2007, après dix mois de tentative infructueuse pour avoir un enfant, j'ai commencé à regarder ce qui pouvait bien bloquer, ou débloquer, chez moi… Par un heureux hasard, je suis tombée sur une émission qui parlait de clubs de rire à Paris. Assez rapidement, je me suis dit : « Mon blocage peut peut-être disparaître grâce à cela ! Enfin, ça m'aidera sûrement à lâcher prise et à libérer les tensions dans mon corps. Et puis, ça ne pourra pas me faire de mal ! » Il faut dire que depuis mon adolescence, j'avais bâillonné mon rire.

À la découverte de mon organe rieur exubérant et incontrôlable, j'ai pris peur du ridicule, puis quelques crises de suffocation ont définitivement réprimé toute possibilité d'esclaffement en public. Bien sûr, je donnais le change… Le sourire aux lèvres au quotidien, je me permettais quelques gloussements, roulements d'épaules ou rires muets. Mais rien de bien naturel.

Après quelques séances de rire, j'ai pu à nouveau retrouver mon rire et apprendre à le contrôler. Mais surtout, mon organe rieur a débloqué le lâcher-prise qui me manquait. Mon rire compulsif a réveillé toutes les cellules de mon corps pour y mettre de la joie, de la vie. Rapport de cause à effet ? Je ne le saurai jamais, mais, après deux séances, je suis tombée enceinte. Le rire est redevenu mon meilleur ami…

Jusque dans la salle de travail, il m'a accompagnée et soutenue. Sans péridurale, dans les bras de mon mari, j'ai accouché d'une petite crevette rose entre deux fous rires involontaires. Le premier, douloureux, suite à une bêtise masculine : « Mais, ne me faites pas rire, j'ai mal ! Youhou, j'accouche lààààààà ! Haaaa ha ha ha… ».

Le second, plus libérateur, – enfin, pour moi ! – : « Un dernier effort… Poussez madame ! » et qu'elle ne fut pas ma surprise quand une véritable douche sortit de mon corps et recouvrit entièrement la pauvre sage-femme en pleine besogne… On est tous partis dans un fou rire de soulagement bien mérité.

Depuis, le rire ponctue tous les événements de ma vie, grands ou petits, des plus joyeux aux plus tristes.

Ma princesse contribue largement à remplir la maison de légèreté et de rires.

Pour cultiver mon rire, je continue à suivre régulièrement des séances de rigologie. J'ai même monté mon club de yoga du rire pour partager cette merveilleuse pépite avec tous ceux qui le souhaitent. Récemment, j'ai appris que mon rire si particulier serait dû à une anomalie. Il paraîtrait que les êtres humains ne peuvent pas rire comme moi – sur l'inspiration et sur l'expiration – et que je tiendrais plus de nos proches cousins… les singes !… Euh…

Pour déclencher et lancer votre rire, prenez une inspiration profonde, cessez de respirer en gonflant les joues comme si vous vouliez pouffer et riez sur l'expiration. Faites-le de une à trois fois, cela agit comme un starter : inspirez, pouffez, riez !

Une séance type au club de rire

Une séance type au club de rire commence toujours par des bâillements/étirements/grimaces généreusement sonorisés. Ce sont des exercices de mise en condition corporelle qui vont permettre une bonne détente physique.

Pour commencer

Pour inviter le premier bâillement, mettez la pointe de votre langue derrière vos dents du haut et ouvrez grands les yeux : une esquisse de bâillement devrait se manifester. Laissez faire. Imaginez maintenant que vous êtes un chat, expert dans l'art de l'étirement. Étirez langoureusement une patte, puis l'autre, tout en laissant les sons accompagner vos gestes sans retenue. Exagérez le plaisir des étirements et des bâillements, étirez l'ensemble de vos muscles du haut du corps au bas du corps avec lenteur et volupté, laissez votre voix accompagner vos gestes. Sonorisez généreusement l'exercice avec des « A » et des « O » et jouez à varier le volume sonore.

Prenez cette bonne habitude de savourer vos étirements et laissez votre corps décider de la durée de l'exercice. Si un geste vous fait du bien, refaites le plusieurs fois en lui associant un son : corps et voix vivent ensemble, sans dissociation.

Maintenant, imitez les miaulements du chat et laissez votre visage s'étirer dans tous les sens. Accueillez toutes les grimaces qui vous viennent, n'hésitez pas à tirer la langue, à exorbiter vos yeux, jouez à vous enlaidir et devenez expert en grimaces. À plusieurs, vous pouvez faire des concours d'étirements et de grimaces.

Respiration complète

Si vous avez la chance d'ouvrir votre fenêtre sur la campagne, la mer ou la montagne, la respiration complète est à pratiquer dès le matin au réveil en ouvrant vos persiennes ou le soir en les refermant. Ce petit rituel peut s'avérer rafraîchissant.

Levez les bras vers l'avant jusqu'à la hauteur de la poitrine en inspirant : cela mobilise le ventre. Continuez le mouvement en ouvrant vos bras de chaque côté du corps, en mobilisant votre poitrine et, enfin, levez les bras vers le ciel. Ce mouvement se fait sur une seule inspiration de façon continue. Il permet une respiration complète qui s'amorce dans le ventre, se prolonge par une large ouverture de la poitrine et de la partie haute des poumons et des clavicules. Faites cette respiration complète trois fois dans un mouvement continu, à votre rythme et baissez vos bras lentement devant vous en expirant.

Exercice d'évacuation du stress : le samouraï

Le samouraï est un exercice utile pour dégager rapidement le stress accumulé dans le corps car le son qui accompagne le geste vient du ventre (du « hara »). Le stress et la colère s'évacuent par le cri : mettez donc en place les conditions qui permettent de faire cet exercice de façon optimale.

En préambule, piétinez sur place, d'un pied sur l'autre en visualisant toutes les personnes et les choses qui vous exaspèrent. Laissez la pression monter et si quelques mots de votre cru accompagnent vos piétinements, laissez-les se manifester, sans vous juger. Vos pieds sont écartés au niveau de la largeur de vos hanches. Vos genoux sont souples et déverrouillés. Posez le problème ou les choses qui vous énervent, mentalement, devant vous.

Ne posez pas les personnes, mais la situation ou le problème qui vous préoccupe ou vous met en colère. Imaginez que vous avez entre les mains un sabre magnifique qui va vous permettre de trancher la situation d'un coup sec avec un « AAA » qui vient du ventre et non de la gorge. Il n'est pas question de se faire hara-kiri non plus. Tenez bien ce sabre entre vos deux mains, levez-le en inspirant très fort et abattez-le d'un coup devant vous en expirant et criant « AAAA »…

Faites-le une deuxième fois, sans vous faire mal à la gorge (ce doit être un son qui vient du ventre), puis une troisième fois, en y mettant toute votre énergie.

Après avoir évacué colère ou stress et repris contact avec votre puissance, autorisez-vous à rire de tout cela.

Levez les bras vers le ciel en inspirant et riez tout votre soûl. Bravo, vous avez transformé le plomb en or. Offrez-vous au final le cri de celui qui a vaincu tous ses démons. Tambourinez votre poitrine comme Tarzan et poussez le cri du vainqueur sans retenue.

Prenez quelques instants pour ressentir l'heureuse chimie circuler dans votre corps. Faites trois grandes respirations conscientes et murmurez « merci », les mains sur le cœur.

Le rire des 7 nains, proposition d'un club de rire breton

- **Le rire de Prof** : le professeur est celui qui enseigne, il nous aide à lutter contre l'ignorance. Nous sommes aussi nous-même de bons professeurs. Dites : « Nous apprenons de nos propres expériences (en posant une main sur votre tête) et de celles des autres (en posant l'autre main sur votre tête) » puis balancez-vous de droite à gauche comme Prof en riant et en gardant les mains sur la tête. Croisez les autres Profs en les regardant avec bienveillance.
- **Le rire de Joyeux** : quand Joyeux rit, il ouvre les bras, il rit à gorge déployée, il embrasse le monde. Les jambes légèrement écartées, les genoux légèrement fléchis, la poitrine gonflée. Les deux bras forment un cercle qui représente le monde. Inspirez, puis levez progressivement les bras en lançant un long « Hééééé ». Explosez de rire.
- **Le rire de Grincheux** : Grincheux est sérieux. Il n'est pas content, il montre son désaccord. Il secoue la tête et fait la grimace. Croisez-vous en grommelant puis riez de vous-même.
- **Le rire de Dormeur** : Dormeur dort beaucoup car il sait que le sommeil est réparateur. Dormeur aime le silence, « chutttttt ! » il dort ! Riez silencieusement et déplacez-vous en faisant semblant de dormir.
- **Le rire d'Atchoum** : Atchoum éternue, il expulse, il se libère, il évacue, il laisse sortir ce qui est en lui. Les jambes sont légèrement écartées, les genoux légèrement fléchis. Pincez le nez d'une main, inspirez puis levez la tête en faisant « Ahhh… », puis « …tchoum ! » en vous pliant vers l'avant, les bras tout mous le long du corps. Enchaînez aussitôt par un rire.
- **Le rire de Timide** : Timide a peur du jugement. Il n'ose pas, il a une image qui lui colle à la peau. Faites comme Timide, cachez-vous la figure avec les mains et échangez-vous des regards de temps en temps en riant. Vous n'êtes pas seulement celui que vous avez l'habitude d'être, vous devenez celui que vous avez envie d'être en riant de plus en plus librement.
- **Le rire de Simplet** : Simplet est intuitif, il suit les indications de son cœur plutôt que les indications de sa raison. Posez-vous la question : « Le chemin que l'on suit possède-t-il un cœur ? » S'il en possède un, le chemin est bon, s'il n'en a pas, il n'est d'aucune utilité. Simplet marche en regardant en l'air, il est décontracté, il suit le chemin de son cœur, il ne se prend pas la tête, il rit sans raison, simplement…
- **Le rire de Blanche Neige** : Blanche Neige est belle comme la lumière, c'est un ange. Battez des ailes comme si vous étiez un ange, sautez sur une jambe puis sur l'autre et riez.
- **Le rire de la sorcière** : La sorcière est méchante, elle n'est pas belle. Mettez les mains sur le côté du visage, montrez ses doigts crochus, faites les gros yeux, enfourchez votre balai, tirez la langue, et riez comme une sorcière.
- **Le rire de la reine** : La reine interroge souvent son miroir. Faites mine de tenir un miroir et montrez-vous du doigt en riant.
- **Le rire du prince charmant** : Le prince charmant a sauvé par son baiser la pauvre Blanche Neige. Soyez prince et charmant, tenez-vous droit, gonflez le buste, chevauchez votre fier destrier et riez, tout en jetant des baisers à la cantonade.

N'hésitez pas à consulter le site `www.rirebretagne.free.fr`. Vous y trouverez beaucoup d'exercices intéressants.

On peut ne pas rire au club de rire...

Ceux qui ne rient pas lors de la séance de yoga du rire ou au moment de la méditation l'expliquent ainsi :

- **Trop de mental** ;
- **Un juge intérieur trop sévère** : « Tu vois ! Tu n'y arrives pas ! » ou « Mon rire est bizarre. » ou « J'ai l'air bête. » ou « Qu'est-ce que je fais là ? » ou « Je n'aime pas mon rire, il est trop ceci, pas assez cela... » ;
- **Le jugement sur l'autre ou les autres** : « Il a un drôle de rire, celui-là ! » ou « Pourquoi elle hurle comme ça ? » ou « Tiens, mon voisin de gauche ne rit pas... » ou « Holala, quel super rire il/elle a ! » ou « Son rire m'a dérangé. » (certains croient encore que l'enfer, c'est les autres...) ;
- **L'inconfort** : « Je ne suis pas bien allongé comme ça, il me faudrait un coussin... » ;
- **Une respiration incomplète**, la retenue, l'essoufflement ;
- **Le diaphragme coincé**, pas souple (souvent chez les adultes qui n'inspirent pas à partir du ventre).

Parfois, des participants s'étonnent ou s'inquiètent d'avoir eu envie de pleurer au cours de la séance. Cela peut arriver si l'on se sent accueilli tel que l'on est, cela est touchant et permet une grande détente, ou si le diaphragme a été trop stimulé par les exercices lors de la séance. L'émotion qui émerge alors peut être la tristesse qui trouve un espace pour sortir le bout de son nez. Il se peut également que le rire soit bloqué par un bouchon de larmes contenues depuis des années : sous la pression des exercices et des mouvements du diaphragme, elles jaillissent subitement.

Ces émotions sont toujours saluées et honorées telles qu'elles se présentent, comme on accueillerait de précieux amis. Une émotion récurrente doit être écoutée pour que le quotidien soit amélioré. Par exemple, la fatigue qui s'abat sur nous lorsque nous nous posons nous révèle la nécessité de nous ménager, de pratiquer plus souvent des pauses, de prendre le temps d'assimiler ou de décélérer.

Au moins un sourire !

Certains participants ne rient pas, par timidité ou par inhibition. Ils ne trouvent pas drôle les propositions de l'animateur ou bien portent en eux une tristesse trop importante. Il ne faut pas qu'ils se privent, lors des séances, des échauffements et des mouvements susceptibles de provoquer a minima un sourire car, lorsqu'on sourit, le corps enregistre la joie. Et le comportement entraîne le mental… Parfois, lors d'un blues passager ou d'une humeur maussade, il suffit ainsi de bouger pour passer à un autre état émotionnel. On sait que le meilleur remède à la dépression est l'action (si tant est que la personne dépressive puisse ou veuille bouger).

Il existe quelques rares contre-indications médicales à la fréquentation d'un club de rire. Les personnes cardiaques ou hypertendues doivent consulter leur cardiologue pour être certaines que leur état de santé les autorise à participer aux séances. Les hernies abdominales, les hémorroïdes actives et certaines opérations chirurgicales, notamment celles pratiquées au niveau de l'abdomen, constituent des contre-indications à la pratique du yoga du rire. Les glaucomes et l'hypertension de l'œil interdisent la participation aux séances. Les séances sont également déconseillées aux femmes enceintes ou à celles souffrant de descente d'organes. En tout état de cause, il est impératif de consulter le médecin si une douleur apparaît pendant une séance. Une bonne nouvelle toutefois ! En cas de contre-indication médicale, seuls les crises de fous rires sont à proscrire : les sourires et l'humour sont toujours les bienvenus…

Formations

Deux jours de formation suffisent pour devenir animateur d'un club de rire. La plupart des personnes qui s'inscrivent à ce cursus animent déjà des cours de yoga, de gymnastique, de sophrologie, de danse. Ils sont aussi médecins, infirmiers, kinésithérapeutes, coach, et souhaitent ajouter le rire dans leur manière de travailler. Chaque participant apprend à développer son imaginaire selon son style pour inventer ses rires propres : la réussite d'un club réside dans la diversité des propositions de l'animateur et l'effet de surprise qu'il est capable de créer.

Pour des publics spécifiques, comme les enfants, les adolescents, les seniors, les personnes handicapées, les cadres supérieurs, les personnes en réinsertion sociale ou les grands malades, pour intervenir dans des institutions et des entreprises, une formation en rigologie est nécessaire. Trois modules de cinq jours, la rédaction d'un mémoire et un stage en entreprise ou en milieu hospitalier permettent d'obtenir la qualification complète de rigologue expert après la soutenance d'un mémoire. Basée sur une pédagogie didactique et de l'expérience (ateliers pratiques, bilans individuels réguliers et travail personnel), cette formation propose coaching du rire, psychologie du rire, éducation émotionnelle, yoga du rire, sophrologie ludique, thérapie par les jeux corporels et coopératifs, jeu du Tao de la santé et du mieux-être, toucher ludique, musique et rythmes, danse libre, clown, techniques d'improvisation, psychologie positive, développement de l'humour, techniques d'écoute et de feed-back, de gestion des groupes et des conflits, communications non-violente et non-verbale issues de l'analyse transactionnelle, la PNL (programmation neurolinguistique), l'assertivité (capacité à s'exprimer et à défendre ses droits sans empiéter sur ceux des autres) et l'hypnose eriksonnienne, l'entretien face à face, les techniques de respiration, la relaxation dirigée, la méditation de la pleine conscience et les arts martiaux.

Elle s'adresse à tout le monde, et plus particulièrement aux professionnels de la santé, aux travailleurs sociaux, aux enseignants, aux praticiens du bien-être et aux intervenants en entreprises qui souhaitent ajouter les techniques de la joie de vivre à leurs pratiques déjà existantes. La clientèle potentielle est de huit milliards de personnes et chacun peut faire sa place au soleil, s'il en a le talent et s'en donne les moyens. Tout reste à bâtir, dans la joie.

LE SAVIEZ-VOUS ?

Travailler sur le corps est plus facile que travailler sur le mental. Si je dis : « Levez les mains ! », c'est facile à faire. Si je dis : « Ne pensez pas au singe ! », à quoi pensez-vous ? Voilà bien la preuve qu'il est plus facile de commander le corps que l'esprit et, conséquemment, de convoquer organiquement le rire plutôt que mentalement. Les enfants savent parfaitement rire de tout leur corps, les adultes rient avec retenue et uniquement avec le haut du corps. Comme les enfants, retrouvez le goût du jeu : il facilite la spontanéité du rire !

Sixième partie

La partie des Dix

Dans cette partie…

Nous vous proposons dans cette partie des conseils, des décrets, des trucs, des phrases, des « virelangues ». Nous vous invitons à vérifier les idées reçues à propos du rire ainsi que des pratiques, des missions, des jeux et des lieux pour sourire, rire et s'amuser concrètement. Maintenant que vous connaissez tous les bienfaits et les secrets du rire contagieux, passez sans tarder à la pratique… Comme pour les abdominaux, il suffit de démarrer en douceur sans jamais oublier de vous réjouir et de faire rire l'entourage. Pas à pas, vous prendrez vos propres marques et votre plaisir vous guidera vers de bonnes et joyeuses habitudes. Finis les bla-bla moroses : vous deviendrez un expert de la bonne humeur. Attention ! La joie est contagieuse…

Chapitre 16

Dix conseils pour rire plus souvent

Dans ce chapitre :

- Des sources inspirantes pour vous souvenir du cap choisi : celui de la bonne humeur et du rire
- Mettez en pratique jour après jour, en commençant par ce qui vous amuse le plus
- Offrez-vous un regard neuf : des lieux nouveaux peuvent y aider

Petit, on rit de tout sans ambages. Devenu grand, le rire se raréfie. Se retourner vers l'enfance, retrouver les sensations enfouies du lâcher-prise, de la gaieté, de la spontanéité, du corps tout entier qui se tord de rire, voilà quelques pistes pour rigoler tout au long de la journée. Pour retrouver nos âmes d'enfants, voici donc un florilège de jeux, postures, « blagounettes », and co : faites votre choix parmi nos propositions, créez les vôtres, la gaieté est désormais à votre portée.

Conseil n° 1 : Les dix béatitudes du rire

Le bonheur vient à la porte de celui qui rit, adage japonais.

Un auteur anonyme repéré dans *Le Rire, une merveilleuse thérapie* du docteur Tal Schaller et Kinou le Clown, propose quelques postures malicieuses menant à coup sûr à la béatitude :

- Bienheureux ceux qui sont attentifs à l'appel des autres, sans toutefois se croire indispensables, ils seront semeurs de joie.
- Bienheureux ceux qui rient d'eux-mêmes, ils n'ont pas fini de s'amuser.
- Bienheureux ceux qui sourient de la bêtise humaine en sachant qu'elle ne les épargne pas.

- Bienheureux ceux qui rient des farces qu'on leur fait, ils auront la joie d'en faire aux autres.
- Bienheureux ceux qui sont assez intelligents pour ne pas se prendre au sérieux.
- Bienheureux ceux qui rient de leurs maladresses, ils s'approchent de la simplicité.
- Bienheureux le fou rire, il est contagieux.
- Bienheureux ceux qui rient de voir rire les autres, leur cœur est ouvert à la joie.
- Bienheureux ceux qui rient sans trop savoir pourquoi, Dieu seul le sait.
- Bienheureux ceux qui disent qu'il n'y a pas de quoi rire, ils font sourire.

Conseil n° 2 : Proscrire dix idées reçues

- ***C'est ridicule de se forcer à rire***. Combien de fois dans la journée vous forcez-vous à être aimable avec un client, à être calme avec quelqu'un qui vous énerve, à être satisfait(e) alors que vous êtes déçu(e) ? Forcez-vous à rire plutôt que de subir toutes ces inadéquations inconfortables : ce ne sera pas toujours facile au départ, mais une fois le rire enclenché, le contentement et le plaisir seront toujours au rendez-vous, quelles que soient les circonstances et quels que soient les grincheux !
- ***Femme qui rit à moitié dans ton lit***. Croyance répandue : les femmes aiment être séduites par des hommes qui ont de l'humour. Certes, la séduction est un jeu et le rire fait tomber les peurs et les inhibitions. Rire ensemble, c'est déjà partager du plaisir... Mais pour aller sous l'édredon, il en faut un peu plus, non ?
- ***Rire équivaut à un steak ou un bol de riz complet***. Il est vrai que rire nourrit tellement qu'on peut en oublier de manger car la complétude s'installe et perdure. Mais, a contrario, une crise de rire peut ouvrir l'appétit...
- ***Les gens qui rient ne sont pas des gens sérieux***. Pas au moment où ils rient, c'est sûr !
- ***Je suis grosse, donc pour m'en sortir dans mes relations et plaire, je développe mon sens de l'humour, je n'ai pas le choix !*** Même les très doués ne peuvent avoir le sens de l'humour toute la journée. Aimez-vous comme vous êtes ou dévorez le livre de Corinne Cosseron, *Maigrir en riant* !
- ***Rire donne des rides***. La vérité ? Vous avez le choix entre les rides qui descendent (pour les sérieux) et celles qui montent (pour les rieurs)...

- ***Un bébé qui sourit, sourit aux anges.*** C'est sûr, si les anges sont ceux qui le regardent tendrement ; ce sont surtout ses zygomatiques qui, doucement, apprennent à fonctionner, le plaisir d'apprécier une couche propre, un sein généreux ou un bon gros biberon plein de lait, la chaleur du lit douillet, le sentiment de sécurité…
- ***Les gens qui ne rient pas sont des gens malheureux, coincés.*** S'il leur arrive de sourire parfois et de pouvoir rire librement quand une chose les amuse, ils ont à portée de main un trésor qu'ils utilisent peu. Mais s'ils sont coincés du diaphragme et respirent mal, attention au stress et aux maladies !
- ***Le rire est une potion magique qui va régler tous mes problèmes.*** Faux ! Le rire est un moyen parmi d'autres. Pour éviter de ruminer sans cesse vos problèmes, faites face. Pas de proscrastination : faites tout de suite ce que vous pouvez régler immédiatement ! Si vous ne pouvez rien changer à la situation, passez par-dessus et oubliez-la. Si vous pouvez faire quelque chose, faites ce que vous pouvez et laissez tomber l'anxiété. Si cela ne fonctionne pas, posez-vous la question : « Dans 10 ans, quelle différence cela fera-t-il donc ? »
- ***Je n'arrive pas à rire comme les autres et d'ailleurs je n'aime pas mon rire.*** Concevez ce que vous imaginez être un « échec » comme une expérience valable. Cela vaut pour le rire… et pour tout le reste dans la vie. Faites face au constat sans vous juger et sans fuir. Persistez dans vos tentatives. Il faut parfois du temps pour arriver au but : savourez le chemin parcouru et les peurs enfin maîtrisées.

C'est en… qu'on devient…

À VOUS DE JOUER

Si c'est en forgeant qu'on devient forgeron, c'est en sciant que Léonard devint scie. Ce bon mot de Francis Blanche a donné naissance à un petit jeu, qui consiste à créer le plus possible de phrases sur ce modèle.

Quelques exemples :

- C'est en bûchant qu'on devient bûcheron.
- C'est en cochant qu'on devient cochon.
- C'est en bouffant qu'on devient bouffon.
- C'est en draguant qu'on devient dragon.
- C'est en moussant qu'on devient mousseron.
- C'est en polissant qu'on devient polisson…

À votre tour de compléter la liste !

Conseil n° 3 : Appliquer les dix décrets de la première présidente du rire de France

- Un rire journalier incontournable pour tous.
- Pour enrayer l'insupportable actualité d'une femme battue par son compagnon toutes les 15 secondes (selon l'OMS), je décrète la pratique assidue de « l'exercice du tigre » du docteur Christian Tal Schaller pour évacuer colère, violence et stress (voir dans la deuxième partie Le rire et la santé psychique : le tigre).
- Sachant que la mortalité des femmes entre 16 et 44 ans due à la violence conjugale est plus importante que la mortalité sur les routes ou le cancer, je décrète la pratique de l'exercice du charabia pour les couples (voir chapitre 17, exercice de yoga n° 5). Disputez-vous à fond dans une langue imaginaire, cela permet d'exprimer corporellement et vocalement sa colère sans blesser avec des mots. Veillez à mettre une ou deux chaises entre vous par précaution, mais surtout pour avoir l'espace de bouger. Laissez vos émotions de colère ou de tristesse se déverser dans cette logorrhée dont le sens des mots n'importe pas. Quand la tempête est passée, écrivez à votre partenaire une lettre sereine ou prenez rendez-vous avec un médiateur conjugal pour retrouver le chemin de la communication non-violente.
- Comportez-vous humainement avec vos animaux. Lorsque vous partez en vacances, placez-les chez des gens aimants ou dans des refuges sûrs si vous ne pouvez pas les emmener avec vous. N'hésitez pas à mettre la main au porte-monnaie pour qu'ils soient bien soignés pendant que vous faites l'écrevisse sur la plage.
- Si votre adolescent ou votre mari a besoin (testostérone oblige) de se défouler, offrez-lui un punching-ball, dites-lui gentiment de l'installer loin de votre vue, dans la cave par exemple – sinon, vous risquez de passer de longs quarts d'heure à les applaudir en faisant « Oh ! Ah ! » (ça use !).
- Pour les femmes, obligation de ne rien faire une heure par jour ! Si ce n'est pas envisageable, commencez par dix minutes. Vous appliquerez ainsi la théorie du *khazen* chère aux Japonais : pour arriver à son but, quel qu'il soit, il faut faire de petits pas…
- Jouez avec vos enfants tous les jours et riez avec eux, ils poussent plus vite que les arbres. Dans dix ans, ils auront leurs copains et vous ferez le service hôtellerie (dans la bonne humeur bien sûr, puisque ce ne sera pas contre vous, mais un simple passage obligé...)
- Les papas, allez-y à fond dans les jeux, les mamans adorent vous voir jouer avec les mômes (sachez doser quand même, car si Madame se retrouve avec un enfant supplémentaire à la maison 24 heures sur 24, pas sûr qu'elle va aimer !)

- Avant de vous endormir, imaginez le lendemain comme une journée zéro stress, que du bien-être, quoique vous fassiez.
- Conditionnez-vous mentalement. Dites non à des projets supplémentaires, des activités sociales et des invitations pour lesquelles vous savez n'avoir ni temps ni énergie, car chaque jour, chacun de nous à besoin d'une période de repos et de solitude. Et dites oui à la vie et au plaisir sous toutes ses formes !

Conseil n° 4 : Dix trucs pour se sentir mieux sans effort

- Je respire par le ventre plusieurs fois par jour : en montant ou descendant un escalier, en me brossant les dents, avant d'écrire un SMS, après chaque appel téléphonique.
- Je dis bonjour chaleureusement à une personne de plus chaque jour.
- Je célèbre un chouette événement, une réussite ou une personne.
- Je me moque gentiment de mes petits tracas (doigt sur le sternum, je glousse).
- Je trouve un complice de rire et nous nous appelons au téléphone juste pour rire.
- J'accueille la journée avec plaisir. Tout peut arriver, surtout le meilleur !
- J'évite la compagnie de ceux qui dénigrent et je m'efforce de ne pas les juger.
- Je mets un oreiller devant la bouche et je crie fort dès que j'en ai envie ou besoin.
- À la fin de la journée, je prends quelques minutes pour revoir les événements du jour et je note mentalement les moments où j'ai réussi à réduire le stress et à m'émerveiller.
- Je pratique le jardinage ou le « balconnage ».

Conseil n° 5 : Dix missions quotidiennes pour se sentir joyeux

- Je m'adresse un sourire à chaque fois que je me vois dans une glace.
- Je me félicite franchement chaque fois que la situation s'y prête. Je suis fier(e) de moi !

- Je téléphone ou j'écris à quelqu'un que j'apprécie et dont je n'ai pas eu de nouvelles depuis longtemps.
- Je pratique deux respirations abdominales le soir avant de m'endormir.
- Je m'accorde un moment exclusif de détente où je prends soin de moi.
- Je me fais un petit cadeau qui me fait extrêmement plaisir par jour. Un bain moussant avant de me coucher, un café ou un thé au lit sous la couette avant que la maisonnée ne s'éveille ou que la journée ne commence, un coup de fil à une personne que j'adore, un délicieux chocolat ou bonbon en me relaxant sur le canapé, un joli bouquet de fleurs, un masque à l'huile d'olives pour revitaliser les cheveux, un sauna, un hammam, un massage, une promenade d'une demi-heure dans le parc à côté, etc.
- Je rends un service à quelqu'un que je ne connais pas.
- Je demande quelque chose à quelqu'un que je n'arrive pas à solliciter d'habitude.
- Je fais un petit ou un grand geste pour la nature.
- J'offre un peu de temps à une personne qui souffre de solitude.

Conseil n° 6 : Dix pratiques comme antidote au stress

- Marchez 10 à 30 minutes tous les jours en souriant.
- Restez assis tranquillement au moins 10 minutes tous les jours, en étant attentif à votre respiration et en vous isolant si nécessaire.
- Écoutez de la bonne musique tous les jours, c'est une authentique nourriture de l'esprit.
- Vivez avec les trois « E » : Énergie, Enthousiasme, Empathie.
- Jouez à plus de jeux et lisez plus de livres que l'an dernier.
- Regardez le ciel au moins une fois par jour pour constater la majesté du monde qui nous entoure.
- Mangez davantage d'aliments qui viennent des arbres ou des plantes plutôt que des nourritures industrielles ou qui exigent un sacrifice. Mangez des airelles et des noix. Buvez du thé vert, beaucoup d'eau et un verre de vin – si possible en compagnie de l'être aimé – en portant chaque fois un toast pour quelque chose de beau dans la vie.
- Faites rire au moins trois personnes chaque jour.

- Souriez et riez plus souvent : vous mettrez en place, à peu de frais, un cercle vertueux.
- Embrassez ceux que vous aimez ou prenez-les dans vos bras et dites-leur que vous les aimez.

Conseil n° 7 : Dix phrases pour sourire

- *C'est long l'éternité, surtout vers la fin.* Woody Allen
- *Je ne crains pas la mort, mais je préférerais ne pas être là quand elle arrivera.* Woody Allen
- *La vie est une maladie sexuellement transmissible.* Woody Allen
- *Le volé qui sourit dérobe quelque chose au voleur.* William Shakespeare
- *Pour me rendre heureux, un sourire peut suffire.* Jean de La Fontaine
- *Il y a quelque chose qui nous ressemble plus que notre physionomie, c'est notre sourire.* Victor Hugo
- *Si vous voulez comprendre en profondeur l'âme d'un homme, ne cherchez pas à analyser ses paroles, ses idéaux, ou ses larmes : vous aurez de meilleures informations si vous observez comment il rit. S'il rit bien, c'est un homme de bien !* Dostoïevski
- *Le rire procure un nettoyage profond à l'intérieur de soi. Il vous ramène très rapidement à l'ici et maintenant. Vous plongez de l'enfer de votre tête vers le paradis de votre ventre. Le rire est un événement total, chaque cellule du corps vibre et se décontracte profondément.* Docteur Dyan Sutorius.
- *Si vous riez avec tout votre corps jusqu'au plus profond de votre être, toutes les parties de celui-ci – corps physique, corps psychologique, corps spirituel – vibrent sur la même longueur d'onde et vibrent en harmonie.* Osho
- *Le chien a son sourire dans sa queue.* Victor Hugo

Si l'on jugeait les choses sur les apparences, personne n'aurait jamais voulu manger un oursin. Marcel Pagnol

Conseil n° 8 : Dix jeux pour retrouver son âme d'enfant

À pratiquer en groupe, en intérieur comme en extérieur.

Un, deux, trois, soleil !

Un joueur (la sentinelle) se place debout face à un mur. Les autres joueurs se placent en ligne à environ trente pas de lui. Le joueur face au mur tape trois fois le mur en comptant « un, deux, trois » et lorsqu'il dit « soleil », il se retourne. Durant le temps où la sentinelle ne regarde pas, les autres joueurs doivent s'approcher du mur, mais lorsque la sentinelle se retourne, tout le monde doit être immobile tout en riant ostensiblement. Si la sentinelle voit un des joueurs bouger ou ne pas rire, il le renvoie à la ligne de départ. Le joueur qui réussit à toucher le mur le premier gagne et devient sentinelle !

Les poissons et les pêcheurs

Une vingtaine de joueurs au minimum forme deux équipes, celle des poissons et celle des pêcheurs. Les pêcheurs se mettent d'accord – sans que les poissons entendent – sur un nombre (8 par exemple). Ils s'installent en ronde en levant les bras pour former le filet et comptent à haute voix pendant que les poissons passent et repassent dans le cercle filet et le traverse. Au nombre décidé (8 dans notre exemple), les pêcheurs baissent les bras. Tous les poissons capturés dans le cercle filet deviennent alors pêcheurs. Et le jeu recommence jusqu'à ce qu'il ne reste plus qu'un seul et dernier poisson libre : celui qui a gagné la partie.

Bisou grimace

Ce jeu, pratiqué assis en cercle, doit être rapide et rondement mené ! À la suite les uns des autres, les participants disent un chiffre. Le premier joueur dit : « 1 », le deuxième : « 2 », le troisième : « 3 », et ainsi de suite jusqu'à 10. S'il y a plus de dix participants, à partir de 10, on reprend à 1, 2, 3, etc. Une fois le tour du cercle complet effectué, le meneur de jeu propose qu'au lieu de dire : 1, 2, 3, 4, 5, 6, 7, 8, 9, 10, le 5 soit remplacé par un bisou sonore et le six par une grimace sonorisée, ce qui donne : 1, 2, 3, 4, bisou sonore, grimace sonorisée, 7, 8, 9, 10. L'intérêt du jeu est de ne pas discuter quand on se trompe et de quitter rapidement le cercle pour laisser la partie suivre son cours...

Ni oui ni non

Conversation à deux ou à plusieurs participants sur un sujet libre. Le premier qui dit soit « oui », soit « non » est éliminé. Il est donc indispensable de poser beaucoup de questions qui appellent le oui ou le non (« Tu es arrivé en retard au bureau ce matin ? », « Tu sors de chez le coiffeur ? », « Ton prénom, c'est bien Marie ? », etc.)

Le chef d'orchestre

Les joueurs forment un cercle bien fermé. Un joueur sort de la pièce et, pendant son absence, les autres joueurs désignent un chef d'orchestre. Celui-ci fait un mouvement en fredonnant (celui du chef d'orchestre par exemple, ou taper du pied, ou se chatouiller les aisselles, etc.), les autres l'imitent. Le joueur sorti revient et se met au milieu du cercle. Il doit deviner qui est le chef d'orchestre. Celui-ci doit régulièrement changer de mouvement et être aussitôt imité par tous les joueurs, le plus discrètement possible. Le chef d'orchestre découvert devient le joueur qui sort de la pièce.

Je te tiens, tu me tiens, par la barbichette

Le jeu de la barbichette se pratique deux par deux, en face à face et en se regardant bien dans les yeux. Chaque joueur tient le menton de l'autre avec la main en chantant : « Je te tiens, tu me tiens, par la barbichette. Le premier qui rira aura une tapette. Un, deux, trois, croisez les bras. » Chaque joueur reste bras croisé en regardant son partenaire sans rire ni sourire. Le premier qui cède perd, et son adversaire lui donne une tapette sur la joue...

Variante rigologique : toujours deux par deux et face à face. L'un, le « Tristus », n'a absolument pas le droit de rire. L'autre, le « Rigolus », peut faire tous les sons, tous les rires et toutes les grimaces qu'il veut pour faire rire son Tristus. Dès que le Tristus a ri, il devient Rigolus.

Chat couleur

Au moins dix joueurs. Avant chaque partie, le chat annonce une couleur, puis part à la poursuite des souris. Celles qui veulent se mettre à l'abri doivent trouver la couleur choisie sur un objet ou une personne et la toucher. Mais attention ! Interdiction de toucher ses propres vêtements ! Une souris attrapée devient chat et annonce une nouvelle couleur.

Les syllabes

Il s'agit de remplacer toutes les syllabes d'une phrase par une seule et même voyelle. Exemple :

« Il était un petit navire... » avec i, devient : « Il iti i piti niviri », avec o : « Ol oto o poto novoro », etc.

La queue du chat

Une quinzaine de joueurs. Tous les joueurs se tiennent par les hanches, à la queue leu leu : ils forment le chat. Le premier joueur de cette file est la tête du chat et le dernier la queue du chat. Le joueur seul est le chien. Le chien doit mordre la queue du chat, c'est-à-dire toucher le dernier joueur de la file. Lorsque le chien touche la queue du chat, elle se décroche et est éliminée. Le jeu se termine quand le chat n'a plus que sa tête. Il devient le chien et le jeu peut recommencer.

Accroche-décroche

Dix joueurs au moins. Tous les joueurs se mettent par deux en se tenant par le bras. Seul un chat et une souris sont libres. Le chat commence à poursuivre la souris. Pour se protéger, celle-ci peut s'accrocher à un couple de joueurs. Le joueur qui n'a pas été accroché devient la souris. Dès que la souris est touchée, elle devient chat.

SOURIONS

Monsieur et Madame Fréchy ont une fille. Comment l'ont-ils appelée ?
Sarah (ça rafraîchit !)

Conseil n° 9 : Dix « virelangues »

- Fruits frais, fruits frits, fruits cuits, fruits crus.
- Je veux et j'exige d'exquises excuses.
- Six cent six petits sots sans le sou sucent six cent six sucettes au cassis et six cent six saucisses salées.
- Tes laitues naissent-elles ? Yes, mes laitues naissent. Si tes laitues naissent, mes laitues naîtront.
- Ton thé t'a-t-il oté ta toux ?
- Plate poche, poche plate, plate poche, poche plate...

- Un chasseur sachant chasser doit savoir chasser sans son chien.
- Cinq chiens chassent six chats.
- Je cherche ces chiots chez Sancho, je cherche ces chats chez Sacha.
- Les chaussettes de l'archiduchesse sont-elles sèches, archi-sèches ?

Conseil n° 10 : Dix lieux à (re)découvrir en famille

- Les musées : Grévin, du chocolat (il en existe plusieurs en France, en Belgique, en Suisse, etc.) de l'érotisme, de la magie, tous les musées de peintures classiques avec Arcimboldo, Botero, Louise Bourgeois etc. – association d'idées, pour ceux et celles qui visitent l'Islande, ne ratez pas le musée national des phallus de Húsavík représentant les organes génitaux de tous les mammifères d'Islande ! – le musée de la tondeuse à gazon, à Southport, au Royaume-Uni, le musée rigolo d'art contemporain en Avignon, la Maison du rire et de l'humour de Cluny dont nous avons déjà parlé, le temple de Vénus ou du haschich à Amsterdam, etc., etc.
- Les singes au zoo,
- Les fêtes foraines et les parcs d'attractions,
- L'Aquaboulevard,
- Les cirques,
- Les karaokés,
- Les *flashmobs*,
- La fête de la musique,
- Les braderies, celle de Lille ou d'autres,
- Les promenades à ski avec ou sans neige.

Maneki-neko, le chat bonheur

Le *Maneki-Neko Museum* est le plus grand musée consacré au chat bonheur au Japon, qui expose plusieurs milliers de pièces de la collection privée de Kanji Bando et Chihiro Arakawa. Rappelons que le *maneki-neko* est une statue traditionnelle japonaise en céramique ou en porcelaine, représentant un chat assis et levant la (ou les) patte(s) au niveau de l'oreille, et que l'on trouve fréquemment sur les devantures des magasins, près des caisses dans les centres commerciaux. *Maneki* vient du verbe *maneku* qui, en japonais, signifie « inviter » (dans le sens de faire venir) ou saluer. *Neko* est le chat. Il s'agit donc littéralement du « chat qui invite ». Ces chats levant la patte sont censés attirer la fortune...

Question de questions

Il semblerait que cet étudiant ait eu 0 sur 20 à son examen oral. Dommage ! Si l'examinateur avait eu le sens de l'humour – et la volonté de noter celui-ci, aussi – il aurait pu avoir une excellente note ! Voici quelles ont été ses réponses :

- Où a été signée la déclaration d'Indépendance ? Au bas de la dernière la page.
- Dans quel État se trouve la rivière Rio Grande ? Liquide.
- Comment expliquer autant de divorces ? Trop de mariages.
- Quelle est la raison principale de l'échec scolaire ? Les examens.
- Si vous jetez une pierre bleue dans la mer Rouge, que va-t-elle devenir ? Humide... très humide.
- Comment un homme peut-il rester huit jours sans dormir ? En ne dormant que la nuit.
- Comment pouvez-vous soulever un éléphant avec une seule main ? C'est impossible car ça n'existe pas, un éléphant ayant une seule main.
- Si vous aviez trois pommes et quatre oranges dans une main, et quatre pommes et trois oranges dans l'autre, qu'auriez-vous ? De grandes mains.
- Comment peux-tu laisser tomber un œuf cru sur un sol en béton sans le fissurer ? Pas de problème, les planchers en béton sont très difficiles à fissurer.

Chapitre 17

Dix exercices de yoga du rire

Dans ce chapitre :

- Apprenez à dédramatiser et à bien vous oxygéner
- Entraînez-vous seul(e), puis avec quelques amis
- Objectif, « rire sans raison » !

De même qu'il peut être utile et amusant d'avoir dans sa besace une dizaine de blagues que vous aimez raconter, voici dix exercices à pratiquer régulièrement. (Vous n'êtes pas obligé de faire les dix exercices à la suite, n'hésitez pas à vous tester sur une ou deux propositions pour commencer.) Les rires qui suivent sont à vivre de préférence en famille ou avec des amis. Si vous animez, vous pouvez aussi les intégrer à vos cours de yoga, de gymnastique, de stretching ou autre. Enfin, si vous êtes seul, que vous souhaitez « faire des gammes » et vous entraîner à rire, ces exercices vous seront profitables. N'hésitez pas à remettre l'ouvrage sur le métier si vous n'avez pas réussi dès la première fois. Dans « yoga du rire », il y a « yoga » qui invite à une pratique assidue, et « rire » qui donne le ton et l'esprit de légèreté que vous pourrez acquérir au fil des jours. Entraînez-vous dans la joie !

Exercice n° 1 : La comptine du rieur

La comptine du rieur est une respiration ludique et dynamique inspirée du yoga qui stimule le diaphragme et prépare les cordes vocales au rire. Cet exercice, surtout si vous le pratiquez régulièrement, vous permettra d'installer votre humeur ludique.

Pratique

Debout, frottez vos mains paume contre paume quelques instants en souriant. Déplacez-vous toujours sourire aux lèvres, amusez-vous à sourire sans raison, juste pour le plaisir de sourire et souriez franchement… Marchez quelques instants en frottant vos mains énergiquement… Arrêtez-vous et applaudissez, doigts tendus, paume contre paume sur le rythme 1-2, 1-2-3. Cela stimule les terminaisons nerveuses et procure un regain d'énergie. Les bienfaits de ce mouvement seront décuplés si vous tapez vos mains en balançant le haut du corps, alternativement à gauche en scandant : « 1-2, 1-2-3 », puis à droite en scandant de la même manière : « 1-2, 1-2-3 ». À gauche : « 1-2, 1-2-3 », puis à droite : « 1-2, 1-2-3 ». Les muscles abdominaux profonds sont activés lorsqu'on rit, n'hésitez donc pas à les réveiller vivement grâce à cet exercice.

Dites : « Hoho » en imaginant que vous mettiez de la buée sur des lunettes. Cela vous invite à prononcer ces syllabes par le ventre. Faites la même chose avec « Hahaha » pour sentir que votre diaphragme participe à cette sonorisation. Avec ce son soufflé qui vient du ventre, remplacez « 1-2 » par « Ho-ho » et « 1-2-3 » par « Ha-ha-ha ». Applaudissez sur « Hoho-Hahaha ». Dansez joyeusement sur ce rythme en alternant à gauche et à droite six fois de suite. Déplacez-vous avec enthousiasme. Terminez l'exercice en levant les deux bras et le visage vers le ciel en lançant un « Yeah ! » puissant et victorieux…

Intégration

À présent, vous êtes debout et immobile, les bras le long du corps. Relevez-les, paumes ouvertes vers le ciel jusqu'à la hauteur de votre poitrine et ressentez les sensations dans vos mains et dans l'ensemble de votre corps. Respirez doucement et profondément, laissez un sourire de bien-être illuminer votre visage. Savourez le fait d'être debout entre terre et ciel, bien dans votre verticalité. Goûtez au plaisir d'être là et de sourire sans raison.

Exercice n° 2 : Le rire du « pouffage »

Le pouffage est facilement accessible à plusieurs. C'est drôle de voir les autres, les joues pleines, se retenir de rire. Cet exercice peut aussi se pratiquer seul. Il est possible que vous riez beaucoup dès la première fois ou peut-être aurez-vous besoin de pratiquer souvent pour en retirer tous les bienfaits. Souvenez-vous la première fois que vous avez fait du jogging : pas évident, hein ? Pourtant aujourd'hui, vous courez sans raison, juste pour le plaisir et pour votre santé. Persévérez !

Pratique

Levez les bras devant vous jusqu'au-dessus de votre tête, en inspirant. Retenez votre souffle en gonflant les joues et expirez en riant et en relâchant les bras. Faites-le une deuxième fois en ouvrant bien la bouche sur le rire et sur la voyelle « A ». Enfin, à la troisième fois, laissez filer votre rire librement.

Intégration

Toujours debout, offrez-vous un temps de silence yeux fermés et observez les sensations dans l'ensemble de votre corps.

Exercice n° 3 : Le rire communicatif

Il ressemble à la méditation du rire, mais est plus facile à mettre en place dans les collectivités où il est difficile de s'allonger par terre. Cet exercice se pratique à plusieurs. Le jeu consiste à se laisser rire, stimulé par le rire des autres et stimulant celui-ci. Il est important de ne pas parler pour bien écouter et se laisser entraîner dans un bain de rires différents et multicolores.

Pratique

Assis en cercle sur des chaises, laissez-vous aller et relaxez-vous quelques instants. Fermez les yeux, inspirez profondément et sonorisez en expirant le son « OU » qui fera vibrer votre bassin. Répéter trois fois cet exercice. Commencez à glousser doucement sans forcer, puis riez de plus en plus franchement. Si ouvrir les yeux vous stimule, ouvrez-les (vous êtes probablement un ou une « visuel(le) ») sinon, gardez les yeux fermés et restez attentif aux sons. Puis riez, riez, riez.

Intégration

Revenez à vous tranquillement et faites vibrer à nouveau en douceur le son « OU » dans votre bassin sur l'expiration, massage sonore qui vibre dans le « chaudron » de votre ventre. Pour terminer la séquence, sonorisez cette fois-ci la voyelle « A » : elle résonnera au niveau du cœur. Le son que vous produirez vous apaisera et vous détendra profondément. Faites-le deux fois et goûtez la paix que procurent les vibrations du son « A » dans la poitrine.

Exercice n° 4 : Le rire du portable

Ce rire, facile à mettre en application, est d'un grand secours en cas de surchauffe sociale. Il permet :

- de rire dès qu'on en ressent le besoin, quel que soit le contexte ;
- de rire de bon cœur en société, dans les transports en commun ou dans les couloirs de votre entreprise sans que quiconque trouve cela suspect.

Avec l'alibi du téléphone portable en main, vous pourrez à tout moment rire aux éclats, en gardant une attitude socialement digne. N'hésitez pas à partager largement votre bonne humeur avec d'autres et si vous trouvez des complices pour jouer au téléphone rieur – en général les gens adorent. Vous êtes ainsi assuré de jouir de vos dix minutes journalières de rire !

Pratique

Ayez comme accessoire votre téléphone portable éteint. Recontactez le souvenir de votre dernier fou rire ou de toute situation – récente ou ancienne – qui vous a fait rire. Téléphone portable à l'oreille, imaginez au bout du fil une personne très drôle qui vous raconte quelque chose d'hilarant ou votre comique préféré dans ses meilleurs moments. Riez de bon cœur, les gens vous envieront d'avoir un ami si drôle.

Variante

Appelez le répondeur de votre fixe et laissez un éclat de rire comme message. Ce sera un double bonheur car en rentrant le soir et en vous écoutant, vous repartirez à rire de plus belle.

Autre version

Vous appelez une personne de votre connaissance et vous essayez de lui raconter ce qui vous a fait rire. Mais c'est impossible, vous n'y arrivez pas, le rire l'emporte, vous ne faites que rire au bout du fil.

Intégration

Savourez votre astuce et vos sensations de détente et souriez à votre collègue qui n'a pas encore lu *Le Rire pour les Nuls* et qui vous regarde avec envie.

Exercice n° 5 : Le charabia ou baragouin rapide

Ce langage imaginaire permet de râler ou d'évacuer la colère sans tenir compte du contenu et de s'exprimer en lâchant prise. Cet exercice va en effet vous permettre de lâcher les tensions corporelles en bougeant dans l'espace, de lâcher votre mental et d'exprimer librement, juste avec la voix, l'émotion du jour. Il se pratique seul ou à plusieurs en se croisant et en se « parlant » les uns aux autres, mais sans s'écouter.

Pratique seul(e)

Installez-vous debout de préférence, et, bien campé(e) sur vos deux pieds, ressentez vos orteils et la plante de vos pieds solidement ancrés dans le sol. Imaginez que l'air que vous inspirez vient directement de la terre sous vos pieds et monte le long de vos jambes. Prenez trois grandes respirations, elles vont vous permettre d'être là… présent(e) à vous-même ici et maintenant. Observez l'émotion ou le sentiment dominant en vous, à cet instant. Quel qu'il soit, faites-y face et laissez-le prendre toute la place. Cela peut être de l'énervement, de la lassitude, de la colère, de la tristesse, du bien-être, du contentement, etc.

Accueillez ce qui est là. Pendant deux minutes, vous allez inventer un langage imaginaire, un « gromeuleu », parler avec des mots qui ne veulent rien dire. Et, dans la liberté de ce charabia, vous allez laisser votre humeur et votre émotion du moment s'exprimer. Aidez-vous en gesticulant librement de tout votre corps, tel qu'il a en envie, sans contrôle ni retenue. Adressez-vous à quelqu'un d'imaginaire ou à l'univers, si cela vous aide. Allez-y à fond pendant plusieurs minutes.

Intégration

Trouvez votre verticalité et reposez-vous à nouveau sur vos deux pieds. Inspirez profondément en levant les bras devant vous, puis jusqu'au ciel... Expirez en baissant les bras devant vous lentement. Faites trois respirations complètes de cette manière, en souriant.

Inspirez en souriant, expirez lentement. Levez les bras très haut sur l'inspiration, baissez vos bras en expirant lentement avant une dernière inspiration ample, en souriant avec les lèvres et les yeux. Relâchez toujours en souriant lentement de bon cœur.

Exercice n° 6 : Le sumo

La posture corporelle du sumo permet un bon enracinement dans le sol et à la voix de descendre dans les graves. Cette prise de terre procure un sentiment de sécurité.

Cet exercice va vous permettre de sonoriser un rire profond en vous enracinant au sol, puis un rire plus aigu en vous étirant vers le ciel. Cela vous procurera une sensation de légèreté et une humeur ludique. En alliant le corps et la voix, on obtient une grande et durable détente.

Pratique

Pour commencer, installez-vous debout, écartez vos pieds de la largeur de vos hanches. Vos genoux sont souples et déverrouillés. Posez vos huit doigts sur le sternum, pouces écartés. Inspirez largement en ouvrant les bras sur les côtés, puis ramenez vos mains sur la poitrine en expirant. Inspirez en ouvrant, expirez en ramenant vers vous. Encore une fois, inspirez en ouvrant, expirez en ramenant vers vous…

Imaginez que vous êtes un sumo ou un gros Père Noël. Entourez votre gros ventre imaginaire avec vos bras ouverts devant vous. Descendez votre corps le plus bas possible sur vos jambes et sonorisez un rire grave sur la voyelle « O ». Marcher dans cette posture et amusez-vous à rire gravement sur « O » en vous déplaçant lourdement dans la pièce.

À présent, faites l'inverse. Élancez votre corps vers le ciel, bras tendus comme si vous vouliez toucher les étoiles. Montez sur la pointe des pieds et déplacez-vous comme si vous étiez un grand elfe riant sur la voyelle « I ». Redescendez à nouveau dans une posture lourde, proche de la terre avec un rire grave : « Hohohohohohohoho ». Savourez la pesanteur dans votre corps. Puis tendez les bras, les mains et les doigts vers le ciel en vous étirant. Montez sur la pointe des pieds le plus haut possible, riez sur la voyelle « I » en toute légèreté.

Afin d'équilibrer les polarités lourd et léger, grave et aigu, retrouvez votre centre. Installez-vous debout, bien planté(e) entre ciel et terre, enraciné(e) et souplement stable sur vos deux pieds. Les doigts sur le plexus solaire, inspirez profondément et ouvrez vos mains à partir de votre cœur en riant sur la voyelle « A ». Riez comme un soleil sur « Hahahahahaha », de plus en plus fort et de plus en plus librement.

Intégration

Massez votre visage doucement, votre front, vos tempes, les ailes de votre nez, vos joues, le contour de votre bouche, votre menton et vos mâchoires. Enfin, massez le pourtour de vos oreilles. Terminez par plusieurs lissages de votre visage en partant du centre et en ouvrant vers le haut et l'arrière, doucement, chaleureusement, en souriant.

Exercice n° 7 : Le rire de soi

L'art de rire consiste à savoir rire de soi en toute amitié. Personne n'est parfait. Rire de ses propres défauts permet de rester amical avec soi-même, de se pardonner pour tout ce qui n'est pas « merveilleux » en soi. Ce rire nous humanise.

Pratique

Pour développer cet art, pointer votre index sur votre poitrine et riez doucement de vous-même. Commencez par quelques gloussements et laissez progressivement le son s'élargir. Amusez-vous de vos bugs, de toutes vos « prises de tête », laissez votre rire prendre toute la place. Pensez à un ou plusieurs petits défauts que vous avez, gardez l'index pointé vers vous et riez largement de tous vos travers et de vous-même. Félicitations ! Rire de soi et avec soi est le début de la sagesse.

Intégration

Savourez la détente qui s'est installée dans votre corps, en prenant quelques inspirations profondes. Inspirez sur quatre temps et expirez plus longuement, sur six temps. Faites-le trois fois. Votre front est lisse, vos mâchoires sont relâchées, un léger sourire s'installe sur votre visage et se connecte à votre cœur. Profitez quelques instants du sentiment de paix que cette connexion vous offre et félicitez-vous d'avoir pris le temps de ressentir tout cela.

Exercice n° 8 : Le timide qui devient un géant

Cet exercice permet de démarrer le rire en douceur, d'aller vers un rire plus large et de gagner ainsi en assurance, de jouer avec votre rire en le faisant grandir et de retrouver un espace corporel de liberté. La posture du corps induit un sentiment ou une émotion. L'assurance et la joie s'inscrivent plus volontiers dans un corps ouvert et vaste. Vous allez expérimenter un rire timide dans un corps de timide et un rire large et puissant dans un corps de géant.

Pratique

Imaginez et prenez la posture d'un timide, marchez comme lui, regardez par en dessous, rasez les murs, respirez comme lui, faites en sorte que votre corps soit le plus discret possible, puis commencez à glousser en cachant votre bouche avec vos mains, enfin amusez-vous à rire tout doucement comme sait le faire un timide avec discrétion.

Maintenant, vous êtes un géant, avec un rire immense. Vous pouvez à présent jouer sur la gamme du plus petit au plus grand, être un timide qui rit doucement et se déploie progressivement, avec un corps qui s'ouvre et devient plus vaste.

Votre voix prend de l'assurance de seconde en seconde. Votre rire se déploie à mesure que votre corps devient un corps de géant. Osez un rire franc, large et massif. Revenez maintenant à un rire plus contenu, un tout petit rire à peine audible et repartez de plus belle, progressivement, vers un rire puissant et tonitruant.

Maintenant, vous savez vous déplacer sur l'échelle sonore de votre rire et vous savez aussi que votre posture corporelle vous aide à rire plus large ou plus petit, à votre guise.

Vous pouvez donc, si vous le désirez, rire à volonté.

Intégration

Afin d'ancrer ce nouvel apprentissage et pour terminer en beauté avant de retourner à vos occupations, levez trois fois les bras en inspirant et baissez-les en expirant plus longtemps. Cet exercice, comme tous les autres, peut se pratiquer seul, mais il est plus drôle à plusieurs.

Exercice n° 9 : Le rire du lion

Cet exercice s'inspire d'une posture ancestrale de yoga, le *simha yoga.* Il permet de dégager la zone des yeux, du nez et de la gorge. Excellent en prévention face aux infections virales si vous le pratiquez régulièrement, une fois par jour devant votre miroir. Il permet de renforcer le système immunitaire et d'irriguer la glande thyroïde. Et le fait de tirer la langue aux autres, lorsque vous pratiquez en groupe, est délicieusement transgressif et jubilatoire. Attention : le rire ne doit pas venir de la gorge comme un râle, ce qui risque de l'irriter, il doit venir du ventre et faire bouger le diaphragme. Si vous êtes seul, imaginez que vous faites cet exercice en face de quelqu'un, persévérez jusqu'à rire de bon cœur, déplacez-vous dans la pièce dans cette posture en riant. Si cela tire sur les abdominaux, c'est bon signe : votre rire vient du bon endroit.

Pratique

Placez vos pattes de félin devant vous et sortez vos griffes, ayez les yeux exorbités, tel un lion magnifique. Tirez la langue autant que vous pouvez, si elle touche le menton, c'est parfait. Riez dans cette posture.

Intégration

Relâchez la posture et frottez vos mains l'une contre l'autre. Lorsqu'elles sont bien réchauffées, posez-les sur vos yeux et respirez tranquillement. Frottez à nouveau vos mains l'une contre l'autre énergiquement. Et posez-les en coquille sur vos yeux avec délicatesse. Aux prochaines inspirations dites à voix haute : « Je suis formidable ! ». Comme c'est vrai, dites-le autant de fois qu'il vous plaira.

Exercice n° 10 : Le rire des larmes

Cet exercice permet de jouer sur la palette émotionnelle, en passant des rires aux larmes. Jouer avec ses émotions permet de les accepter, de ne plus les refouler ni d'en avoir peur. C'est une joyeuse réappropriation des émotions contenues, voire réprimées. Sa pratique régulière aide à dédramatiser les situations.

Pratique

En préambule, étirez-vous selon les besoins de votre corps. N'hésitez pas à monter sur la pointe des pieds et à décrocher quelques étoiles au-delà du plafond, laissez-les glisser dans vos manches et vous chatouiller doucement sous les bras. L'humeur ludique en place, tapotez votre bras gauche avec votre main droite, des doigts jusqu'à l'épaule, faites la même chose sur l'autre bras. Continuez à tapoter votre poitrine, votre ventre et vos jambes l'une après l'autre jusqu'aux pieds, remontez par l'arrière des jambes. Tambourinez énergiquement vos fesses avec vos poings, et votre dos avec l'arrière de vos mains aussi haut que vous pouvez. Enfin tapotez gentiment votre visage et le dessus de votre tête. Vous voici maintenant réveillé et tonifié, prêt à jouer avec deux de vos émotions : la tristesse avec son lot de larmes et de cris, et la joie en riant librement.

Installez-vous debout, les jambes légèrement écartées, bien planté dans votre verticalité. Descendez le menton, la tête et l'ensemble du torse jusqu'à ce que vos mains touchent le sol. L'attraction terrestre vous permet de lâcher la tête, les mâchoires et de relâcher le dos.

Dans cette posture, jouez à pleurer à fond comme les pleureuses méditerranéennes, de façon très théâtrale, en activant bien votre ventre et votre diaphragme. Puis, remontez doucement le dos, et enfin la tête. En vous relevant, riez de plus en plus fort. Lorsque vous serez totalement redressé, continuez le mouvement en levant vers le plafond le regard et les bras, puis le bout des doigts, et poussez un énorme éclat de rire. Maintenant plongez vers le sol en pleurant comme un enfant, puis remontez en riant progressivement, de plus en plus fort. Plongez à nouveau vers le sol et soyez entièrement dans vos pleurs, puis soyez entièrement dans vos rires, en remontant, une dernière fois.

Intégration

À présent, retrouvez votre ligne de gravité et ressentez le sol sous vos deux pieds. Fermez les yeux, écoutez ce qui se passe dans votre corps. Faites silence en respirant doucement. Félicitez-vous d'avoir laissé de la place à vos émotions, d'avoir su jouer avec elles et terminez cet exercice en souriant sur la prochaine expiration. Enfin, laissez ce sourire illuminer votre visage en respirant paisiblement.

Réponses aux contrepèteries

Même si cela ne se fait pas pour les puristes (!), voici les contrepèteries de l'ouvrage révélées !

- Une femme folle de la messe. Une femme molle de la fesse.
- La berge du ravin. *La verge du rabbin.*
- J'ai vu les populations laborieuses du Cap. *J'ai vu les copulations laborieuses du Pape.*
- La jeune paysanne rêve devant un beau vendeur. *La jeune paysanne rêve devant un veau bandeur.*
- L'éditeur aimerait bien que ce bouquin rend. *L'éditeur aimerait bien que ce rouquin bande.*
- Encore Daffy Duck ! *Encore daddy fuck !*

Bibliographie

ABEL Barbara, *Le Bonheur sur ordonnance*, Fleuve Noir, 2009.

ADAMS Hunter Patch, *Docteur Patch Adams. Quand l'humour se fait médecin*, Édition Stanké Canada, 2000.

ALAIN, *Propos sur le bonheur*, Éditions Gallimard, coll. « Folio essais », 1928.

ANDRE Christophe, *Vivre heureux, Psychologie du bonheur*, Odile Jacob poche, 2004.

ANDRE Christophe, *Les États d'âme. Un apprentissage de la sérénité*, Odile Jacob poche, 2011.

ANDRE Christophe, *Méditer jour après jour*, Éditions de l'Iconoclaste, 2011.

ASHRAM (SIR) Aurobindo, *La Voie ensoleillée*, Adi Shakti, 1994.

AUBRY Claude-Marc, *Rire, amour, rebirth*, Guy Trédaniel Éditeur, 1995.

BACILIERI Magali, *Guide d'activités France, Belgique et Suisse !*, Fetjaine, Éditions de la Martinière, 2010.

BACILIERI Magali et BOUCHENY Ludivine, *100 idées pour réussir un enterrement de vie de jeune fille*, Fetjaine, 2010 (Séances de rire).

BAILLY Sébastien, *Jouez avec les mots*, Eyrolles, 2003.

BARLOW Michel, *Améliorer la communication*, Éditions Chronique sociale, 2001.

BATAILLE Georges, *L'Expérience intérieure*, Gallimard, 1954.

BATLLORI Jorge, FONTAN Silvia, LOZANO Elena et GALLIOT Lucile, *250 Jeux pour tous*, Éditions Gründ, 2008.

BAUDELAIRE Charles, *De l'essence du rire et généralement du comique dans les arts plastiques*, René Kieffer, 1925.

BEAUFORT Thierry, *40 exercices ludiques pour la formation. Surprendre et donner envie d'apprendre*, Éditions ESF, 2011.

BELLENGER Lionel, *Rire et faire rire. Pourquoi l'humour change la vie*, ESF Éditions, 2008.

BENAYOUN Robert, *Le Rire des surréalistes*, La Bougie du Sapeur, 1988.

BENSAID Catherine, *Aime-toi, la vie t'aimera*, Pocket, 1994.

BERCOVICI Philippe et CAUVIN Raoul, *Gai-rire à tout prix*, Éditions Dupuis, 1989.

BERGE, *Propos sur le rire relationnel*, Flammarion, 1959.

BERGSON Henri, *Le Rire*, PUF, 1940.

BERNE Éric, *Des Jeux et des Hommes*, Éditions Stock, 1975.

BEVILLE Gilbert, *Jeux de communication*, Éditions Eyrolles, 2007.

BOAL Augusto, *Jeux pour acteurs et non-acteurs*, Éditions La Découverte, (revue et augmentée 2004).

BOLDUC Line, *Réveiller son médecin intérieur. Le mieux-être par le rire*, Éditions Quebecor, 2004.

BORCH-JACOBSEN Mikkel, « Bataille et le rire de l'être », in *Critiques*, n° 488-489, janvier-février 1988.

BOUGRAT Clémentine, *BaLaDO, Languedoc Roussillon*, Éditions Mondéos.

BROUGERE Gilles, *Jouer/Apprendre*, Éditions Economica, 2005.

CAHEN Gérard, *L'Humour, un état d'esprit*, Éditions Autrement, 1992.

CAILLOIS Roger, *Les Jeux et les Hommes*, Éditions Gallimard, 1958.

CARIOU Anne-Marie, *L'Affirmation de soi par le jeu de rôle en thérapie cognitive comportementale*, Éditions Dunod, 2007.

CAUMON Patrice, *Les Plats qui font péter*, Éditions de l'Épure, 2009.

CEZARD, *La Planète du fou rire. Les Rigolus et les Tristus*, coll. « La Farandole », Éditions Messidor, 1986.

CHAPMAN Antony, *Humor and Laughter: Theory, Research and Applications*, Editions Antony J. Chapman, and Hugh C. Foot, 1996.

CHARLES-JEAN, *Le Rire c'est la santé*, Presses de la Cité, 1972.

CHARLES-JEAN, *Le Rire sur ordonnance*, Presses de la Cité, 1976.

CHATAL PINON Violaine et MILLOT Sophie, *L'Almanach des Paresseuses*, Marabout, 2006.

CHOUAKI Aziz, *Les Oranges*, Mille et une nuits, 1998.

CLAEYES-BOUAERT Michel, *Pratique de l'éducation émotionnelle*, Éditions Le Souffle d'or, 2004.

COELHO Paulo, *L'Alchimiste*, J'ai Lu, 2007.

COHEN Ophélie, SABATIER Julie, RUAS Nathalie, *Guide ViaTao. Aimer Paris en hiver*, 2011.

COLLECTIF, *Introduction à l'étude scientifique du rire phénomène humain*, Flammarion, 1959.

COSSERON Corinne, *Remettre du rire dans sa vie. La Rigologie, mode d'emploi*, préface du docteur Henri Rubinstein, coll. « Réponses », Éditions Robert Laffont, 2009.

COSSERON Corinne et COSSERON Frédéric, *Cahier d'exercices pour rire davantage*, ESF Éditeur, 2010.

COSSERON Corinne, KINOU le Clown et TAL SCHALLER Christian, *Le Rire, une formidable thérapie*, Éditions Lanore, réédition augmentée 2010.

COSSERON Corinne et LECLERC Linda, *Le Yoga du rire*, Guy Trédaniel Éditeur, 2011.

COSSERON Corinne, *Maigrir en riant*, préface du docteur Annie Lacuisse-Chabot, CD inclus, Guy Trédaniel Éditeur, 2012.

COUSINS Norman, *La Volonté de guérir*, Éditions du Seuil, 1981.

COUSINS Norman, *La Biologie de l'espoir*, Éditions du Seuil, 1986.

COUSINS Norman, *Anatomy of an Illness as Perceived by the Patient: Reflections on Healing and Regeneration*, W.W. Norton, 2001.

COUSINS Norman, *Comment je me suis soigné par le rire*, Payot, 2003.

COUZON Élisabeth et DORN Françoise, *Petit manuel du bonheur au féminin*, InterÉditions, 2006.

COUZON Élisabeth et DORN Françoise, *Les Émotions. Développer son intelligence émotionnelle*, ESF Éditeur, 2007.

CUVILLIEZ Joëlle, *Fou rire*, Atelier IN8, 2007.

CUVILLIEZ Joëlle, *La Colère de la montagne au petit matin*, Éditions Rhubarbe, 2009.

CUVILLIEZ Joëlle, *Les Vapeurs d'Antoinette Déralète*, Éditions Rhubarbe, 2012.

DALAÏ-LAMA, *Art du bonheur : sagesses et sérénité au quotidien*, J'ai lu, 2000.

DANINOS Pierre, *Le Tour du monde du rire*, Hachette, 1953.

DAVANT Sophie et BIGNE Yolaine de La, *Le Dico du Bonheur*, Éditions Mango, 2007.

DESGAGNES Paule, *Rire amoureusement. La rigolothérapie*, Éditions Quebecor, 2007.

DESJARDINS Arnaud, *L'Audace de vivre*, Pocket, 2011.

DESPROGES Pierre, *Les Étrangers sont nuls*, Seuil, coll. « Points », 1998.

DERU Pascal, *Le Jeu vous va si bien*, Le Souffle d'or Éditions, 2006.

DEVOS Raymond, Matière à rire, Plon, 2006.

DUBOIS Marianne, *Le Rire de Dieu ou la naissance à la joie*, Dervy, 1994.

DUMONTEIL-KREMER Catherine, *Jouons ensemble… autrement*, La Plage Éditions, 2006.

DOSTOIEVSKY Théodore, *L'Idiot*, Le Livre de Poche, 1994.

ECO Umberto, *Le Nom de la Rose*, Le Livre de Poche, 2002.

ESCARPIT Robert, *L'Humour*, coll. « Que sais-je ? », PUF, 1986.

FABRE Lucien, *Le Rire et les Rieurs*, Librairie Gallimard, 1929.

FILLIOZAT Isabelle, *L'Année du bonheur*, JC Lattès, 2001.

FILLIOZAT Isabelle, *L'Intelligence du cœur*, Marabout, 2007.

FIZE Michel, *Faites l'humour, pas la gueule : la fonction sociale du rire*, Les Éditions de l'Homme, 2010.

FOURASTIE Jean, *Le Rire, suite*, Éditions Denoël-Gonthier, 1983.

FRANKL Viktor Emil, *Découvrir un sens à sa vie : avec la logothérapie*, Les éditions de l'Homme, 2005.

FRAPPIER Jean-Pierre, *Le Travail par le rire*, Presses Universitaires du Septentrion, 1998.

FRAPPIER Jean-Pierre, *Les Succursales du rire, De l'usage du comique en entreprise*, Imago, 1999.

FREUD Sigmund, *Le Mot d'esprit et sa relation avec l'inconscient*, Gallimard, 1988.

FRY William, *Pleurez vous serez en meilleure santé*, Le Soleil.

FULIGNI Bruno, *Humour et politique*, Éditions Horay, 2011.

GANDHI Mahatma, *La Paix*, Éditeur Accropole, 2007.

GIBRAN Khalil, *Le Prophète*, Pocket, 2012.

GOLEMAN Daniel, *L'Intelligence émotionnelle*, J'ai Lu, 2003.

GOODHEART Annette, *Laughter Therapy. How to Laugh About Everything in Your Life That Isn't Really Funny*, Less Stress Press, 1994.

GROJNOWSKI Daniel, *Aux commencements du rire moderne : l'esprit fumiste*, J. Corti, 1997.

GROLLE Christian, *Come-back home grâce à la marche arrière*, Books on demand, 2009.

GUERRE Yves, *Jouer et conflits*, Éditions L'Harmattan, 1973.

HEGEL Friedrich, *Introduction à l'esthétique*, Flammarion, coll. « Champs essais », 2009.

HERIL Alain et MEGRIER Dominique, *Techniques théâtrales pour la formation d'adulte*, Éditions Retz.

HIPPOCRATE, *Le Rire et la Folie*, Éditions Rivages, 1989.

HIRIGOYEN Marie-France, *Le Harcèlement moral*, Éditions La Découverte & Syros, 1998.

HOLDEN Robert, *Laughter the Best Medecine. The Healing Power of Happiness, Humor and Laughter,* Thorsons Publishers, 1999.

HOLT Jim, *Petite philosophie des blagues et autres facéties*, coll. « Fait et Cause », 10/18, 2009.

HOUBEN Jos, *L'Art de rire*, Collection Copat, DVD, 2011.

HOURST Bruno, *Modèles de jeux de formation*, Éditions Eyrolles, 2007.

HUIZINGA J., *Homo Ludens, essai sur la fonction sociale du jeu*, Éditions Gallimard, 1951.

JALENQUES Étienne, *La Thérapie du bonheur,* Marabout, 2007.

JAVEAU Claude, *Prendre le futile au sérieux : microsociologie des rituels de la vie courante*, Éditions du Cerf, 1998.

JEANSON Francis, *Signification humaine du rire*, Éditions du Seuil, 1950.

JODOROWSKY Alexandro, *Le Doigt et la Lune*, Albin Michel, 1997.

JODOROWSKY Alexandro, *La Sagesse des blagues*, Vivez Soleil, 1999.

JUNG Carl Gustave, *La Guérison psychologique*, Librairie de l'Université-Georg, 1970.

KATARIA Madan, *Laugh for no Reason*, Madhuri International, 1999.

KPOGNON Stanislas, *Apologie du rire. Rire pour mieux se porter,* Stars Éditions, 2008.

KUNDERA Milan, *Le Livre du rire et de l'oubli*, Gallimard, 1987.

LABE Stéphanie, *Inventez vos loisirs !*, Autrement, 2007.

LACOMBE Benjamin, d'après HUGO Victor, *Notre-Dame de Paris*, Soleil Productions, 2012.

LECARME Pierre, *Le Grand Livre des jeux d'extérieur*, Éditions Fleurus, 2008.

LENOIR Frédéric, *Petit traité de vie intérieure,* Plon, 2010.

LEPAGE Claudie, *Mais comment font-elles pour rester irrésistibles ?*, Ramsay, 2006.

LETHIERRY Hugues, *Écrire pour rire, oui mais comment ?*, L'Harmattan, 2003.

LETHIERRY Hugues, *Se former dans l'humour. Mûrir de rire*, Éditions Chronique sociale, 2001.

LEVALLOIS Patrice, VAN EERSEL Patrice, MICHELET Sylvain, FILLIOZAT Anne-Marie et BOUBLIL Daniel, *Le Jeu du Tao de la santé et du mieux-être*, Albin Michel, 2009.

LEVI Primo, *Si c'est un homme*, Pocket, 1988.

LOEHR Jim et SCHWARTZ Tony, *Le Pouvoir de l'engagement total*, AdA éditions, 2005.

LYUBOMIRSKY Sonja, *Comment être heureux… et le rester ?*, Flammarion, 2008.

MAROL Jean-Claude, *Le Rire du sacré*, Albin Michel, 1999.

MASHEDER Mildred, *Jeux coopératifs pour bâtir la paix*, Éditions Chronique sociale, 2004.

MASSON Nicole, *Les Jeux de notre enfance*, Éditions du Chêne, 2008.

MEJJAD Jawad, *Le Rire dans l'entreprise. Une analyse compréhensive du rire dans la société*, L'Harmattan, 2010.

MENAGER Daniel, *La Renaissance et le Rire*, coll. « Perspectives littéraires », PUF, 1995.

MINOIS Georges, *Histoire du rire et de la dérision*, Librairie Arthème Fayard, 2000.

MONFRET Anne-Laure, *Comment ne pas faire perdre la face à un Chinois*, Dunod, 2010.

MOODY Raymond, *Laugh after Laugh. The Healing Power of Humor,* Headwaters Pr, 1978.

MOODY Raymond, *Guérissez par le rire*, Éditions Robert Laffont, 1979.

MOODY Raymond, *La Vie après la Vie. Enquête à propos d'un phénomène : la survie de la conscience après la mort du corps*, Éditions Robert Laffont, 1999.

MORIN Edgard, *L'Homme et la Mort,* Éditions du Seuil, 1976.

NABATI Moussa, *L'Humour-thérapie*, Éditions Bernet-Dani, 1997.

NAJOVITS Irène, *À chacun son hobby à Paris*, coll. « Paris est à nous », Éditions Parigramme, 2012.

NANCY Jean-Luc, « Le Rire, la présence. Essai sur le rire », in *Critiques*, n° 488-489, janvier-février 1988.

NEUVILLE Cécile, *Faites briller votre soleil*, Leduc Éditions, 2010.

NIETZSCHE Friedrich, *Ainsi parlait Zarathoustra*, Flammarion, 1996.

NOHAIN Jean, *Histoire du rire à travers le monde*, Hachette, 1965 (épuisé).

Numéro hors-série de *Sciences et Avenir*, « Le Rire », n° 115, juillet 1998.

PAUL-CAVALLIER François, *Jeux de coopération pour les formateurs*, Éditions Eyrolles, 2007.

PAGNOL Marcel, *Notes sur le rire*, Éditions de Fallois, 1990.

PAZ Octavio, *Le Labyrinthe de la solitude*, Gallimard, 1950.

PAZ Octavio, *Pierre de soleil*, Gallimard, 1962.

PETITHORY Frédérique, *Le Yoga du rire en 99 définitions*, Éditions Bénévent, 2006.

PICARD Monique, *Petite encyclopédie du rire*, Éditions Favre, 1985.

PLESSNER Helmuth, *Le Rire et le Pleurer*, Maison des Sciences et de l'Homme, 1995.

PROUST François, *Jeux de rôle pour les formateurs,* Éditions Eyrolles, 2007.

PROVINE Robert, *Le Rire, sa vie, son œuvre. Le plus humain des comportements expliqué par la science*, Robert Laffont, 2003.

RAJNEESH Osho, *Yaa-hoo! The Mystic Rose,* Osho Intl, 1989.

RAJNEESH Osho, *La Vie, l'Amour, le Rire*, Mortagne Éditions, 1997.

RAQUIN Bernard, *Rire pour vivre. Les bienfaits de l'humour sur notre santé et notre quotidien,* Éditions Dangles, 1999.

RAZANAMAHAY Johanne, *Debout petits dieux, comment retrouver son pouvoir souverain*, Safran Éditions, 2011.

REINACH Salomon, *Le Rire rituel, cultes, mythes et religions*, Ernest Leroux, 1912.

REY Benoist, *Mieux vaut boire du rouge que broyer du noir*, Les Éditions Libertaires, 2011.

REYNAUD Michel, *Pratiquer le théâtre avec des personnes en difficulté*, Éditions Chronique Sociale, 2002.

RIBES Jean-Michel, *Le Rire de résistance, de Diogène à Hara-Kiri*, Beaux-Arts et Rond-Point Édition 2007.

RICARD Matthieu, *108 sourires*, Éditions de la Martinière, 2011.

RICARD Matthieu, *L'Art de la méditation, pourquoi méditer ? Sur quoi ? Comment ?*, Pocket, 2004.

ROD Martin, *The Psychology of Humor: An Integrative Approach*, Academic Press, 2006.

ROUSSEAU Jean-Jacques, *Émile ou De l'éducation*, Flammarion, 1972.

ROUSTANG François, *Comment faire rire un paranoïaque ?*, Odile Jacob, 2000.

RUBINSTEIN Henri, *La Psychosomatique du rire. Rire pour guérir*, Éditions Robert Laffont, 1983.

SAINT-DENIS Eugène de, *Essais sur le rire et le sourire des latins*, Les Belles Lettres, Université de Dijon, 1965.

SAINT-EXUPÉRY Antoine de, *Le Petit Prince,* Gallimard, 2007.

SALATHE Noël K., *Psychothérapie existentielle, une perspective Gestaltiste*, publication de l'institut de Psychothérapie Gestalt-Existentielle, 1995.

SALMANDJEE LECOMTE Yasmina, *Les Bonnes Résolutions*, Hachette pratique, 2007.

SAMSON Guy, *Le Rire, la meilleure thérapie*, Éditions Québécor, 2003.

SARRAZIN Bernard, *Le Rire et le Sacré*, Éditions Desclée de Brouwer, 1991.

SERVAN-SCHREIBER David, *Guérir*, Robert Laffont, 2003.

SMITH BOWEN Elenore, *Le Rire et les Songes*, Éditions Arthaud, 1957.

SIBONY Daniel, *Les Sens du rire et de l'humour*, Odile Jacob, 2010.

SIMONDS Caroline, WARREN Bernie, *Le Rire Médecin. Journal du docteur Girafe*, Albin Michel, 2001.

SMADJA Éric, *Le Rire*, coll. « Que sais-je ? », PUF, 1993.

SPINOZA, *L'Éthique*, coll. « Poche Philosophie », Folio Essais, 1994.

SZAFRAN & NYSENHOLC, *Freud et le rire*, Éditions Métailié, 1994.

Tal Schaller Christian et Kinou le Clown, *Rire pour Gai-rire,* Vivez Soleil, 1994.

Tal schaller Christian, *Vivre gaiement*, Éditions Vivez Soleil, 2002.

Tal Schaller Christian et Kinou le Clown, *Le Rire, une merveilleuse thérapie. Mieux rire pour mieux vivre*, Éditions Vivez Soleil, 2003.

Tal Schaller Christian et Kinou le Clown, *Les Bienfaits du jeu*, Éditions Lanore, 2009.

Tal Schaller Christian, *Des histoires drôles pour rire et guérir,* Éditions Lanore, 2009.

Tal Schaller Christian, Cosseron Corinne et Kinou le Clown, *Le Rire, une formidable thérapie,* Éditions Lanore, 2010.

Tauzia Natalia, *Rire contre la démence*, L'Harmattan, 2003.

Therrien Michèle, *Les Inuits*, Guide Belles lettres des civilisations, 2012.

Thich nhat hanh, *La Plénitude de l'instant, vivre en pleine conscience*, Marabout, 1994.

Tournier Christophe, *Manuel d'improvisation théâtrale*, Éditions Eau vive, 2003.

Vachet Pierre, *La Santé du corps et de l'esprit. Pour le plaisir de vivre*, Éditions des Portiques, 1929.

Venard Josiane, *Les Vertus du rire*, Trustar, 1997.

Victoroff David, Le *Rire et le Risible*, PUF, 1953.

Vie Blandine, *Testicules, Fêtes des paires*, Éditions de l'Épure, 2005.

Walsh James, *Laughter and Health*, D. Appleton and Co, 1928.

Weber Samuel, « Le Temps d'un rire », in *Critiques*, n° 488-489, janvier-février 1988.

Winnicott D. W., *Jeu et réalité*, coll. « Folios essais », Éditions Gallimard, 2002.

Woody Allen, *L'Erreur est humaine*, Flammarion, 2007.

Woody Allen, *Adultères,* 10/18, 2005.

Wooten Patty, *Compassionate Laughter, Just for your Health,* Jest Press, 2002.

Yalom Irvin, *Le Bourreau de l'amour,* Galaade, 2005.

Webographie

www.ecolederire.org Tout sur l'École du rire.

www.rigologie.org Se former à la rigologie.

www.clubderire.org Où rire en France ?

www.yogadurire94.blogspot.com Club de rire de Vincennes (94).

www.curedebonheur.org Des vacances de rêve !

www.laughteryoga.org Site de Madan Kataria (créateur du yoga du rire).

www.youtube.com/watch _ popup?v=xgOyTNtsWyY Hommage au chauffeur de bus.

www.patchadams.org Site du docteur Patch Adams.

www.humoresques.fr Humour.

www.fou-rire.com Les meilleures vidéos de fous rires en direct.

www.worldlaughtertour.com Site de Steve Wilson (États-Unis).

www.michael-titze.de Site en allemand.

www.semeursdejoie.org Clowns hospitaliers, Kinou le Clown.

humour-attitude.voila.net Maison du rire et de l'humour à Cluny.

www.zygocentre.be Belgique.

www.aath.org Humour thérapeutique (États-Unis).

www.leriremedecin.asso.fr Association Le Rire Médecin.

www.clubderire.com Portail de rires francophones.

rirebretagne.free.fr Club du Morbihan, séances de rire à disposition (56).

www.drclown.ca Hôpitaux secteur pédiatrique.

www.cles.com Magazine incontournable.

www.rire-tonique.com Bordeaux (33).

www.rireetmieuxetre.fr Lempdes (63).

rigoline.hautetfort.com Niort (79).

www.joie2vivre.net Toulouse (31).

www.leministeredurire.com Ministère du rire.

www.rire.appoigny.over-blog.com Région d'Auxerre (89).

www.lolproject.com

www.sophroludique.ch Claudia Sanchez et Ricardo Lopez, inventeurs de la sophrologie ludique.

http://esperanzaprod.free.fr/flv/video2/externe.php?n=ris _ soigne&t=Je%20ris%20donc%20je%20me%20soigne&d=./documentaires Documentaire d'Alain Vandercoille « Je ris, donc je me soigne » d'Esperanza productions, à télécharger gratuitement sur le net.

Index

C

D

E

I

J

K

L

M

N

S

T

V

W

X

Y

Z